# Mikro wellen

Marianne
Kaltenbach

# Mikro
# wellen

Das große
GU Bildkochbuch für alle
Solo-Mikrowellengeräte

Die Farbbilder gestaltete
das Fotostudio Teubner

Den theoretischen Teil
erarbeitete Doris Birk

**GU** Gräfe
und
Unzer

# Das finden Sie in diesem Buch

## Suppen, Saucen, Beilagen

## Fischgerichte

# Fleisch- und Geflügelgerichte

# Gemüse, Aufläufe, Eintöpfe

# Desserts und Getränke

# Richtig erwärmen in der Mikrowelle

# Tiefgefrorenes in der Mikrowelle

# Besondere »Mikro-Tips«

# Tabellen für alle Geräte

# Der Inhalt des Buches von A bis Z

# Über dieses Buch

Zunächst war es berufliche Neugier, denn als Kochbuch-Autorin setze ich mich mit allen neuen Kochmethoden auseinander. So habe ich auch die Mikrowelle seit dem Auftauchen der ersten Geräte mit zunehmender Aufmerksamkeit verfolgt. Dann kam die Freude am Experimentieren dazu und ich stellte fest, daß ein Mikrowellengerät im Haushalt interessante Dienste leisten kann. Ein bekannter französischer Meisterkoch machte mich damals darauf aufmerksam, daß es für das Garen von Fischen keine bessere Methode gäbe als die schonende Mikrowelle. Daraufhin wurde meine Experimentierlust noch größer – ich probierte es aus und siehe da – der große Chef hatte recht. Zarte Fischfilets sind im Nu auf den Punkt gegart, bleiben saftig und zerfallen nicht. Dann wagte ich mich auch an komplizierte Saucen, und zu meiner Überraschung waren die Resultate zart, cremig, köstlich. Ermutigt durch diese Versuche garte ich auch Gemüse, Fleisch und Beilagen im Mikrowellengerät.

Aus diesen Erfahrungen entstand dieses umfassende und neutrale Mikrowellen-Bildkochbuch, das Ihnen zeigt, wie verblüffend vielseitig die modernen Geräte einzusetzen sind.

Kombinationsgeräte habe ich bei der Entwicklung der Rezepte für dieses Buch aus folgendem guten Grund nicht berücksichtigt: Die jetzt auf dem Markt befindlichen Geräte mit mehreren Funktionen unterscheiden sich bezüglich der Beheizungsarten (Heißluft, Ober- und Unterhitze), Leistungsstufen, Grillstufen, Mikrowellen-Verteilung im Gerät so sehr, daß genaue Zeitangaben bei den Rezepten für die unterschiedlichen Geräte zur Zeit nur schwer möglich sind.

Meine Rezepte haben den Vorteil, daß sie für jedes Gerät anwendbar sind, egal, ob Solo- oder Kombinationsgerät. Haben Sie Letzteres, schalten Sie für die Zubereitung meiner Rezepte einfach nur die Mikrowelle ein.

Nun finden Sie also hier meine besten Gerichte – und jedes wurde exklusiv für diesen Band fotografiert. Die brillanten Farbfotos werden Sie sicher zum Ausprobieren anregen. Daß alles wunderbar schmeckt und leicht gelingt, garantieren die unkomplizierten Rezepte.

Eine Hilfe bei der Auswahl eines Rezeptes will Ihnen die praktische Kapiteleinteilung sein. »Suppen, Saucen, Beilagen« zeigen, wie schnell eine köstliche Suppe aus frischen Zutaten auf den Tisch gebracht werden kann, wie unproblematisch Saucen zuzubereiten sind und wie einfach feine Beilagen zu machen sind. Fischfreunde werden von den Vorschlägen im Kapitel »Fischgerichte« begeistert sein. Sie beweisen nämlich, was der französische Meisterkoch vor Jahren zu mir sagte: für die Zubereitung von Fischen ist die Mikrowelle einfach ideal. Probieren Sie die Rezepte im Kapitel »Fleisch- und Geflügelgerichte«. Ragouts, Geschnetzeltes oder Braten mit Sauce gelingen und schmecken hervorragend. »Gemüse, Aufläufe, Eintöpfe« lassen sich in der Mikrowelle ganz wunderbar zubereiten – köstlich ist Chicorée im eigenen Saft oder eine Ratatouille, auf den Punkt gegart, bei der die kräftigen Farben von Paprika, Tomaten und Zucchini durch die schonende Garmethode erhalten bleiben. Cremes und Puddings als Nachtisch erfordern bei der konventionel-

len Zubereitungsart viel Zeitaufwand (und oft ein Wasserbad). Sie gelingen im Mikrowellengerät besonders gut und mühelos. Die Rezepte im Kapitel »Desserts und Getränke« liefern den Beweis.

Wichtige Voraussetzung für optimale Ergebnisse ist, daß Sie sich genau an die Anleitungen halten. Wenn Sie den Rezeptbeschreibungen in diesem Buch folgen, werden Sie bald feststellen, daß das Kochen in diesen Geräten fast wie ein unterhaltsames Spiel ist. Ein Piepton kündigt jeden neuen Kochschritt an, und das Ganze wird schnell zum Mikrowellen-Kochvergnügen. Haben Sie ein Gerät mit einer stärkeren Leistung als 500 oder 600 Watt, helfen Ihnen die Umrechnungstabellen am Schluß dieses Buches, die richtigen Garzeiten festzustellen. Für jedes Mikrowellengerät gilt im übrigen genau dasselbe wie für den konventionellen Herd: machen Sie sich mit Ihrem Gerät vertraut – am besten durch Ausprobieren der abwechslungsreichen Rezepte. Stellen Sie dabei zu Beginn die Zeit stets etwas kürzer ein als angegeben – denn es ist kein Problem, etwas nachzugaren.

Da alle Theorie grau (und gelegentlich schwer verständlich) ist, wurde sie für dieses Buch mit Farbbildern gestaltet. Sie zeigen Ihnen den richtigen Umgang mit dem Gerät, das geeignete Geschirr, was beim Garen, Auftauen und Erwärmen zu beherzigen ist. Darüberhinaus geben farbige »Mikro-Tips« Anregungen für den Einsatz des Gerätes über die Rezepte hinaus.

Das Spannende an der Mikrowelle: Sie erlaubt es auch Koch-Neulingen, sich an anspruchsvolle Gerichte zu wagen – und in diesem Sinne habe ich mein Buch geschrieben. Es ist, so glaube ich, wirklich kulinarisch anspruchsvoll geworden, und ich hoffe, daß viele Spaß daran haben werden. Ich denke da vor allem an berufstätige Hausfrauen mit wenig Zeit, an Leute, die zu zweit oder für sich alleine kochen möchten oder auch an Hobbyköche und -köchinnen, denen das Ausprobieren neuer Gerichte mit neuer Technik Freude macht.

Viel Erfolg und guten Appetit wünscht Ihnen
Ihre
Marianne Kaltenbach

## Wichtiger Hinweis

Bevor Sie Ihr Mikrowellengerät in Betrieb nehmen, sollten Sie sich gründlich mit ihm vertraut machen. Beachten Sie bitte unbedingt die Gebrauchsanleitung des Herstellers und außer den hier genannten Hinweisen auch die Angaben auf den Seiten 10, 11, 12 oder 127. Denken Sie daran, daß Eier nie in der Schale und nur bei Auftaustufe zubereitet werden dürfen. Das Mikrowellengerät darf auch nicht in der Nähe des Herdes aufgestellt werden, da Hitze und Dampf dem Gerät schaden können. Wenn Sie Fragen haben und trotz aller Hinweise unsicher sind, wenden Sie sich am besten an die Beratungszentren Ihres Energieversorgungsunternehmens oder an die Verbraucherzentrale in Ihrer Stadt. Neue Geräte sind gesundheitlich unbedenklich. Es ist jedoch empfehlenswert, die Geräte nach einiger Zeit auf Strahlendichtigkeit hin untersuchen zu lassen.

# Wissenswertes über Mikrowellenkochen

Mikrowellengeräte sind bei uns schon seit einigen Jahren auf dem Markt. Doch im Vergleich zu unseren britischen Nachbarn, wo bereits 20 Prozent der Haushalte ein Mikrowellengerät besitzen oder den USA, wo es sogar 70 Prozent sind, beginnen wir jetzt erst, die Vorzüge dieses Geräts zu schätzen. In immer mehr Haushalten wird heute auch mit Mikrowellen »gekocht«.

### Eigenschaften der Mikrowellen

Im Gegensatz zur elektrischen Kochplatte, durch die sich erst der Topf erhitzen muß, damit die darin enthaltene Speise erwärmt wird, bleibt das Mikrowellengerät kühl. Die Wärme wird im Lebensmittel selbst erzeugt. Leicht verständlich wird das so: Wer kalte Hände hat, reibt sie aneinander, damit sie warm werden. Nicht anders funktionieren Mikrowellen, wenn sie ein Lebensmittel erwärmen. Mikrowellen sind elektromagnetische Wellen, ähnlich den Radio- oder Fernsehwellen. Alle Wellen sind ständig in schwingender Bewegung und werden unterschieden nach der Anzahl ihrer Schwingungen in der Sekunde. Mit 12,25 cm ist die Wellenlänge der Mikrowelle besonders kurz und ihre Frequenz besonders hoch: sie erreichen fast 2,5 Milliarden Schwingungen pro Sekunde. Das sind 2450 Mega-Hertz. Trifft die hochfrequente Mikrowelle auf ein Lebensmittel, bewirkt sie, daß die kleinsten Speisenbestandteile, die sogenannten Moleküle, in Schwingung geraten und sich aneinander reiben. Die Moleküle geraten in unvorstellbar schnelle Schwingungen und erzeugen im Lebensmittel eine so hohe Reibungswärme, daß dadurch das Lebensmittel gart. Es entsteht also kein Umweg bei der Wärmeleitung, wie zum Bei-

spiel beim Garen im Topf, wo erst der Topf und dadurch das Lebensmittel erwärmt wird. Der Garprozeß im Mikrowellengerät verläuft in den Speisen von außen nach innen.

### Ideal für kleine Mengen

Je tiefer die Mikrowellen zum Beispiel in ein Stück Fleisch oder in Kartoffeln eindringen, um so weniger Arbeit können sie leisten. Nach etwa 2 cm Tiefe ist ihre Energie schon halbiert. Daher müssen manche Speisen auch ab und zu umgerührt, gedreht oder gewendet werden. Und das ist auch der Grund dafür, daß flache und kleine Portionen im Mikrowellengerät in besonders kurzer Zeit gar werden. Je größer die Lebensmittelmenge ist, um so größer ist auch der Zeit- und Energieaufwand. Als einfache Faustregel gilt: Doppelte Menge fast doppelte Zeit; halbe Menge gleich halbe Zeit. Nach dieser einfachen Formel ergeben sich besonders bei kleinen Portionen beim Kochen mit Mikrowellen Zeit- und Energiegewinne bis zu 80 Prozent.

### Eine sinnvolle Ergänzung

Wie für jedes neue Gerät, so benötigt man auch für das Mikrowellengerät einige Zeit, bis man es vollständig in die Arbeitsabläufe beim Kochen inte-

griert hat. Nach wenigen Wochen wird man es nicht mehr missen wollen. Es kann zwar den konventionellen Herd nicht ersetzen, ist jedoch eine sinnvolle Ergänzung.

### Das richtige Material

Geeignet für das Garen im Mikrowellengerät sind Glas, Porzellan, Keramik und Kunststoff. Diese können die Mikrowellen beinahe verlustlos durchdringen. Herkömmliche Kochtöpfe aus Metall sind dagegen nicht geeignet: Sie reflektieren die Mikrowellen. Aus diesem Grund darf auch Alufolie zum Garen im Mikrowellengerät nicht verwendet werden. Wer jedoch zum Beispiel ein Hähnchen im Ganzen garen möchte, kann Teile, die schneller gar werden (Flügel beispielsweise) nach einiger Zeit mit Alufolie abdecken. Dadurch wird verhindert, daß sie weitergaren und trocken werden.

### Mikrowellen und Tiefgefrorenes

Das sind zwei ideale Partner. Im Mikrowellengerät wird Tiefkühlkost in kürzester Zeit schonend aufgetaut und gegart. Geschmack, Aroma und Nährwerte bleiben optimal erhalten. Und nichts wird zerkocht.

### Schonende Zubereitung

Mikrowellenkochen ist auch gesundes Kochen. Durch die kurzen Garzeiten werden die hitzeempfindlichen Vitamine der Lebensmittel mehr geschont als bei üblichen Zubereitungsarten. Ein weiterer Vorteil ist, daß alle Speisen im eigenen Saft oder nur mit wenig Wasser gegart werden. Das kommt den Vitaminen und Mineralstoffen gleichermaßen zugute. Denn nichts wird ausgelaugt oder zerkocht. Die typischen Aromastoffe und ätherischen Öle bleiben erhalten. Dadurch schmeckt Gemüse besonders frisch und natürlich. Starkes Würzen, vor allem Salzen, erübrigt sich daher beim Kochen mit Mikrowellen. Auch auf übermäßige Fettzugabe kann verzichtet werden. Beachten Sie dazu auch die Tips auf Seite 13.

### Keine starke Bräunung

Durch das schonende Garen entstehen keine Röststoffe. Dieser Vorteil erweist sich bei manchen Gerichten, die knusprig braun werden sollen, als Nachteil. Denn Mikrowellen eignen sich zwar hervorragend zum Erwärmen, Auftauen und Garen, jedoch nicht zum Braten und Bräunen. Um einen gewissen Bräunungsgrad zu erreichen, wurde spezielles Bräunungsgeschirr entwickelt (siehe Seite 10). Es wird zunächst einige Minuten im Gerät aufgewärmt und dann erst werden die Speisen hineingegeben.

### Kombinierte Mikrowellengeräte

Geräte, bei denen die Mikrowelle mit Ober- und Unterhitze oder mit Umluft und Grill in einem Gerät kombiniert ist, habe ich bewußt nicht eingesetzt. Die Gründe dafür nenne ich Ihnen auf der gegenüberliegenden Seite 6.

# Gewußt wie ...

### Kleine Mengen – große Mengen

Kleine Portionen sind im Mikrowellengerät schneller gar als große Mengen. Als einfache Faustregel kann gelten: doppelte Menge: fast doppelte Zeit, halbe Menge: halbe Zeit.

### Portionsförmchen richtig anordnen

Mehrere kleine Portionsförmchen, zum Beispiel für Pudding, werden im Mikrowellengerät kreisförmig so angeordnet, daß die Mitte frei bleibt. Nach der Hälfte der Garzeit werden die Förmchen umgesetzt.

### Im eigenen Dampf garen

Durch locker sitzende Deckel kann Dampf entweichen. Ein Stück Pergament- oder Küchenpapier, zwischen Deckel und Gefäß gelegt, verhindert dies. Die Speisen werden im eigenen Dampf gegart, wodurch Aromastoffe und Feuchtigkeit der Lebensmittel besser erhalten bleiben.

### Hohe und flache Gefäße

Die abgebildeten Schüsseln haben jeweils 1½ l Fassungsvermögen, aber in der höheren brauchen die Speisen länger zum Garen. In flachen Gefäßen ist die Speisenoberfläche größer, daher der Mikrowellenenergie stärker ausgesetzt.

### Braun »braten«

Einige Lebensmittel werden in Solo-Mikrowellengeräten nicht braun. Wer eine Kruste wünscht, verwendet daher Bräunungsgeschirr: kleine Fleischstücke in das vorgewärmte, eingefettete Geschirr legen, einige Minuten braten, wenden und die andere Seite ebenso braten.

### Geflügel »bräunen«

Geflügel erhält im Solo-Mikrowellengerät eine appetitlich braune Farbe, wenn man es vor dem Braten mit geschmolzener Butter bestreicht und mit edelsüßem Paprikapulver bestäubt.

### Rezepte für die Mikrowelle

Viele herkömmliche Rezepte lassen sich leicht in Mikrowellen-Rezepte umwandeln. In der Regel wird ein Drittel bis die Hälfte weniger Flüssigkeit benötigt. Für Zutaten wie ungekochten Reis oder getrocknete Bohnen wird allerdings die volle Menge Flüssigkeit benötigt.

### Geringere Fettzugabe

In vielen Gerichten kann beim Garen im Mikrowellengerät die Fettmenge reduziert werden. Das spart auch Kalorien. Kleine Butterstückchen oder etwas Öl sind häufig nur als geschmackgebende Komponente erforderlich.

### Temperaturunterschiede ausgleichen

Da die Mitte des Gefäßes etwas weniger Mikrowellenenergie erhält, gleicht gelegentliches Umrühren von außen nach innen Temperaturunterschiede in den Lebensmitteln aus und verkürzt die Garzeit.

### Auflauf »wenden«

Gerichte, die sich nicht umrühren oder wenden lassen wie zum Beispiel ein Auflauf oder ein Kuchen, werden während der Garzeit ein- bis zweimal mit der Form gedreht. Dadurch erhalten alle Stellen Mikrowellenenergie.

### Runde Gefäße

In runden Gefäßen garen Speisen wie zum Beispiel ein Auflauf gleichmäßiger als in quadratischen oder rechteckigen Formen. In den Ecken konzentriert sich nämlich die Mikrowellenenergie, wodurch die Speisen an diesen Stellen übergaren können.

### Küchenpapier als Hilfsmittel

Bei manchen Lebensmitteln ist es günstig, wenn der Dampf während des Garens entweicht. Gut geeignet ist Küchenpapier, das Fettspritzer verhindert und überschüssige Flüssigkeit aufsaugt. Verwendet wird es auch, um Speckscheiben braun zu braten.

### Sojasauce als »Bräunungsmittel«

Kleine Fleischstücke, die eine braune Farbe erhalten sollen, können auch mit Sojasauce eingepinselt werden. Neben der Farbe erhalten die Fleischstücke dadurch auch eine aparte, fernöstliche Würze. Salzen wird dadurch meist überflüssig.

### Bratthermometer

Sie sind auch für das Mikrowellengerät sehr nützlich, um die Gartemperatur von großen Fleischstücken festzustellen. Manche Geräte sind damit bereits ausgestattet; es gibt jedoch auch speziell für die Mikrowelle geeignete Thermometer zu kaufen. Fleischthermometer aus Metall sind ungeeignet!

### Natürliches Aroma – weniger salzen

Im Mikrowellengerät gegarte Speisen behalten ihren Eigengeschmack und ihr natürliches Aroma besser. Gewürze wie Kochsalz daher sparsam verwenden und erst nach dem Garen zusetzen.

### Popcorn

Ganz einfach läßt es sich im Mikrowellengerät herstellen, wenn man speziell für die Mikrowelle geeignetes Popcorn verwendet. Die Papiertüte mit den Maiskörnern in das Mikrowellengerät geben und bei voller Leistung in 3½ Minuten zum »Poppen« bringen.

# Das geeignete Geschirr

## Glasgeschirr

Feuerfestes Glas ist ideal für den Einsatz im Mikrowellengerät. Die Mikrowellen durchdringen ungehindert das Glas, und die Gerichte erhalten die volle Mikrowellenenergie. Ein weiterer Vorteil ist, daß der Garvorgang genau beobachtet werden kann. In den schlichten Formen lassen sich alle Speisen auch gleich servieren.
Durch die heißen Speisen erwärmt sich natürlich auch das Glasgeschirr. Beim Herausnehmen aus dem Mikrowellengerät sollten deshalb stets Topflappen benutzt werden.
Ungeeignet zum Mikrowellenkochen ist Glas mit Metalleinschlüssen wie zum Beispiel Jenaer Glas »2000« oder Bleikristall. Auch sehr feines Glasgeschirr oder -gläser sollten besser nicht benutzt werden. Sie können durch die Wärme des Lebensmittels platzen. Nicht verwendet werden sollte auch Glasgeschirr, das einen Sprung hat. Beim Spülen dringt in diesen Sprung Feuchtigkeit ein, die beim Kochen erhitzt wird und das Glas zerbrechen läßt.

## Bräunungsgeschirr

Große Fleischstücke mit einer Garzeit von mehr als 20 Minuten erhalten auch im Mikrowellengerät eine gewisse Bräune. Zur Bräunung großer und kleiner Fleischstücke gibt es speziell für die Mikrowelle entwickelte Bräunungsschalen und -schüsseln aus Glaskeramik. Bräunungsgeschirr hat am Boden eine Spezialbeschichtung aus Metalloxid. Zum Aufheizen wird das leere Geschirr bei voller Leistung in das Gerät gestellt. Dabei werden Temperaturen bis zu 330° erreicht. Die heiße Schicht am Boden gibt beim Anbraten ihre Hitze so an die Speisen ab, daß Fett und Eiweiß Röststoffe entwickeln können. Beim Wenden wird das Bratgut auf eine unbenutzte Stelle gelegt. Nach dem Anbraten von Ragouts und Gulasch werden die übrigen Zutaten hinzugefügt, mit einem Deckel abgedeckt und fertiggegart. Das Bräunungsgeschirr läßt sich wie gewöhnliches Mikrowellengeschirr verwenden, wenn es nicht vorgeheizt wird.

**Ungeeignet für die Mikrowelle** ist herkömmliches Kochgeschirr, das heißt, alle Kochtöpfe und Pfannen aus Edelstahl, Kupfer, Aluminium, Emaille und Gußeisen. Denn Metallflächen reflektieren die Mikrowellen, die dadurch nicht auf das Gargut treffen und keine Wärme erzeugen.

Ungeeignet ist auch Serviergeschirr mit metallischem Dekor, zum Beispiel mit einem Gold- oder Silberrand. Es bilden sich unter Umständen Funken, die das Dekor beschädigen können.

## Keramik und anderes geeignetes Geschirr

Auch diese Materialien sind für das Garen im Mikrowellengerät gut geeignet. Besonders ideal ist die sogenannte Vitrokeramik. Dieses Geschirr wird im Handel als »mikrowellenherdgeeignet« angeboten. Eine Auswahl an Schüsseln aus Mikrowellenkeramik sehen Sie auf dem nebenstehenden Bild. Es läßt sich besonders vielseitig einsetzen, denn es kann auch auf dem Herd, im Backofen, im Kühl- und Gefriergerät verwendet werden, außerdem ist es spülmaschinenfest.

Sehr feines Porzellangeschirr sollte besser nicht verwendet werden. Es kann durch die Hitze der Lebensmittel zerbrechen. Keramikgefäße werden durch die Mikrowellen geringfügig miterwärmt. Ein Teil der Mikrowellenenergie geht damit im Geschirr verloren. Zu einer übermäßigen Erhitzung kann es entweder durch eine spezielle Zusammensetzung der Keramik oder durch bleihaltige Glasuren kommen. Ist das Material als mikrowellenherdgeeignet gekennzeichnet, kann es ohne Bedenken eingesetzt werden. Durch einen einfachen Test läßt sich feststellen, ob Geschirr mikrowellenherdgeeignet ist: Wird das Geschirr für 20 bis 30 Sekunden bei voller Leistung in das Mikrowellengerät gestellt und bleibt das Geschirr kalt oder wird es handwarm, ist es geeignet. Wenn es dagegen heiß wird oder sogar Funken entstehen, darf es nicht verwendet werden.

## Kunststoffgeschirr

Mikrowellen durchdringen Kunststoff, Pappe und Papier. Aus diesem Grund kann auch Kunststoffgeschirr für das Erwärmen und Garen im Mikrowellengerät eingesetzt werden. Allerdings müssen die Behälter hitzebeständig sein. Tiefkühldosen eignen sich beispielsweise nur zum kurzfristigen Erwärmen auf Eßtemperatur. Im Handel werden Spezial-Kunststoffgeschirre angeboten, die sowohl gefriergeeignet als auch »mikrowellenherdgeeignet« sind. Diese können von der Tiefkühltruhe direkt in das Mikrowellengerät gestellt werden. Auch Bratbeutel und Bratfolien lassen sich gut im Mikrowellengerät verwenden. Die Metallclipse zum Verschließen müssen allerdings durch Gummiringe oder Klebefolie ersetzt werden. Frischhaltefolie eignet sich zum Abdecken von Gerichten, falls der passende Deckel fehlt. Stabile, dickere Folie ist jedoch immer vorzuziehen, da sich sehr dünne Folie durch die Hitze leicht verformt. Damit der Wasserdampf entweichen kann, empfiehlt es sich, einige Löcher in die Folie zu stechen.

# Gemüse in der Mikrowelle

## Richtig garen

Für Gemüse und Kartoffeln ist die Mikrowelle geradezu ideal. Im eigenen Saft oder in wenig Wasser gegart, bleiben Farbe, Geschmack und Biß besonders gut erhalten. Der typische Eigengeschmack entwickelt sich wesentlich intensiver als beim herkömmlichen Kochen. Durch kurze Garzeiten und geringe Flüssigkeitsmengen werden Vitamine und Mineralstoffe geschont. Im Mikrowellengerät läßt sich Gemüse sehr gut naturbelassen zubereiten.

Frisches, wasserhaltiges und faserarmes Gemüse wie Tomaten, Gurken, Spinat oder Pilze läßt sich vorzüglich in der Mikrowelle garen. Sie benötigen nur 1 bis 2 Eßlöffel Wasser pro 500 g und werden bei voller Leistung gegart. (Die Garzeiten hängen von der Gemüsesorte und der Leistungsstärke des Gerätes ab.)

## Richtige Zubereitung

Besonders aromatisch schmeckt Gemüse, das im eigenen Saft gegart wird. Wichtig ist dabei, daß sich genügend Dampf im Gefäß entwickeln kann. Damit der natürliche Geschmack bewahrt wird, empfiehlt sich sparsames Würzen. Die Mineralsalze im Gemüse bleiben beim schonenden Garen in der Mikrowelle besonders gut erhalten. Deshalb nur wenig salzen und lieber mit frischen Kräutern verfeinern.

Damit keine Flüssigkeit verlorengeht und nichts austrocknet, sollten Sie Gemüse immer in einem geschlossenen Gefäß garen. Am besten werden Gefäße mit gut schließenden Glasdeckeln verwendet. Geeignet ist aber auch festere Klarsichtfolie.

## Gemüse zerkleinern

Vorbereitet wird das Gemüse für das Mikrowellenkochen auf gewohnte Art. Erst gründlich waschen, dann putzen und schlechte Stellen entfernen. Entsprechend dem Rezept kleinschneiden oder in Stücke teilen. Da die Garzeit auch von der Stückgröße abhängt, ist es sinnvoll, das Gemüse möglichst klein zu schneiden, wenn es besonders schnell gehen soll.

Damit das Gemüse gleichmäßig gart, ist es wichtig, die Stücke gleich groß und gleich dick zu schneiden. Karotten und Kartoffeln werden — eventuell mit der Küchenmaschine — in sehr feine Scheiben oder Würfel geschnitten.

## Gemüse im Ganzen garen

Ganzes Gemüse wie zum Beispiel ein Kopf Blumenkohl oder Kartoffeln hat eine längere Garzeit, da die Mikrowellen an Energie verlieren, je tiefer sie eindringen. Ein paar küchentechnische Kniffs sorgen für gleichmäßiges Garen.

Ganzes Gemüse mit festen Schalen wie Paprikaschoten, Kartoffeln, Auberginen oder Tomaten vor dem Garen mit einer Gabel mehrmals anstechen. Der in den Früchten entstehende Dampf kann entweichen, ohne daß die Schalen platzen.

Faserreiches Gemüse wie Möhren, Rosenkohl, Kartoffeln, Bohnen, Erbsen oder Kohl benötigt etwas mehr Flüssigkeit zum Garen und hat eine etwas längere Garzeit als wasserhaltiges Gemüse. Der Boden des Gefäßes muß mit Flüssigkeit ganz bedeckt sein.

Statt Gemüse mit Wasser zu garen, kann man es auch in Butter andünsten. Dazu gibt man das Gemüse geputzt und in Stücke geschnitten gleichzeitig mit dem Fett in einem Gefäß in die Mikrowelle. Der Vorteil gegenüber dem »normalen« Kochen liegt im geringeren Fettverbrauch. Das Gemüse ist bekömmlicher und kalorienärmer.

Gemüse erst nach dem Garen salzen oder das Salz in der Kochflüssigkeit auflösen. Wird es direkt auf das Gemüse gestreut, entstehen trockene Stellen, da Salz dem Gemüse Feuchtigkeit entzieht.

Konserviertes Gemüse ist vorgekocht und braucht in der Mikrowelle nur noch erwärmt zu werden. Das Gemüse in ein flaches Gefäß geben, 1 bis 2 Eßlöffel Flüssigkeit, frische Kräuter und wenig Butter darüber verteilen. Das Gefäß mit einem Deckel oder Klarsichtfolie verschließen. Während der Garzeit ein- bis zweimal umrühren.

Bei ungleichmäßig geformtem Gemüse, wie zum Beispiel Broccoli, garen die zarten Röschen schneller als die Stiele. Ordnen Sie deshalb bei kleinen Portionen die Röschen auf einer runden Platte nach innen zur Mitte hin an. Die Stiele zeigen nach außen.

Rühren Sie kleingeschnittenes Gemüse während der Garzeit ein- bis zweimal um, und zwar von innen nach außen. Dadurch wird die Hitze gleichmäßig verteilt.

Ganzes oder halbiertes Gemüse wie zum Beispiel gefüllte Tomaten oder Artischocken in einer flachen Schüssel kreisförmig arrangieren. Mindestens 2 cm Abstand zwischen den Früchten lassen. Die Mitte soll frei bleiben. Während des Garens sowohl die Schüssel drehen als auch das Gemüse selbst.

Kurzes Stehenlassen vor dem Servieren führt bei ganzem Gemüse zu einer besseren Hitzeverteilung. Die Wärme dringt von außen nach innen in das Gemüse, wodurch das Innere auch weich wird, ohne daß die äußeren Teile zerkochen.

# Fleisch und Fisch in der Mikrowelle

## Große Braten

Zarte Fleischsorten vom Kalb, Schwein, Lamm oder Wild gelingen im Mikrowellengerät ganz vorzüglich. Auch Hackfleisch eignet sich in den verschiedenen Zubereitungsarten sehr gut. Kleinere Fleischstücke unter 500 g garen so schnell, daß die gewünschte Bräunung nicht erreicht wird. Bei größeren Fleischstücken über 1 kg reicht die Garzeit aus, um eine leichte Bräunung zu erzielen. Pro 500 g Fleisch beträgt die Garzeit 10 bis 12 Minuten bei voller Leistung.

Fettere Bratenstücke ab 500 g legt man auf einer umgedrehten Untertasse in ein flaches Gefäß. Der Fleischsaft kann abtropfen, und der Braten gart nicht im eigenen Saft. Das Fleischstück wird mit der fetteren Seite oder der größeren Fleischseite zuerst nach unten gelegt und nach der Hälfte der Garzeit gewendet.

## Kleinere Fleischstücke

Kleinere Fleischstücke werden genau wie große vorbereitet. Kurz abspülen, mit Küchenpapier trockentupfen und würzen. Sparsam salzen. Für Kurzbratstücke, die eine Kruste bekommen sollen, verwendet man die Bräunungsschale. Für Ragouts brauchen kleinere Fleischstücke vorher nicht angebraten zu werden. Sie erhalten durch die Sauce einen kräftigen Geschmack.

Bei ungleichmäßig dicken Fleischstücken wie Hähnchenschenkel oder Haxen werden die dünneren Teile schneller gar. Diese deshalb anfangs mit Alufolie abdecken. Die Folie, die später wieder entfernt wird, darf die Innenwände des Geräts nicht berühren. Der Abstand zur Garraumwand muß mindestens 2 cm betragen.

## Fisch und Fischfilet

Fisch, im Mikrowellengerät zubereitet, ist eine Delikatesse. Der typische Eigengeschmack bleibt besonders gut erhalten, da nur sehr wenig oder gar keine Flüssigkeit benötigt wird. Bei den meisten Fischgerichten empfiehlt es sich, sie ein paar Minuten nach dem Abschalten der Mikrowelle stehenzulassen. Während der Nachgarzeit verteilt sich die Wärme gleichmäßig, der Fisch übergart nicht und bleibt zart und saftig.

Fisch, »blau« gekocht, benötigt nur wenig Flüssigkeit; ½ cm konzentrierter Sud im Gefäß reicht aus. Den Fisch vorher mit Zitronensaft beträufeln und darauf achten, daß der auf der Haut sitzende Schleim nicht beschädigt wird, denn er bewirkt die Blaufärbung.

## Ganze Fische und Muscheln

Auch ganze Fische sowie Muscheln lassen sich im Mikrowellengerät hervorragend zubereiten. Fischgerichte werden in der Regel bei voller Leistung gegart. Große Fischstücke von mehr als 800 g gart man zunächst mit der höchsten Garstufe, um sie dann bei geringerer Leistung garziehen zu lassen. Damit der delikate Fischgeschmack voll zur Geltung kommen kann, sollten alle Gerichte sparsam gesalzen werden.

Größere ganze Fische werden im offenen Gefäß mit wenig Flüssigkeit gegart und zwischendurch einmal gewendet. Mit Speckscheiben belegt, bleibt das Fleisch besonders saftig. Das dünnere Schwanzende anfangs mit etwas Alufolie abdecken.

Größere Fleischstücke werden fast immer im offenen Gefäß gegart. Wer braune Braten wünscht, verwendet Bräunungsgeschirr oder brät auf dem Herd an und gart das Fleisch in der Mikrowelle fertig. Das spart Zeit. In kombinierten Geräten erhält das Fleisch auch in der Mikrowelle eine schöne Kruste.

Den Braten nach dem Ende der Garzeit vor dem Anschneiden im Mikrowellengerät oder außerhalb 10 Minuten ruhen lassen. Dafür wird das Fleisch mit Alufolie abgedeckt. Der Braten bleibt zart und saftig, weil sich der Saft gleichmäßig verteilt und ein Temperaturausgleich erfolgt.

Kleinere Fleischstücke wie Schnitzel werden am besten mit einer würzigen Sauce (beispielsweise Tomatensauce) bedeckt. Das Fleisch bleibt zart und saftig und erhält eine schöne Farbe.

Bei kleineren Fleischstücken, die eine zu kurze Gardauer für die Bildung von Röststoffen haben, können Tomatenmark, Rotwein oder Zwiebelschalen der Sauce einen kräftigen Geschmack und eine gute Färbung geben.

Legen Sie ungleichmäßige Fischstücke wie Lachskoteletts mit den dünneren Teilen zur Mitte hin. Dickere Teile benötigen eine längere Zeit, um zu garen und erhalten an den äußeren Seiten des Gefäßes mehr Mikrowellenenergie.

Fischfilet wird im geschlossenen Gefäß mit etwas Butter oder wenig Flüssigkeit gegart. Das Geschirr entweder mit einem Deckel oder mit Klarsichtfolie abdecken.

Sollen mehrere Fische gleichzeitig gegart werden, kann man sie in eine Reisringform aus Glas legen. Die Schwanzenden dabei übereinander legen, damit die Gesamtdicke überall gleich ist. Die Bauchseite zeigt nach außen. Nach der Hälfte der Garzeit die Fische wenden, so daß der Rücken nach außen zeigt.

Muscheln müssen unbeschädigt und geschlossen, der Bart entfernt sein. Dann in einer großen Glasform mit Flüssigkeit und Gewürzen zugedeckt garen. Scampi werden ohne Bauchpanzer, mit dem Rückenpanzer nach unten, in eine passende, mit Butter ausgestrichene Schale gelegt und im offenen Gefäß gegart.

# Kleine Gerichte und Snacks

Wenn es einmal besonders schnell gehen soll oder Ihr Hunger nicht allzu groß ist, finden Sie in diesem Kapitel viele Gerichte, die im Handumdrehen zubereitet sind.

Vielleicht sitzen Sie auch in kleinem Kreis gemütlich zusammen und möchten Ihren Gästen etwas zu essen anbieten. Die Mikrowelle leistet besonders gute Dienste, wenn Sie mit Zutaten aus dem Vorrat, wie Brot, Tomaten, Eier, Schinken oder Wurst kleine Snacks zubereiten möchten. Sie sind schnell gemacht, schmecken gut und sehen hübsch aus, wie der abgebildete Toast beweist (Rezept Seite 19). Außerdem finden Sie in diesem Kapitel auch etwas aufwendigere Gerichte wie zum Beispiel ein Geflügelparfait, die sowohl als Auftakt eines feinen Menüs wie auch als Bestandteil eines kalten Buffets geeignet sind. Auch diese Speisen bestehen aus wenigen Zutaten, die schnell eingekauft sind und deren Zubereitung nur wenige Handgriffe erfordert. Hübsch garniert sind alle diese Gerichte so attraktiv, daß bereits ihr Anblick eine Freude macht.

# Schnelles Blätterteiggebäck

Eine pikante Knabberei zu vielen Anlässen

## Speckstangen

im Bild vorne

Zutaten für 20 Stangen:
100 g tiefgefrorener Blätterteig
Mehl für die Arbeitsfläche
20 dünne Scheiben Magerspeck

### Besonders schnell

Pro Stange 470 kJ/110 kcal
Vorbereitungszeit: 15 Minuten
Garzeit:
600 (500) Watt    2½ (3) Minuten

**D**en Blätterteig auftauen lassen und auf wenig Mehl etwa 2 mm dick ausrollen. Dann in 1½ cm breite und 12½ cm lange Streifen schneiden. Die Speckscheiben spiralförmig um den Teig wickeln.
• Einen Teller mit einer Papierserviette belegen und die Hälfte der Stangen darauf bei 600 (500) Watt 2½ (3) Minuten garen. Die restlichen Stangen ebenso garen.

Mein Tip: Die Teigstreifen lassen sich einfacher umwickeln, wenn man sie vorher 10 Minuten ins Tiefkühlfach legt.

## Sesamstangen

im Bild hinten

Zutaten für 20 Stangen:
100 g tiefgefrorener Blätterteig
Mehl für die Arbeitsfläche
1 Eiweiß · Salz · 1 Eßl. Sesam

### Gelingt leicht

Pro Stange 77 kJ/18 kcal
Vorbereitungszeit: 15 Minuten
Garzeit:
600 (500) Watt    2½ (3) Minuten

**D**en Blätterteig auftauen lassen und auf wenig Mehl etwa 2 mm dünn zu einem Rechteck von 15 × 25 cm ausrollen. • Das Eiweiß mit wenig Salz verquirlen und den Teig damit bestreichen. Mit einem Teigrädchen 20 Streifen von ½ × 6 cm ausschneiden. • Die Streifen mit den Sesamsamen bestreuen und zu Spiralen drehen. • Die Hälfte der Stangen in eine flache Form legen und mit einer Papierserviette bedecken. • 2¼ (2¾) Minuten bei 600 (500) Watt garen. Die restlichen Stangen ebenso garen.

# Toast mit Schinken und Käse

Ein beliebter Snack für zwischendurch

# Hühnerlebern mit Äpfeln

Als Vorspeise oder kleine Mahlzeit geeignet

**Zutaten für 2 Personen:**

2 Scheiben Toastbrot

1 Teel. Senf · 2 Scheiben

Schinken von je etwa 20 g

1 Tomate · 2 Salbeiblätter

100 g Halbweichkäse, zum

Beispiel Raclette oder Fontina

Pfeffer

### Gelingt leicht · Preiswert

Pro Person 1300 kJ/310 kcal
Vorbereitungszeit: 15 Minuten
Garzeit:
490 (500) Watt          1 Minute

**D**ie Brotscheiben im Toaster von beiden Seiten rösten. Die Toasts dann mit dem Senf bestreichen und mit je 1 Schinkenscheibe belegen. Die Tomate waschen, ohne den Stielansatz in Scheiben schneiden und auf dem Schinken verteilen. Mit je 1 Salbeiblatt belegen. Den Käse in etwa 3 mm dicke Scheiben schneiden und auf die Toasts legen. Mit Pfeffer würzen. • Die Toasts 1 Minute bei

490 (500) Watt garen, bis der Käse geschmolzen ist.

Varianten: Sie können den Schinkentoast auch ohne Salbei zubereiten und dafür 1 Pfirsich- oder Birnenhälfte (aus der Dose) fächerartig einschneiden und auf den Käse legen. Den Käse wie oben beschrieben schmelzen lassen. Oder Sie lassen den Senf und den Schinken weg und verteilen 1−2 gehackte Sardellenfilets auf den Toastscheiben. Oder 50 g geputzte, in feine Scheiben geschnittene Champignons auf dem Schinken verteilen.

**Zutaten für 2 Personen:**

2 Äpfel · 1 kleine Zwiebel

150 g Hühnerlebern

4 Scheiben Baguette

2 Eßl. Butter · Salz, Pfeffer

etwas getrockneter Thymian

1 Eßl. Apfelwein

### Anspruchsvoll · Preiswert

Pro Portion 1760 kJ/420 kcal
Vorbereitungszeit: 30 Minuten
Garzeit:

| | | |
|---|---|---|
| 600 (500) Watt | 4 | (4½) Minuten |
| 600 (500) Watt | 1 | (1¼) Minute |
| 600 (500) Watt | 1 | (1¼) Minute |
| 600 (500) Watt | 3 | (3½) Minuten |
| 600 (500) Watt | ¼ | Minute |
| Gesamtgarzeit: | 9¼ (10¾) Minuten | |

**D**ie Äpfel schälen und vom Kerngehäuse befreien. 4 Ringe von etwa ½ cm Dicke abschneiden, die restlichen Äpfel grobraspeln. Die Zwiebel schälen und raspeln. Die Lebern putzen und feinschneiden. • Eine Bräunungsschale 4 (4½) Minuten bei 600 (500) Watt erhitzen. • Die Brotscheiben rösten und auf zwei Teller verteilen. • Die Hälfte der Butter in der Schale zerlassen, die Lebern hineingeben und 1 (1¼) Minute bei 600 (500) Watt anbraten. • Die Lebern wenden und bei 600 (500) Watt in 1 (1¼) Minute fertigbraten. • Die Lebern aus der Schale nehmen. Mit Salz, Pfeffer und dem Thymian bestreuen. • Die restliche Butter in die Schale geben. Die Apfelraspel und die Zwiebel auf eine Hälfte der Platte, die Apfelringe auf die andere Hälfte geben. Alles 3 (3½) Minuten bei 600 (500) Watt anbraten. Die Apfelscheiben herausnehmen. • Die Lebern mit den Apfelraspeln und der Zwiebel mischen. Auf den Broten verteilen. • Den Bratfond mit dem Apfelwein lösen und mit den Apfelscheiben darübergeben. • Die Brote mit den Lebern ¼ Minute bei 600 (500) Watt erwärmen.

# Champignontoast

Edel durch feine Pilze

# Toast mit Geflügel

Schmeckt auch mit Putenbrust

## Zutaten für 4 Personen:

| | |
|---|---|
| 1 Schalotte · 1 Eßl. Butter | |
| 200 g Champignons | |
| 1 Eßl. Weißwein · Salz, Pfeffer | |
| 2 Teel. Speisestärke | |
| ⅛ l Sahne | |
| 4 Scheiben Toastbrot | |
| 2 Teel. Cognac oder Weinbrand | |
| 1 Teel. Schnittlauchröllchen | |

### Gelingt leicht

Pro Person 970 kJ/230 kcal
Vorbereitungszeit: 10 Minuten
Garzeit:

| | |
|---|---|
| 600 (500) Watt | 1 (1¼) Minute |
| 600 (500) Watt | 2 (2½) Minuten |
| 490 (500) Watt | 3     Minuten |
| Gesamtgarzeit: | 6 (6¾) Minuten |

**D**ie Schalotte schälen, feinhacken und mit der Butter 1 (1¼) Minute bei 600 (500) Watt vordünsten. • Die Champignons putzen und vierteln (große Pilze in Scheiben schneiden). Mit dem Weißwein zu der Schalotte geben. Mit Salz und Pfeffer würzen und 2 (2½) Mi-

nuten zugedeckt bei 600 (500) Watt garen. • Die Speisestärke mit der Sahne verrühren, zu den Pilzen geben und alles bei 490 (500) Watt 3 Minuten weitergaren. • Inzwischen das Toastbrot im Toaster rösten.
• Den Cognac oder Weinbrand zu den Pilzen geben und die Sauce eventuell nachwürzen.
• Auf den Toastscheiben verteilen und mit dem Schnittlauch bestreut sofort servieren.

Varianten: Die Toasts mit getrockneten Steinpilzen oder Morcheln zubereiten, die man vorher 1 Stunde eingeweicht hat. Oder Pfifferlinge beziehungsweise gemischte Pilze verwenden. Außerdem kann man die Brotscheiben jeweils mit 1 Scheibe Schinken belegen, die man ½ Minute bei 490 (500) Watt erhitzt hat, bevor man die Pilzsauce darauf verteilt.

## Zutaten für 4 Personen:

| | |
|---|---|
| 1 Teel. Senf · 2 Eßl. Quark | |
| 1 Eßl. Sahne · Salz, Pfeffer | |
| 1 Prise Zucker | |
| 2 entbeinte Hühnerbrüstchen | |
| 4 Scheiben Weißbrot | |
| 1 Teel. Buttertiben Weißbrot | |
| 1 Teel. Butter | |
| ½ kleine Salatgurke | |
| Paprikapulver edelsüß | |

### Besonders schnell

Pro Person 870 kJ/210 kcal
Vorbereitungszeit: 15 Minuten
Garzeit:

| | |
|---|---|
| 360 (330) Watt | 2½ (2¾) Minuten |

**D**en Senf mit dem Quark und der Sahne verrühren. Mit Salz, Pfeffer und dem Zucker abschmecken. • Die Hühnerbrüste in eine Schale legen und zugedeckt 2½ (2¾) Minuten bei 360 (330) Watt garen.
• Inzwischen die Brotscheiben im Toaster rösten. Mit der Butter bestreichen. Die Gurke wa-

schen, in Scheiben schneiden, salzen, pfeffern und auf den Weißbrotscheiben verteilen.
• Die Hühnerbrüstchen häuten, quer in dünne Scheiben schneiden und auf den Gurken anordnen. • Den Senfquark in einen Spritzbeutel mit Sterntülle füllen und dekorativ auf den Hühnerbrüstchen verteilen. Mit wenig Paprikapulver bestreuen.

Mein Tip: Das Hühnerfleisch sollte beim Servieren noch lauwarm sein. Man kann auch beliebige, bereits gegarte Geflügelreste verwenden. Vor dem Belegen der Brote gibt man das kleingeschnittene Fleisch mit 1 Eßlöffel Weißwein oder Hühnerbrühe in eine Schale und erwärmt es zugedeckt ½ Minute bei 490 (500) Watt. Den Quark kann man noch mit Kresse oder anderen Kräutern anreichern.

# Kleine Gerichte mit Käse

Als Imbiß immer willkommen

## Käsetarteletts

im Bild hinten

Zutaten für 2 Personen:

Für den Teig:

60 g Mehl · 30 g Butter · 2 Eßl. eiskaltes Wasser · 1 Prise Salz

Für Förmchen und Füllung:

1 Teel. Butter · 1 Ei

100 g Sahne · 40 g Greyerzer, frisch gerieben · Salz, Pfeffer geriebene Muskatnuß

1 Prise Paprikapulver

Pro Person 2200 kJ/520 kcal
Vorbereitungszeit: 15 Minuten
Ruhezeit: 1–2 Stunden
Garzeit:

| | | |
|---|---|---|
| 600 (500) Watt | 3 | (3½) Minuten |
| 600 (500) Watt | 2 | (2½) Minuten |
| 180 (150) Watt | 5 | (5¼) Minuten |
| Gesamtgarzeit: | 10 | (11¼) Minuten |

**D**as Mehl auf ein Brett sieben. Die Butter in Flöckchen schneiden und dazugeben. Das Mehl und die Butter zwischen den Händen zerreiben, bis eine feinkrümelige Masse entsteht. In der Mitte eine Mulde formen, das Wasser mit dem Salz hineingeben und alles von der Mitte aus rasch zu einem Teig verarbeiten. • Den Teig 1–2 Stunden kühl ruhen lassen. • Kleine Tartelettförmchen von 6 cm ∅ mit der Butter ausstreichen. Den Teig etwa 3 mm dick ausrollen. Die Förmchen damit auslegen. Den Teig gut andrücken und mit einer Gabel einstechen, damit keine Blasen entstehen. Eine Papierserviette auf den Teig legen und diese mit Hülsenfrüchten beschweren. • Die Tarteletts einzeln je 3 (3½) Minuten bei 600 (500) Watt blind backen. • Dann die Hülsenfrüchte entfernen und den Teig 2 (2½) Minuten bei 600 (500) Watt nachbacken. • Das Ei, die Sahne und den Käse gut mischen. Mit Salz, Pfeffer und dem Muskat würzen. Die Masse auf die Teigböden verteilen. • In 5 (5¼) Minuten bei 180 (150) Watt stocken lassen. Mit wenig Paprikapulver bestreuen und lauwarm servieren.

Mein Tip: Die Käsemasse sollte erst unmittelbar vor dem Bakken auf den Teigboden gegeben werden, damit dieser nicht weich wird. Wenn man Tarteletts für 4 Personen zubereiten möchte, sollte man sie auf einem kleinen Blech backen. Dabei muß der Teig nach dem Blindbacken 3 (3½) Minuten nachbacken, und auch das Garen der Füllung erhöht sich um etwa 2 Minuten. Vorgebackene Tarteletts kann man bei 600 (500) Watt in ½ (¾) Minute erwärmen.

## Käsepudding

im Bild vorne

Zutaten für 4 Personen:

3 Eßl. Sahne · 2 Eigelbe

80 g Greyerzer, Appenzeller oder Tilsiter

1 Eßl. Mehl · 2 Eiweiße

Salz, Pfeffer, geriebene

Muskatnuß · 1 Eßl. Butter

Pro Person 830 kJ/200 kcal
Vorbereitungszeit: 15 Minuten
Garzeit:

| | | |
|---|---|---|
| 490 (500) Watt | 1 | Minute |
| 360 (330) Watt | 3 | (3¼) Minuten |
| Gesamtgarzeit: | 4 | (4¼) Minuten |

**D**ie Sahne halb steif schlagen. Die Eigelbe verquirlen und untermischen. Den Käse feinreiben und mit dem gesiebten Mehl untermischen. Die Eiweiße steif schlagen und unterheben. Mit Salz, Pfeffer und Muskat würzen. • 2 kleine Auflaufförmchen von 14 cm ∅ mit der Butter ausstreichen. Die Käsemasse dreiviertel hoch in die Förmchen füllen. • Die Käsesnacks 1 Minute bei 490 (500) Watt und anschließend 3 (3¼) Minuten bei 360 (330) Watt garen.

# Zwischenmahlzeiten mit Avocados und Käse

Rasch gemacht und wohlschmeckend

## Gefüllte Avocados

im Bild links

Zutaten für 4 Personen:
2 Avocados · Saft von ½ Zitrone
Salz, Pfeffer · 3 Eßl. Sahne
2 entbeinte Hühnerbrüstchen

**Anspruchsvoll • Etwas teurer**

Pro Person 1800 kJ/430 kcal
Vorbereitungszeit: 15 Minuten
Garzeit:
360 (330) Watt       2½ (2¾) Minuten

**D**ie Avocados längs halbieren und entkernen. Mit einem Kugelausstecher 20 kleine Kugeln ausstechen. Das restliche Avocadofleisch vorsichtig aus den Schalen lösen, mit einer Gabel zerdrücken und sofort mit etwas Zitronensaft mischen. Die Avocadokugeln ebenfalls mit Zitronensaft beträufeln. Beides mit Salz und Pfeffer würzen, das Püree mit der Sahne verrühren. • Die Hühnerbrüstchen mit Salz und Pfeffer be-

streuen und in einer Schale zugedeckt bei 360 (330) Watt 2½ (2¾) Minuten garen. • Das Fleisch in Streifen schneiden und mit dem Avocadopüree mischen. In die Avocadoschalen füllen und mit je 5 Avocadokugeln garnieren.

## Toast mit Avocado

im Bild vorne

Zutaten für 2 Personen:
2 Scheiben Toastbrot
1 Teel. Butter · 1 reife Avocado
Salz, Pfeffer · 2 Eßl. Mascarpone
1 Eßl. Greyerzer, frisch gerieben
1 Teel. Kerbel, frisch gehackt

**Gelingt leicht**

Pro Person 1700 kJ/400 kcal
Vorbereitungszeit: 10 Minuten
Garzeit:
600 (500) Watt       3 (3½) Minuten
600 (500) Watt       1 (1¼) Minuten
600 (500) Watt       4 (4½) Minuten
Gesamtgarzeit:        8 (9¼) Minuten

**E**ine Bräunungsschale 3 (3½) Minuten bei 600 (500) Watt erhitzen. • Die Butter darin zerlaufen lassen, die Brotscheiben hineinlegen und gut andrücken. • Das Brot von jeder Seite je 1 (1¼) Minute bei 600 (500) Watt rösten. • Die Avocado schälen, halbieren und entkernen. Jede Hälfte mit der Schnittfläche nach unten auf ein Brot legen. Die gewölbte Seite in Abständen von etwa 3 mm schräg einschneiden. Mit Salz und Pfeffer bestreuen, mit dem Mascarpone bedecken und mit dem Käse bestreuen. • Die Avocado 4 (4½) Minuten bei 600 (500) Watt garen. Mit dem Kerbel bestreut servieren.

## Käseomelette

im Bild hinten

Zutaten für 2 Personen:
3 Eigelbe · 3 Eßl. Milch
2 Eßl. Emmentaler oder
Parmesan, frisch gerieben

Salz, Pfeffer
3 Eiweiße · 1 Eßl. Butter

**Besonders schnell**

Pro Person 1200 kJ/290 kcal
Vorbereitungszeit: 10 Minuten
600 (500) Watt       1 (1¼) Minute
360 (330) Watt       3 (3¼) Minuten
360 (330) Watt       2 (2¼) Minuten
Gesamtgarzeit:       6 (6¾) Minuten

**D**ie Eigelbe mit der Milch und dem Käse verrühren. Die Masse mit Salz und Pfeffer würzen. Die Eiweiße mit 1 Prise Salz steif schlagen und unter die Eigelbe ziehen. • Eine große Schale mit der Butter ausstreichen und 1 (1¼) Minute bei 600 (500) Watt vorheizen. • Die Schaummasse hineingießen und 3 (3¼) Minuten bei 360 (330) Watt backen. Am Rand lockern und nochmals 2 (2¼) Minuten bei 360 (330) Watt garen. • Die Omelette mit einem Gummispatel vorsichtig aufrollen und anrichten.

# Käseschnitten mit Schinken

Mit Salat zuvor eine vollständige Mahlzeit

| Zutaten für 2 Personen: |
| 1 Schalotte · 20 g Butter |
| 4 Champignons |
| 3 Eßl. Weißwein |
| 6 Eßl. Sahne · Salz, Pfeffer |
| geriebene Muskatnuß · 1 Prise |
| Paprikapulver · 1 Teel. Butter |
| 2 Scheiben Toastbrot |
| 2 kleine Schinkenscheiben |
| 30 g Greyerzer, frisch gerieben |
| 2 Eier |

### Preiswert

Pro Person 2100 kJ/500 kcal
Vorbereitungszeit: 15 Minuten
Garzeit:

| 600 (500) Watt | 2 | (2½) Minuten |
|---|---|---|
| 600 (500) Watt | 2 | (2½) Minuten |
| 600 (500) Watt | 2 | (2½) Minuten |
| 600 (500) Watt | 2 | (2½) Minuten |
| 600 (500) Watt | 4 | (4½) Minuten |
| 600 (500) Watt | 3 | (3½) Minuten |
| 490 (500) Watt | 1 | Minute |
| Gesamtgarzeit: | 16 (19) | Minuten |

**D**ie Schalotte schälen, fein-hacken und mit der Butter in eine Schale geben. Die Champignons putzen, in Scheiben schneiden und dazugeben. • Alles 2 (½) Minuten bei 600 (500) Watt dünsten. Den Wein, dann die Sahne dazufügen und 2 (2½) Minuten bei 600 (500) Watt garen. • Die Sauce mit Salz, Pfeffer, Muskat und dem Paprikapulver abschmecken. • Eine Schale mit der Butter bestreichen. Die Brotscheiben von jeder Seite 2 (2½) Minuten bei 600 (500) Watt darin rösten. • Mit dem Schinken belegen. Den Käse mit der Schalotte und den Champignons mischen und darüber verteilen. • Alles 4 (4½) Minuten bei 600 (500) Watt garen. • Eine Bräunungs-schale 3 (3½) Minuten bei 600 (500) Watt vorheizen. Die Eier hineinschlagen und 1 Minute bei 490 (500) Watt garen. • Dann aus dem Gerät nehmen und 1 Minute zugedeckt stehenlassen. Die Spiegeleier auf den Käseschnitten anrichten.

# Käseschnitten mit grünem Pfeffer

Schmeckt auch auf Vollkorntoast

| Zutaten für 2 Personen: |
| 10 g Butter · 2 Scheiben |
| Toastbrot · 3 Eßl. Weißwein |
| 1 Teel. grüner Pfeffer in |
| Salzlake (Madagaskar) |
| 80 g Greyerzer, frisch gerieben |
| 1 Ei · ½ Knoblauchzehe |
| Salz, Pfeffer · geriebene |
| Muskatnuß |

### Besonders schnell

Pro Person 1300 kJ/310 kcal
Vorbereitungszeit: 5 Minuten
Garzeit:

| 600 (500) Watt | 2 (2½) Minuten |
|---|---|
| 600 (500) Watt | 2 (2½) Minuten |
| 600 (500) Watt | 3 (3½) Minuten |
| Gesamtgarzeit: | 7 (8½) Minuten |

**E**ine Bräunungsplatte 2 (2½) Minuten bei 600 (500) Watt erhitzen. • Die Butter darauf zerlaufen lassen. Die Brotschei-ben hineinlegen und von jeder Seite 1 (1¼) Minuten bei 600 (500) Watt rösten. • Die Brot-scheiben mit einem Schuß Wein anfeuchten. Den grünen Pfeffer in ein kleines Sieb geben und kalt abspülen. Den Käse mit dem Ei mischen. Den Knoblauch schälen und durch die Presse drücken. Den restlichen Wein, den grünen Pfeffer und den Knoblauch unter die Käse-masse rühren. Mit Salz, Pfeffer und Muskat würzen. • Die Käsemasse auf die Toasts ver-teilen und 3 (3½) Minuten bei 600 (500) Watt garen.

<u>Mein Tip:</u> Wenn Sie ein kombi-niertes Mikrowellengerät mit Grillschlange besitzen, können Sie die Käseschnitten noch kurz überbacken.

<u>Varianten:</u> Man kann die Toast-scheiben zusätzlich mit Schin-ken belegen. Der grüne Pfeffer läßt sich durch Kräuter oder sehr kleine Paprikaschotenwür-fel ersetzen. Vor dem Servieren kann man die Schnitten mit Paprikapulver bestreuen.

# Feine Vorspeisen

Zusammen auch als kleine Mahlzeit geeignet

## Geflügelparfait
im Bild links

Zutaten für 6 Personen:
¼ l Sahne · 250 g entbeinte
und gehäutete Hühnerbrust
Salz · 1 Teel. abgeriebene
Zitronenschale · weißer Pfeffer
geriebene Muskatnuß
1 Prise Korianderpulver

### Anspruchsvoll

Pro Person 720 kJ/170 kcal
Vorbereitungszeit: 40 Minuten
Garzeit:
360 (330) Watt          6 (6½) Minuten

**D**ie Sahne in eine Schüssel
gießen und in der Tiefkühltruhe etwa 20 Minuten anfrie-
ren lassen. Das Fleisch in Würfel
schneiden, auf einem Teller
ausbreiten und ebenfalls 20 Minuten in die Tiefkühltruhe geben. • Die halb gefrorene Sahne
in Stücke teilen und mit dem
Fleisch und 1 Prise Salz im
Mixer (besser Cutter) zu einer
glatten Masse pürieren. Die Zitronenschale daruntermischen
und alles mit Salz, Pfeffer, Muskat und Koriander abschmekken. • Ein Stück Klarsichtfolie
von etwa 40 × 50 cm auf dem
Tisch ausbreiten. Die Masse
entlang einer Längsseite daraufgeben. Die Folie aufrollen.
Dann an den Enden zusam-
mendrücken, daß eine Rolle
von 4 cm Ø und 15 cm Länge
entsteht. Die Folie beidseitig
mit Küchengarn luftdicht verschließen. • Das Ganze mit
50 ccm Wasser auf einer Platte
in die Mitte des Mikrowellenge-
rätes legen. 6 (6½) Minuten bei
360 (330) Watt garen. • Das
Parfait herausnehmen und in
Alufolie gewickelt vollkommen
erkalten lassen. Beide Folien
entfernen, das Parfait in Scheiben schneiden und mit Salat
servieren.

Variante: Man kann auf die
gleiche Weise auch ein Parfait
aus Fischfilet zubereiten. In diesem Fall die Zitronenschale
weglassen und den Koriander
durch Dill ersetzen. Das Fisch-
parfait kann warm, mit einer
Sauce umgossen, serviert werden. Am besten wärmt man die
Scheiben vor dem Servieren
1 (1¼) Minute bei 180 (150)
Watt auf.

## Feldsalat mit Speck
im Bild rechts

Zutaten für 4 Personen:
4 Scheiben Weißbrot ohne
Rinde
100 g Feldsalat (Nüßlisalat)
3 Eßl. Weißwein- oder
Sherryessig
1 Eßl. scharfer Senf · Salz
Pfeffer · 1 Knoblauchzehe
6 Eßl. Walnußöl
2 Eßl. Butterschmalz
50 g durchwachsener Speck

### Gelingt leicht • Preiswert

Pro Person 1800 kJ/430 kcal
Vorbereitungszeit: 20 Minuten

Garzeit:
| | |
|---|---|
| 600 (500) Watt | 1 (1¼) Minute |
| 600 (500) Watt | 2 (2½) Minuten |
| 600 (500) Watt | 4 (4½) Minuten |
| Gesamtgarzeit: | 7 (8¼) Minuten |

**D**as Brot in sehr kleine Würfel schneiden. Den Salat
putzen, waschen und trocken-
schwenken. Den Essig mit dem
Senf, wenig Salz und Pfeffer
verrühren. Den Knoblauch
schälen, durch die Presse drük-
ken und mit dem Öl nach und
nach unterrühren. • Das Butterschmalz in eine Schüssel geben
und bei 600 (500) Watt 1 (1¼)
Minute erwärmen. Die Brotwürfel gut untermischen. • In
2 (2½) Minuten bei 600 (500)
Watt rösten. • Den Speck feinwürfeln, in eine zweite Schale
legen und 4 (4½) Minuten bei
600 (500) Watt knusprig braten. • Den Salat in einer Schüssel mit dem Dressing mischen.
Auf Teller verteilen und mit den
Speck- und Brotwürfeln bestreuen.

# Kleine Gerichte mit Fleisch und Wurst

Diese Snacks lassen sich beliebig abwandeln

## Zigeunerspießchen

im Bild vorne

Zutaten für 2 Personen:
1 Zwiebel · 1 kleiner Zucchino
2 dünne Scheiben geräucherter
Speck · 100 g Rinderhüfte
100 g Kalbfleisch · 2 Brat-
würstchen · Salz, Pfeffer
1 Prise Paprikapulver · 1 Teel. Öl
1 Zwiebel · 3 Tomaten · 1 Eßl.
Butter · 3 Eßl. Mais (Dose)
1 Teel. Tomatenmark · 4 Eßl.
Sahne · Cayennepfeffer

**Gelingt leicht**

Pro Person 2900 kJ/690 kcal
Vorbereitungszeit: 30 Minuten
Garzeit:

| | | |
|---|---|---|
| 600 (500) Watt | 4 | (4½) Minuten |
| 600 (500) Watt | 1 | (1¼) Minute |
| 600 (500) Watt | 1 | (1¼) Minute |
| 600 (500) Watt | 1 | (1¼) Minute |
| 490 (500) Watt | 3 | Minuten |
| 360 (330) Watt | 2 | (2¼) Minuten |
| Gesamtgarzeit: | 12 | (13½) Minuten |

**D**ie Zwiebel schälen, den
Zucchino putzen und

waschen. Beides in etwa 7 mm
dicke Scheiben schneiden. Die
Speckscheiben zu Vierecken zusammenklappen. Das Fleisch in
2–3 cm große Würfel schneiden. • Alles mit den Würsten
auf Holzspieße stecken. Mit
Salz, Pfeffer und Paprikapulver
würzen und mit dem Öl bestreichen. • Für die Sauce die Zwiebel schälen und hacken. Die
Tomaten mit kochendheißem
Wasser überbrühen, kalt abschrecken, häuten, entkernen
und kleinwürfeln. • Eine Bräunungsplatte 4 (4½) Minuten
bei 600 (500) Watt vorheizen.
• Die Spieße hineinlegen und
auf jeder Seite 1 (1¼) Minute
bei 600 (500) Watt anbraten.
Die Spieße mit Alufolie abdek-
ken und nachziehen lassen.
• Die Zwiebel mit der Butter in
einer Schale 1 (1¼) Minute bei
600 (500) Watt andünsten. Die
Tomaten und den abgetropften
Mais dazufügen und 3 Minuten
bei 490 (500) Watt dünsten.
• Das Tomatenmark und die

Sahne unterrühren und die Sauce mit Salz, Pfeffer und etwas
Cayennepfeffer pikant ab-
schmecken. 2 (2¼) Minuten
bei 360 (330) Watt fertiggaren.

## Pizzatoast

im Bild hinten

Zutaten für 2 Personen:
1 Eßl. Olivenöl · 2 Scheiben
Toastbrot · 1 Knoblauchzehe
1 Scheibe Schinken
4 Scheiben Salami · 4 Oliven
1 Tomate · 3 Sardellenfilets
1 Champignon · 1 Teel.
Oregano, frisch gehackt · Salz
Pfeffer · 2 Scheiben Mozzarella

**Gelingt leicht · Preiswert**

Pro Person 1800 kJ/430 kcal
Vorbereitungszeit: 20 Minuten
Garzeit:

| | | |
|---|---|---|
| 600 (500) Watt | 2 | (2½) Minuten |
| 600 (500) Watt | 1 | (1¼) Minute |
| 600 (500) Watt | 1 | (1¼) Minute |
| 600 (500) Watt | 4 | (4½) Minuten |
| Gesamtgarzeit: | 8 | (9½) Minuten |

**E**ine Bräunungsplatte 2 (2½)
Minuten bei 600 (500) Watt
erhitzen. • Das Olivenöl hineingeben, die Brotscheiben hineinlegen und andrücken. Von jeder Seite 1 (1¼) Minute bei
600 (500) Watt rösten. • Den
Knoblauch schälen, durch die
Presse drücken und auf den
Brotscheiben verteilen. Den
Schinken in feine Streifen
schneiden, die Salamischeiben
vierteln. Die Oliven halbieren
und entsteinen. Die Tomate
häuten, entkernen und feinhakken. Die Sardellenfilets grobhacken. Den Champignon putzen und in feine Scheiben
schneiden. • Alle Zutaten auf
den Brotscheiben verteilen und
mit Salz, Pfeffer und dem Oregano bestreuen. Die Mozzarel-
lascheiben darauflegen. • Noch
einmal mit Salz und Pfeffer bestreuen und 4 (4½) Minuten
bei 600 (500) Watt garen.

# Nudeln mit Auberginen

Kann man auch mit Tomaten aus der Dose zubereiten

Zutaten für 3 Personen:
1 mittelgroße Aubergine
Salz · 1 große Zwiebel
1 Knoblauchzehe · 2 Eßl.
Olivenöl · 200 g Eiernudeln
4 reife Tomaten
200 g Mozzarella · 10 g Butter
Pfeffer · 4 Basilikumblätter
2 Eßl. Greyerzer, frisch gerieben

**Anspruchsvoll**

Pro Person 3200 kJ/760 kcal
Vorbereitungszeit: 40 Minuten
Garzeit:

| 600 (500) Watt | 3 (3½) Minuten |
|---|---|
| 600 (500) Watt | 4 (5) Minuten |
| 600 (500) Watt | 6 (6½) Minuten |
| 600 (500) Watt | 6 (6½) Minuten |
| 600 (500) Watt | 5 (5½) Minuten |
| 600 (500) Watt | 5 (5½) Minuten |
| Gesamtgarzeit: | 29 (32½) Minuten |

Die Aubergine waschen, putzen und in ½ cm dicke Scheiben schneiden. Mit Salz bestreuen und 30 Minuten ruhen lassen. Dann mit Küchenpapier abtupfen. • Die Zwiebel schälen und feinhacken. Den Knoblauch schälen und durchpressen. • Eine Bräunungsschale 3 (3½) Minuten bei 600 (500) Watt vorheizen. Etwas Olivenöl hineingeben. Die Auberginenscheiben hineingeben. 4 (5) Minuten bei 600 (500) Watt anbraten, dabei nach 2 (2½) Minuten wenden. • Eine große Glasschale mit ¾ l Salzwasser füllen. 6 (6½) Minuten zugedeckt bei 600 (500) Watt erhitzen. Die Nudeln hineingeben und zugedeckt 6 (6½) Minuten bei 600 (500) Watt kochen, dann abgießen. • Die Tomaten häuten, vom Stielansatz befreien und kleinschneiden. Mit der Zwiebel, dem Knoblauch und dem restlichen Olivenöl in eine Schale geben. 5 (5½) Minuten bei 600 (500) Watt garen. • Den Mozzarella in dünne Scheiben schneiden. Eine Form mit etwas Butter ausstreichen. Die Nudeln lagenweise mit den Auberginen, dem Tomatenmus, dem Mozzarella, wenig Salz und Pfeffer und dem grob zerzupften Basilikum einfüllen. Mit dem Käse und der restlichen Butter belegen und 5 (5½) Minuten bei 600 (500) Watt garen.

# Schaumomelette

Mit Gemüse für Vegetarier geeignet

## Schinkenmakkaroni mit Spinat

Ein deftiges Hauptgericht

Zutaten für 2 Personen:
3 Eigelbe · 2 Eßl. Sahne · Salz
Pfeffer · 3 Eiweiße · 10 g Butter

### Besonders schnell

Pro Person 890 kJ/210 kcal
Vorbereitungszeit: 10 Minuten
Garzeit:

| | | |
|---|---|---|
| 600 (500) Watt | 40 (50) | Sekunden |
| 360 (330) Watt | 3 (3¼) | Minuten |
| 360 (330) Watt | 2 (2¼) | Minuten |
| Gesamtgarzeit: | | |
| | 5 Minuten, 40 Sekunden | |
| | (6 Minuten, 20 Sekunden) | |

**D**ie Eigelbe mit der Sahne verquirlen und mit Salz und Pfeffer würzen. Die Eiweiße mit 1 Prise Salz steif schlagen. Den Eischnee vorsichtig unter die Eigelbe ziehen. • Die Butter in eine große flache Glasschale geben und 40 (50) Sekunden bei 600 (500) Watt zerlaufen lassen. • Die Eimasse hineingeben und bei 360 (330) Watt 3 (3¼) Minuten garen. Die Eimasse dann mit einem Spatel am Rand etwas lockern und 2 (2¼) Mi-

nuten bei 360 (330) Watt fertiggaren. Die Omelette mit dem Gummispatel vorsichtig zusammenklappen und auf einen vorgewärmten Teller legen.

Mein Tip: Die Omelette geht besser auf, wenn man die Eiweiße von Hand mit dem Schneebesen steif schlägt. Die Omelette läßt sich auf verschiedene Arten füllen. Allerdings stellt man sie dann etwas anders her: Die Füllung wie beispielsweise Gemüse muß man vor der Omelette herstellen. Etwas Butter in eine Glasform geben und 1 (1¼) Minute bei 600 (500) Watt erhitzen. Das Gemüse hineingeben und 2 Minuten oder etwas länger bei 490 (500) Watt zugedeckt garen. Für die Omelette die Butter in eine Schale geben, die Eiermasse hinzufügen und 3 (3¼) Minuten bei 360 (330) Watt garen. Dann die Füllung daraufgeben und die Omelette wie beschrieben fertiggaren.

Zutaten für 3 Personen:
Salz · 150 g kleine Makkaroni
100 g Bauernschinken
100 g Spinat · 10 g Butter
1 hart gekochtes Ei
⅛ l Sahne · Pfeffer
je 1 Teel. Majoran, frisch gehackt und Thymianblättchen
2 Eßl. Emmentaler, frisch gerieben

### Gelingt leicht

Pro Person 2300 kJ/550 kcal
Vorbereitungszeit: 15 Minuten
Garzeit:

| | | |
|---|---|---|
| 600 (500) Watt | 6 (6½) | Minuten |
| 600 (500) Watt | 8 (9) | Minuten |
| 490 (500) Watt | 3 | Minuten |
| 600 (500) Watt | 6 (6½) | Minuten |
| Gesamtgarzeit: | 23 (25) | Minuten |

**E**ine Schale mit ¾ l Wasser füllen. Wenig Salz dazugeben und das Wasser 6 (6½) Minuten bei 600 (500) Watt aufkochen. • Die Makkaroni hineingeben und zugedeckt 8 (9) Minuten bei 600 (500) Watt

kochen. • Inzwischen den Schinken in kleine Würfel schneiden. • Die Nudeln abgießen und mit dem Schinken mischen. Den Spinat putzen und waschen. • Mit 1 Eßlöffel Wasser 3 Minuten bei 490 (500) Watt garen. Dann gut auspressen und in Streifen schneiden. Ebenfalls unter die Nudeln mischen. • Eine passende Schale mit der Butter ausstreichen. Die Makkaroni einfüllen. Das Ei schälen, feinhacken und mit der Sahne mischen. Mit Salz, Pfeffer, Muskat und der Hälfte der Kräuter mischen. Den Eierguß über die Nudeln gießen. • Mit dem Käse bestreuen und 6 (6½) Minuten bei 600 (500) Watt garen. Das Gericht mit den restlichen Kräutern bestreut servieren.

Mein Tip: Man kann die Menge der Zutaten auf die Hälfte reduzieren und die Makkaroni als kleinen Imbiß servieren.

# Schnelle Eiergerichte

Zum Frühstück oder als kleine Mahlzeit geeignet

## Verlorene Eier

im Bild vorne

Zutaten für 1 Ei:

2 Eßl. Wasser

¼ Teel. Essig

1 Ei · 1 Teel. Butter

Salz, Pfeffer

1 Teel. Petersilie, frisch gehackt

### Besonders schnell

500 kJ/120 kcal
Vorbereitungszeit: 1 Minute
Garzeit:

| | | |
|---|---|---|
| 600 (500) Watt | ½ (¾) | Minute |
| 360 (330) Watt | ½ (¾) | Minute |
| 600 (500) Watt | ½ (¾) | Minute |
| Gesamtgarzeit: | 1½ (2¼) | Minuten |

**D**as Wasser mit dem Essig in eine kleine Schale oder eine nicht zu enge Suppentasse geben. • Zugedeckt ½ (¾) Minute bei 600 (500) Watt aufkochen. • Das Ei aufschlagen, dazugeben, zudecken und ½ (¾) Minute bei 360 (330) Watt pochieren. • Die Form aus dem Gerät nehmen und das Ei zuge-

deckt in der Flüssigkeit 2 Minuten stehen lassen. Dann das Ei herausheben und auf Küchenpapier abtropfen lassen. • Die Butter in ein Schälchen geben und ½ (¾) Minute bei 600 (500) Watt zerlaufen lassen. Mit Salz und Pfeffer würzen und mit der Petersilie über dem Ei verteilen.

Mein Tip: Bei der Zubereitung von 2 Eiern verlängert sich die Garzeit des Essigwassers und der Eier um je ½ Minute, bei 3 Eiern um je 1 Minute. Um ein optimales Ergebnis zu erzielen, sollte man nie mehr als 3 Eier gleichzeitig zubereiten. Bei 3 Eiern sollte man die Position der Förmchen 1−2mal verändern, damit die Eier gleichmäßig gar werden.

Variante: Eier mit Spinat
1 Teelöffel gehackte Schalotten mit 1 Teelöffel Butter zugedeckt bei 600 (500) Watt 1 (1¼) Minute dünsten. 150 g

geputzten und eventuell zerkleinerten Spinat dazufügen, mit Salz, Pfeffer und Muskat würzen und 3 (3½) Minuten zugedeckt bei 600 (500) Watt dünsten. ½ Minute vor Ende der Garzeit 3 Eßlöffel Sahne unter den Spinat mischen und zu den Eiern servieren.

Variante: Eier mit Kapern
3 Eßlöffel Hühnerbrühe mit 100 g Sahne 3 (3½) Minuten bei 600 (500) Watt sämig einkochen lassen. 1 Teelöffel Zitronensaft, ½−1 Eßlöffel Kapern und 30 g in Streifen geschnittene, gepökelte Rinderzunge unter die Sauce ziehen. Mit Salz und Pfeffer abschmecken und zu den Eiern servieren.

## Spiegelei

im Bild hinten

Zutaten für 1 Ei:

1 Teel. Butter

Salz, Pfeffer · 1 Ei

### Gelingt leicht

500 kJ/120 kcal
Vorbereitungszeit: 5 Minuten
Garzeit: 490 (500) Watt        1 Minute

**E**ine flache Form mit der Butter ausstreichen. Mit Salz und Pfeffer bestreuen. Das Ei daraufschlagen. • 1 Minute bei 490 (500) Watt garen. Mit wenig Salz und Pfeffer würzen.

Mein Tip: Man sollte immer nur 1 Ei garen, damit es in der Mitte des Gerätes liegt.

Variante:
Spiegelei mit Schinken
1 Scheibe Schinken in die gebutterte Form geben und 1 Minute bei 490 (500) Watt erhitzen. Dann das Ei daraufgeben und wie oben beschrieben garen. Bei Verwendung von Speck diesen 2 (2½) Minuten bei 600 (500) Watt vorgaren.

# Ei im Töpfchen

Toll für zwischendurch

# Rühreier

Ein klassisches Gericht in Varianten

**Zutaten für 1 Ei:**

1 Teel. Butter · Salz, Pfeffer

½ Teel. Kerbel, frisch gehackt

1 Ei · 1 kleines Zweiglein Kerbel

### Besonders schnell

Etwa 500 kJ/120 kcal
Vorbereitungszeit: 5 Minuten
Garzeit: 490 (500) Watt    1 Minute

**E**ine kleine Soufléform mit der Butter ausstreichen. Wenig Salz, Pfeffer und den Kerbel auf den Boden des Förmchens streuen. Das Ei aufschlagen und in das Förmchen gleiten lassen. Das Kerbelzweiglein darauflegen. • Das Ei ½ Minute bei 490 (500) Watt garen. • Anschließend ½ Minute stehenlassen. Das Ei zweimal stürzen, damit der Kerbel auf der Oberfläche zu sehen ist.

Mein Tip: Bei der Zubereitung von 2—3 Eiern gleichzeitig muß die Garzeit pro Ei um ½ Minute verlängert werden. Sollte das

eine oder andere Ei dann ungleich gegart sein, noch einmal kurz nachgaren.
Besonders hübsch sieht das Ei aus, wenn man es mit einem Zackenring aussticht. In dieser Form eignet es sich sehr gut als Dekoration auf einem Gemüseteller.

Varianten: Man kann mit dem Ei 1 Eßlöffel Sahne in die Schale geben. Der Kerbel läßt sich durch Estragon oder Schnittlauch ersetzen. Zusätzlich angereichert wird das Ei, wenn man vor dem Garen etwas gehackten Schinken oder Speck auf das Ei streut. Oder man gibt 1 Teelöffel geriebenen Käse oder 1 kleine Scheibe Weichkäse darauf.

**Zutaten für 2 Personen:**

1 Eßl. Butter · 4 Eier

3 Eßl. Sahne · Salz, Pfeffer

1 Teel. Schnittlauchröllchen

### Preiswert

Pro Person 1300 kJ/310 kcal
Vorbereitungszeit: 5 Minuten
Garzeit:

| | | |
|---|---|---|
| 600 (500) Watt | 1 | (1¼) Minute |
| 600 (500) Watt | 1½ | (1¾) Minuten |
| Gesamtgarzeit: | 2½ (3) | Minuten |

**E**inen Suppenteller oder eine tiefe Schale mit etwas Butter ausstreichen. Die Eier mit der Sahne und der restlichen Butter leicht vermischen, salzen und pfeffern. • In den Teller geben und 1 (1¼) Minute bei 600 (500) Watt garen. • Die Eier dann 1½ (1¾) Minuten bei 600 (500) Watt weitergaren. Dabei die Eier 2mal umrühren. Mit dem Schnittlauch bestreuen.

Mein Tip: Es ist sehr wichtig, daß die Eier durchgerührt werden, sonst trocknen sie aus.

Variante: Rühreier mit Pilzen
1 Teelöffel Butter, 1 Teelöffel gehackte Schalotten, 50 g Champignonscheiben und 1 Teelöffel gehackte Petersilie 1 (1¼) Minute bei 600 (500) Watt vorgaren. ½ Minute vor Ende der Garzeit zu den Eiern geben und umrühren.

Variante: Rühreier mit Erbsen
Je 2—3 Eßlöffel Erbsen (frisch oder tiefgefroren) und Mais aus der Dose mit 1 Teelöffel Butter ½ Minute zugedeckt bei 490 (500) Watt dünsten. ½ Minute vor Ende der Garzeit unter die Rühreier mischen.

Variante: Rühreier mit Tomaten
1—2 gehäutete, entkernte und gewürfelte Tomaten mit 1 Teelöffel Schnittlauchröllchen ½ Minute vor Ende der Garzeit unter die Rühreier mischen. Auf geröstetem Toastbrot anrichten.

# Suppen, Saucen, Beilagen

Während das Hauptgericht — beispielsweise ein großer Braten — im Herd schmort, lassen sich Suppen, Saucen und Beilagen ohne großen zeitlichen Aufwand nebenbei und optimal im Mikrowellengerät zubereiten. Die Vorteile liegen auf der Hand: nichts brennt an, nichts kocht über und alles kann gleich in dem hübschen Serviergeschirr gekocht werden. Gerade für wenige Personen lohnt sich die Zubereitung einer Suppe mit der Mikrowelle. In größeren Mengen sollte man sie wie gewohnt auf konventionelle Weise kochen und, falls etwas übrig bleibt, einfrieren und dann später die »schnelle Welle« zum Auftauen und Erwärmen einsetzen.

Ein Risotto (Rezept Seite 42) wie auf unserem Bild, paßt hervorragend zu Fleischgerichten aller Art. Haben Sie erst einmal eine Sauce im Mikrowellengerät gemacht, werden Sie nicht mehr anders kochen wollen. Alles läßt sich in einem Arbeitsgang erledigen (kurzes Durchrühren genügt). Es gibt keine Klümpchen und keine Haut und von dem geschmacklichen Ergebnis sind Sie bestimmt begeistert.

# Karottensuppe mit Kräutern

Fein und raffiniert im Geschmack

## Zutaten für 4 Personen:
200 g Karotten · 1 kleine
Kartoffel · 1 kleine Zwiebel
1 Eßl. Butter
1 Teel. Kerbel, frisch gehackt
1 Speckschwarte · Salz, Pfeffer
½ l Gemüsebrühe · ⅛ l Sahne
2 Eßl. Kresse, frisch gehackt
½ Eßl. Schnittlauchröllchen

### Preiswert
Pro Person 1100 kJ/260 kcal
Vorbereitungszeit: 15 Minuten
Garzeit:

| | | |
|---|---|---|
| 600 (500) Watt | 10 (11½) | Minuten |
| 600 (500) Watt | 4 (4½) | Minuten |
| Gesamtgarzeit: | 14 (16) | Minuten |

**D**ie Karotten und die Kartoffel schälen, waschen und in dünne Scheiben schneiden. Die Zwiebel schälen und hacken.
• Die Butter, die Karotten, die Kartoffel, die Zwiebel, den Kerbel und die Speckschwarte in eine hohe Form geben. Mit Salz und Pfeffer bestreuen. • Zudekken und 10 (11½) Minuten bei 600 (500) Watt garen. • Die Gemüsebrühe dazugeben und alles nochmals 4 (4½) Minuten bei 600 (500) Watt kochen.
• Das Ganze im Mixer pürieren. Die Sahne hinzufügen und nochmals kurz mixen. Mit Salz und Pfeffer nachwürzen. • Die Suppe in vorgewärmte Teller verteilen. Die Kresse mit dem Schnittlauch mischen und darüberstreuen.

Mein Tip: Man kann diese Suppe auch tiefkühlen. In diesem Fall die Sahne noch nicht dazugeben, sondern erst nach dem Erhitzen unter die Suppe mischen. Auf die gleiche Art kann man auch eine Selleriesuppe zubereiten. Die Kartoffel bindet dabei die Suppe und gibt ihr ein angenehmes Aroma.

# Grüne Erbsensuppe mit Curry

Mit Hühnerbrühe und Ingwer etwas ganz Besonderes

## Zutaten für 4 Personen:
1 kg frische Erbsen
1 Zwiebel · 1 Eßl. Butter
1 kleines Stück Ingwerwurzel, frisch gerieben oder ½ Teel. Ingwerpulver
½ Teel. Currypulver · 1 Prise Cayennepfeffer
Salz, Pfeffer · 1 l Hühnerbrühe
⅛ l Sahne · 1 Zweiglein frische Pfefferminze

### Etwas teurer
Pro Person 1500 kJ/360 kcal
Vorbereitungszeit: 20 Minuten
Garzeit:

| | | |
|---|---|---|
| 600 (500) Watt | 2 (2½) | Minuten |
| 600 (500) Watt | 12 (13½) | Minuten |
| Gesamtgarzeit: | 14 (16) | Minuten |

**D**ie Erbsen entschoten. Die Zwiebel schälen, hacken und zugedeckt 2 (2½) Minuten bei 600 (500) Watt in der Butter dünsten. • Den Ingwer, den Curry, den Cayennepfeffer, wenig Salz und Pfeffer, die Erbsen und die Hühnerbrühe dazugeben. • Zugedeckt 12 (13½) Minuten bei 600 (500) Watt garen. • Die Suppe mit dem Mixstab oder im Mixer pürieren, dann noch einmal abschmecken. • Die Sahne steif schlagen. Die Hälfte davon unter die Suppe mischen, den Rest darauf verteilen. Die Suppe mit Pfefferminzblättchen garnieren.

Mein Tip: Diese Suppe läßt sich auch mit tiefgefrorenen Erbsen zubereiten. In diesem Fall die Garzeit der Suppe um 2 (1¾) Minuten kürzen. Man kann den Curry und den Ingwer weglassen und dafür 1 Teelöffel gehackte Pfefferminzblättchen zusätzlich unter die Suppe mischen. Außerdem läßt sich die Suppe mit kleinen, in Butter gerösteten Brotwürfeln oder Knoblauchbrot anreichern.

# Köstliche Gemüsesuppen

Jede Suppe ist eine Vorspeise mit ganz besonderer Note

## Fenchelsuppe mit Zitronenmelisse

im Bild rechts

Zutaten für 4 Personen:

300 g Fenchel · ½ Zwiebel

Salz · 300 ccm Hühnerbrühe

⅛ l Sahne · Pfeffer

1 Prise Cayennepfeffer

1 Eßl. Zitronenmelisse, frisch gehackt

**Preiswert**

Pro Person 510 kJ/120 kcal
Vorbereitungszeit: 15 Minuten
Garzeit:

| | | |
|---|---|---|
| 600 (500) Watt | 2 (2½) | Minuten |
| 600 (500) Watt | 11 (12½) | Minuten |
| Gesamtgarzeit: | 13 (15) | Minuten |

**D**en Fenchel putzen, waschen und längs halbieren. Ein Drittel des Fenchels quer in feine Streifen schneiden. Die Zwiebel schälen und hacken. • Die Fenchelstreifen mit 3 Eßlöffeln Wasser und wenig Salz 2 (2½) Minuten bei 600 (500) Watt bißfest garen. • Den rest-lichen Fenchel feinschneiden. Mit dem Fenchelkraut, der Zwiebel und der Hühnerbrühe 11 (12½) Minuten bei 600 (500) Watt garen. • Die Suppe im Mixer pürieren. Die Sahne steif schlagen und unterheben. Die Fenchelstreifen untermischen und die Suppe mit Salz, Pfeffer und dem Cayennepfeffer abschmecken. Mit der Zitronenmelisse bestreut servieren.

## Grießsuppe mit Lauch

im Bild links

Zutaten für 4 Personen:

150 g Lauch · 1 kleine Zwiebel

1 Eßl. Butter · Salz, Pfeffer

2 Eßl. Hartweizengrieß

600 ccm Fleischbrühe

**Gelingt leicht**

Pro Person 310 kJ/75 kcal
Vorbereitungszeit: 10 Minuten
Garzeit:

| | | |
|---|---|---|
| 600 (500) Watt | 2 (2½) | Minuten |
| 600 (500) Watt | 9 (10½) | Minuten |
| Gesamtgarzeit: | 11 (13) | Minuten |

**D**en Lauch waschen, putzen und in feine Scheiben schneiden. Die Zwiebel schälen und hacken. • Die Butter, die Zwiebel und den Lauch in eine hohe Form geben. Mit wenig Salz und Pfeffer würzen und bei 600 (500) Watt 2 (2½) Minuten zugedeckt dünsten. • Den Hartweizengrieß und die Fleischbrühe dazufügen und alles 9 (10½) Minuten bei 600 (500) Watt unbedeckt kochen. • Die Suppe mit Salz und Pfeffer abschmecken und sofort servieren.

## Tomatensuppe mit Basilikum

im Bild vorne

Zutaten für 4 Personen:

4 Tomaten · 1 Zwiebel

2 Knoblauchzehen · 10 g Butter

1 Eßl. Basilikum, frisch gehackt

1 Teel. Tomatenmark

1 Prise Zucker

600 ccm Fleischbrühe

**Gelingt leicht**

Pro Person 300 kJ/70 kcal
Vorbereitungszeit: 15 Minuten
Garzeit:

| | | |
|---|---|---|
| 600 (500) Watt | 4 (4½) | Minuten |
| 600 (500) Watt | 10 (11½) | Minuten |
| Gesamtgarzeit: | 14 (16) | Minuten |

**D**ie Tomaten mit kochendheißem Wasser überbrühen, kalt abschrecken, häuten, von Stielansatz und Kernen befreien und kleinschneiden. Die Zwiebel und den Knoblauch schälen. Die Zwiebel hacken, den Knoblauch durch die Presse drücken. • Die Butter mit der Zwiebel, dem Knoblauch und den Tomaten 4 (4½) Minuten zugedeckt bei 600 (500) Watt dünsten. • Das Basilikum, das Tomatenmark, den Zucker und die Fleischbrühe dazugeben und die Suppe 10 (11½) Minuten bei 600 (500) Watt unbedeckt garen.

# Blumenkohlsuppe mit Broccoli

Verwandte Kohlarten in kulinarischer Verbindung

# Minestrone

In Italien wird sie mit geriebenem Parmesan serviert

| Zutaten für 4 Personen: |
| --- |
| 400 g Blumenkohl |
| 1 Eßl. Butter |
| 1 Eßl. Petersilie, frisch gehackt |
| 100 ccm Milch · ½ l heiße |
| Hühnerbrühe · Salz, Pfeffer |
| geriebene Muskatnuß |
| 200 g Broccoli · 3 Eßl. Wasser |

### Anspruchsvoll

Pro Person 450 kJ/110 kcal
Vorbereitungszeit: 15 Minuten
Garzeit:

| | | |
| --- | --- | --- |
| 600 (500) Watt | 15 (17) | Minuten |
| 600 (500) Watt | 3 (3½) | Minuten |
| Gesamtgarzeit: | 18 (20½) | Minuten |

**D**en Blumenkohl in Röschen teilen. Die Strünke und Blätter entfernen, die Röschen waschen und mit der Butter, der Petersilie und der Milch in eine hohe Form geben. • Zugedeckt in 15 (17) Minuten bei 600 (500) Watt weich kochen. • Die Hühnerbrühe dazugeben und alles im Mixer pürieren. • Die Suppe mit Salz, Pfeffer

und Muskat abschmecken. • Den Broccoli waschen und in kleine Röschen teilen. Den Strunk in etwa 1 cm große Stücke schneiden. Den Broccoli mit dem Wasser und 1 Prise Salz in eine Form geben. • Zugedeckt 3 (3½) Minuten bei 600 (500) Watt garen. Den Broccoli abtropfen lassen. Die Strunkstücke in Suppentasse oder auf Teller verteilen, mit der Blumenkohlsuppe übergießen und mit den Broccoliröschen garnieren.

<u>Mein Tip:</u> Besonders fein wird diese Suppe, wenn man vor dem Anrichten 2–3 Eßlöffel steif geschlagene Sahne daruntermischt.

| Zutaten für 4 Personen: |
| --- |
| 30 g getrocknete Borlotti- |
| bohnen · 1,2 l Fleischbrühe |
| 1 Zucchino · 1 Karotte |
| 1 Stück Knollensellerie |
| ½ Wirsingkopf · 2 Tomaten |
| 1 Zwiebel · 1 Knoblauchzehe |
| 1 Eßl. Butter oder Olivenöl |
| 1 Eßl. Basilikum, frisch gehackt |
| 1 Teel. Tomatenmark · 1 kleine |
| Kartoffel · 80 g Makkaroni |
| Salz, Pfeffer · 1 Prise Zucker |

### Spezialität aus Italien

Pro Person 970 kJ/230 kcal
Quellzeit: über Nacht
Vorbereitungszeit: 25 Minuten
Garzeit:

| | | |
| --- | --- | --- |
| 490 (500) Watt | 10 | Minuten |
| 600 (500) Watt | 2 (2½) | Minuten |
| 600 (500) Watt | 10 (11½) | Minuten |
| 600 (500) Watt | 15 (17) | Minuten |
| Gesamtgarzeit: | 37 (41) | Minuten |

**D**ie Bohnen am Vorabend in kaltem Wasser einweichen. • Dann abtropfen lassen und in ½ l Fleischbrühe zugedeckt bei

490 (500) Watt 10 Minuten garen. • Den Zucchino, die Karotte und den Sellerie putzen, waschen und in kleine Scheiben schneiden. Die Wirsingblätter waschen und in Streifen teilen. Die Tomaten mit kochendheißem Wasser überbrühen, häuten, von Stielansatz und Kernen befreien und kleinwürfeln. Die Zwiebel und den Knoblauch schälen und hacken. • Alles mit 4 Eßlöffeln Fleischbrühe und der Butter oder dem Öl in eine hohe große Schale geben und zugedeckt 2 (2½) Minuten bei 600 (500) Watt garen. • Die Tomaten mit dem Basilikum, dem Tomatenpüree und der restlichen Fleischbrühe dazugeben und weitere 10 (11½) Minuten bei 600 (500) Watt garen. • Die Kartoffel schälen, waschen und kleinwürfeln. Mit den Nudeln zur Suppe geben und 15 (17) Minuten bei 600 (500) Watt weitergaren. • Mit Salz, Pfeffer und dem Zucker abschmecken.

# Suppen mit Kartoffeln, Zwiebeln und Gemüse

Lieblingssuppen für Feinschmecker

## Pariser Zwiebelsuppe

im Bild links

Zutaten für 3 Personen:

250 g Zwiebeln · 1 Eßl. Butter

3 Scheiben Baguette

20 g Butterschmalz

6 Eßl. Weißwein

400 ccm Fleischbrühe

Pfeffer, geriebene Muskatnuß

50 g Greyerzer, frisch gerieben

**Spezialität aus Frankreich**

Pro Person 1100 kJ/260 kcal
Vorbereitungszeit: 15 Minuten
Garzeit:

| | | |
|---|---|---|
| 600 (500) Watt | 6 (6½) | Minuten |
| 600 (500) Watt | 5 (5½) | Minuten |
| 600 (500) Watt | 3 (3½) | Minuten |
| 600 (500) Watt | 10 (11½) | Minuten |
| 490 (500) Watt | 1 | Minute |
| Gesamtgarzeit: | 25 (28) | Minuten |

Die Zwiebeln schälen, in feine Streifen schneiden und mit der Butter in eine hohe Form geben. • 6 (6½) Minuten bei 600 (500) Watt zugedeckt garen. • Eine Bräunungsschale

5 (5½) Minuten bei 600 (500) Watt vorheizen. Die Brotscheiben mit dem Butterschmalz hineinlegen und 3 (3½) Minuten bei 600 (500) Watt anrösten. • Den Weißwein und die Fleischbrühe hinzufügen und 10 (11½) Minuten offen bei 600 (500) Watt kochen. • Die Suppe mit Pfeffer und Muskat abschmecken und in Tassen anrichten. Die Brotscheiben darauflegen und mit dem Käse bestreuen. • Den Käse 1 Minute bei 490 (500) Watt schmelzen lassen.

## Zucchinisuppe mit Knoblauch

im Bild rechts

Zutaten für 3 Personen:

250 g Zucchini · 1 Zwiebel

1 Knoblauchzehe · 10 g Butter

400 ccm Fleischbrühe

Salz, Pfeffer

**Besonders schnell**

Pro Person 300 kJ/70 kcal
Vorbereitungszeit: 15 Minuten
Garzeit:

| | | |
|---|---|---|
| 600 (500) Watt | 9 (10½) | Minuten |
| 600 (500) Watt | 2 (2½) | Minuten |
| Gesamtgarzeit: | 11 (13) | Minuten |

Die Zucchini putzen, waschen und in Scheiben schneiden. Die Zwiebel schälen und hacken. Den Knoblauch schälen und durch die Presse drücken. • Die Zucchini mit der Zwiebel, dem Knoblauch und der Butter zugedeckt 9 (10½) Minuten bei 600 (500) Watt garen. • Die Fleischbrühe dazugeben und 2 (2½) Minuten offen bei 600 (500) Watt kochen. • Die Suppe im Mixer pürieren, salzen und pfeffern.

## Gemüsesuppe mit Käse

im Bild vorne

Zutaten für 3 Personen:

60 g Kartoffeln · 60 g Lauch

60 g Knollensellerie

60 g Karotten · 1 Zwiebel

20 g Butter · ½ l Fleischbrühe

1 Lorbeerblatt · 1 Gewürznelke

Salz, Pfeffer

50 g Hartkäse, frisch gerieben

**Preiswert**

Pro Person 740 kJ/180 kcal
Vorbereitungszeit: 20 Minuten
Garzeit:

| | | |
|---|---|---|
| 600 (500) Watt | 5 (5½) | Minuten |
| 600 (500) Watt | 10 (11½) | Minuten |
| 490 (500) Watt | 1 | Minute |
| Gesamtgarzeit: | 16 (18) | Minuten |

Die Kartoffeln, den Lauch, den Sellerie und die Karotten putzen und kleinschneiden. Die Zwiebel schälen und hacken. • Mit der Butter und dem Gemüse in eine hohe Form geben und 5 (5½) Minuten bei 600 (500) Watt zugedeckt garen. • Die Fleischbrühe, das Lorbeerblatt und die Nelke dazufügen und alles 10 (11½) Minuten bei 600 (500) Watt garen. Mit Salz und Pfeffer abschmecken. • Den Käse darüberstreuen und 1 Minute bei 490 (500) Watt schmelzen lassen.

# Bündner Gerstensuppe

Eine der besten Schweizer Suppen

# Würzige Selleriecremesuppe

Delikat – aus einfachen Zutaten

| Zutaten für 4 Personen: |
| --- |
| 1 kleine Karotte |
| 50 g Knollensellerie |
| 1 kleine Kartoffel |
| 1 kleine Lauchstange |
| 2–3 Wirsingblätter |
| 1 Eßl. Butter · ½ Kalbsfuß, in Scheiben geschnitten |
| 40 g Rollgerste (Graupen) |
| 1 l Fleischbrühe |
| 1 Zwiebel · 1 Lorbeerblatt |
| 1 Gewürznelke |
| 50 g geräucherter Speck |
| Salz, Pfeffer |
| 200 g geräuchertes Rind- oder Schweinefleisch |
| 1 Eigelb · 6 Eßl. Sahne |

**Gelingt leicht • Preiswert**

Pro Person 1900 kJ/450 kcal
Vorbereitungszeit: 20 Minuten
Garzeit:

| | | |
| --- | --- | --- |
| 600 (500) Watt | 4 | (4½) Minuten |
| 600 (500) Watt | 2 | (2½) Minuten |
| 490 (500) Watt | 60 | Minuten |
| 600 (500) Watt | 2 | (2½) Minuten |
| Gesamtgarzeit: | 68 | (69½) Minuten |

Die Möhre, den Sellerie und die Kartoffel schälen, waschen und kleinwürfeln. Den Lauch und den Wirsing putzen, waschen und in feine Streifen schneiden. • Die Butter mit dem Gemüse und den Kalbsfußscheiben 4 (4½) Minuten bei 600 (500) Watt andünsten. Die Gerste dazugeben und 2 (2½) Minuten bei 600 (500) Watt mitgaren. • Mit der Hälfte der Fleischbrühe auffüllen. Die Zwiebel schälen und mit dem Lorbeerblatt und der Nelke spicken. Den Speck kleinwürfeln. Wenig Salz und Pfeffer, die Zwiebel, den Speck und das geräucherte Fleisch zum Gemüse geben und 60 Minuten bei 490 (500) Watt kochen. Dabei nach der Hälfte der Garzeit die restliche Fleischbrühe angießen. • Das Fleisch aus der Suppe nehmen, kleinwürfeln und wieder dazugeben. • Das Eigelb mit der Sahne unter die Suppe rühren und 2 (2½) Minuten bei 600 (500) Watt erhitzen.

| Zutaten für 4 Personen: |
| --- |
| 100 g Knollensellerie |
| 1 Schalotte · 1 Eßl. Butter |
| 1 Eßl. Mehl · 1 l Fleisch- oder Gemüsebrühe · Salz, Pfeffer |
| 1 Prise Cayennepfeffer |
| 80 g Stangensellerie |
| 6 Eßl. Sahne · ½ Eßl. Petersilie, frisch gehackt |

**Anspruchsvoll • Preiswert**

Pro Person 660 kJ/160 kcal
Vorbereitungszeit: 15 Minuten
Garzeit:

| | | |
| --- | --- | --- |
| 600 (500) Watt | 2 | (2½) Minuten |
| 600 (500) Watt | 3 | (3½) Minuten |
| 490 (500) Watt | 6 | Minuten |
| 490 (500) Watt | 5 | Minuten |
| 600 (500) Watt | 3 | (3½) Minuten |
| Gesamtgarzeit: | 19 | (20½) Minuten |

Den Sellerie schälen, waschen und in kleine Stücke schneiden. Die Schalotte schälen und hacken. • Eine große Bräunungsschale 2 (2½) Minuten bei 600 (500) Watt vorwärmen. • Die Butter darauf zerlaufen lassen. Die Schalotte und das Gemüse hinzufügen und mit dem Mehl bestäuben. • 3 (3½) Minuten zugedeckt bei 600 (500) Watt dünsten. • Mit der Fleisch- oder Gemüsebrühe auffüllen und 6 Minuten bei 490 (500) Watt zugedeckt kochen. • Die Suppe im Mixer pürieren und in die Schale zurückgeben. Mit Salz, Pfeffer und Cayennepfeffer abschmecken. • Den Stangensellerie putzen, waschen und in sehr dünne Scheiben schneiden. In die Suppe geben und 5 Minuten bei 490 (500) Watt zugedeckt garen. • Die Suppe mit der Sahne verfeinern, nochmals abschmecken und in 3 (3½) Minuten bei 600 (500) Watt fertiggaren. Mit der Petersilie bestreuen.

Mein Tip: Man kann die Schalotte und das Gemüse auch in einer gewöhnlichen Schale in der Butter dünsten. In der Bräunungsschale allerdings nehmen die Zutaten mehr Farbe und Geschmack an.

# Leberknödelsuppe

In Bayern und Österreich besonders beliebt

Zutaten für 4 Personen:

150 g Rindsleber

40 g Weißbrot

2 Eßl. Milch · 1 kleine Zwiebel

1 Eßl. Petersilie, frisch gehackt

1 Teel. Butter · 1 Ei

eventuell etwas Paniermehl

Salz, Pfeffer

½ Teel. getrockneter Majoran

1 l Fleischbrühe

1 Eßl. Schnittlauchröllchen

**Preiswert**

Pro Person 580 kJ/140 kcal
Vorbereitungszeit: 30 Minuten
Garzeit:

| | | |
|---|---|---|
| 600 (500) Watt | 1 | (1¼) Minute |
| 600 (500) Watt | 6 | (6½) Minuten |
| 600 (500) Watt | 5 | (5½) Minuten |
| Gesamtgarzeit: | 12 | (13¼) Minuten |

**D**ie Rindsleber im Mixer pürieren, dann durch ein feines Sieb streichen. Das Brot in Stücke brechen und in der Milch einweichen. Dann gut ausdrücken und ebenfalls im Mixer pürieren. • Die Zwiebel schälen, feinhacken und mit der Petersilie und der Butter in eine Schale geben. 1 (1¼) Minute bei 600 (500) Watt andünsten. • Die Mischung abkühlen lassen. Dann mit dem Ei, der Leber und dem Brot gut vermischen. Nach Bedarf etwas Paniermehl hinzufügen. Es soll eine formbare Masse entstehen. Mit Salz, Pfeffer und dem Majoran abschmecken. • Die Fleischbrühe in einer großen Schale bei 600 (500) Watt 6 (6½) Minuten zugedeckt erhitzen. • Aus der Lebermasse mit zwei Teelöffeln kleine Klößchen formen. • Die Knödel in die heiße Brühe geben und 5 (5½) Minuten bei 600 (500) Watt garen. Die Fleischbrühe in vorgewärmte Teller oder Tassen gießen und die Knödel darin verteilen. Mit dem Schnittlauch bestreut servieren.

Mein Tip: Zum Formen der Knödel die Löffel immer wieder in heißes Wasser tauchen.

# Gulaschsuppe

Ein beliebter Mitternachtsimbiß

Zutaten für 2 Personen:

100 g Rindfleisch · 1 große

Zwiebel · 1 Eßl. Butter

1½ Eßl. Paprikapulver edelsüß

½ Eßl. Mehl · 1 Teel. Tomaten-

mark · ½ l Fleischbrühe

1 Knoblauchzehe · ½ Teel.

Kümmel · 1 Prise getrockneter

Majoran · 100 g Kartoffeln

je ½ grüne und rote Paprika-

schote · Salz, Pfeffer

2 Prisen Rosenpaprikapulver

**Gelingt leicht**

Pro Person 1100 kJ/260 kcal
Vorbereitungszeit: 20 Minuten
Garzeit:

| | | |
|---|---|---|
| 600 (500) Watt | 3 | (3½) Minuten |
| 490 (500) Watt | 1 | Minute |
| 490 (500) Watt | 6 | Minuten |
| 600 (500) Watt | 9 | (10½) Minuten |
| Gesamtgarzeit: | 19 | (21) Minuten |

**D**as Fleisch in kleine Würfel schneiden. Die Zwiebel schälen, hacken und mit dem Fleisch und der Butter in eine große Schale geben. • 3 (3½) Minuten bei 600 (500) Watt andünsten. • Das Fleisch mit dem Paprikapulver und dem Mehl bestäuben und mit dem Tomatenmark mischen. 1 Minute zugedeckt bei 490 (500) Watt weiterdünsten. • Mit der Fleischbrühe ablöschen. Den Knoblauch schälen, durch die Presse drücken und mit dem Kümmel und dem Majoran hinzugeben. Alles 6 Minuten bei 490 (500) Watt zugedeckt garen. • Inzwischen die Kartoffeln schälen und waschen. Die Paprikaschoten waschen, putzen und entkernen. Beides in sehr kleine Würfel schneiden und zur Suppe geben. • Zugedeckt 9 (10½) Minuten bei 600 (500) Watt fertiggaren. Die Suppe mit Salz, Pfeffer und dem Rosenpaprikapulver abschmecken.

Mein Tip: Paprikapulver edelsüß ist mild, und Rosenpaprikapulver macht die Suppe pikant. Man kann ihn durch Cayennepfeffer ersetzen.

# Cremige Saucen zu Fleisch und Gemüse

Klassisches unkonventionell und schnell zubereitet

## Feine Sahnesauce

im Bild hinten

Zutaten für 2 Personen:

1 Schalotte · 2 Eßl. Weißwein

3 Eßl. Fleisch-, Gemüsebrühe oder Bratfond

150 g Sahne · Salz, Pfeffer

### Besonders schnell

Pro Person 1100 kJ/260 kcal
Vorbereitungszeit: 5 Minuten
Garzeit:

| | | |
|---|---|---|
| 600 (500) Watt | 1½ (1¾) | Minuten |
| 600 (500) Watt | 4 (4½) | Minuten |
| Gesamtgarzeit: | 5½ (6¼) | Minuten |

**D**ie Schalotte schälen und feinhacken. Den Weißwein mit der Brühe oder dem Bratfond und der Schalotte in einer Schale 1½ (1¾) Minuten bei 600 (500) Watt kochen. • Die Flüssigkeit durch ein Sieb streichen und wieder in die Schale geben. • Die Sahne untermischen und alles 4 (4½) Minuten bei 600 (500) Watt kochen. Mit Salz und Pfeffer abschmecken.

**Mein Tip:** Eine helle Sauce kann man mit 1 Eßlöffel Wermut, eine braune Sauce mit 1 Eßlöffel Cognac verfeinern.

## Pikante Weißweinsauce

im Bild links

Zutaten für 2 Personen:

5 Eßl. Weißwein

3 Eßl. beliebige Brühe oder Bratfond · 150 g Sahne

10–20 g Butter

½ Teel. Zitronensaft (nach Belieben) · Salz, Pfeffer

### Gelingt leicht

Pro Person 1300 kJ/310 kcal
Garzeit:

| | | |
|---|---|---|
| 600 (500) Watt | 2 (2½) | Minuten |
| 600 (500) Watt | 5 (5½) | Minuten |
| 600 (500) Watt | 1 (1¼) | Minute |
| Gesamtgarzeit: | 8 (9¼) | Minuten |

**E**twa 3 Eßlöffel Weißwein mit der Brühe oder dem Bratfond 2 (2½) Minuten bei 600 (500) Watt einkochen lassen.

• Die Sahne dazufügen und 5 (5½) Minuten bei 600 (500) Watt weiterkochen. • Die Butter in Flöckchen schneiden und unter die Sauce rühren. Den restlichen Weißwein und eventuell den Zitronensaft dazufügen. Mit Salz und Pfeffer abschmecken und 1 (1¼) Minute bei 600 (500) Watt fertiggaren.

## Sauce Béchamel

im Bild vorne

Zutaten für ½ l:

25 g Butter · 20 g Mehl

½ l Milch

Salz, weißer Pfeffer

geriebene Muskatnuß

### Preiswert

Insgesamt 2400 kJ/570 kcal
Garzeit:

| | | |
|---|---|---|
| 600 (500) Watt | ½ (¾) | Minute |
| 600 (500) Watt | 2 (2½) | Minuten |
| 600 (500) Watt | 1 (1¼) | Minute |
| 600 (500) Watt | 3 (3½) | Minuten |
| Gesamtgarzeit: | 6½ (8) | Minuten |

**D**ie Butter in eine Schale geben und in ½ (¾) Minute bei 600 (500) Watt flüssig werden lassen. • Das Mehl untermischen und die Milch unter Rühren zugießen. Die Sauce 2 (2½) Minuten bei 600 (500) Watt kochen, dann durchrühren und 1 (1¼) Minute bei 600 (500) Watt weiterkochen. • Die Sauce noch einmal gut durchrühren und 3 (3½) Minuten bei 600 (500) Watt garen. Mit Salz, Pfeffer und Muskat abschmecken.

Varianten (zu allen Saucen): Gemischte Kräuter, Kapern oder feingehackte Gemüse zugedeckt 1 (1¼) Minute bei 600 (500) Watt garen und unter die Sauce mischen. Oder die Sauce vor dem letzten Garen mit 1–2 Eßlöffeln Tomatenmark und 1 Prise Zucker verfeinern.

# Klassische Buttersaucen

Auch für Ungeübte einfach zuzubereiten

## Weiße Buttersauce

im Bild links

Zutaten für 3 Personen:

1 Schalotte · 1 Eßl. Weißwein

1 Eßl. Fischfond oder

Geflügelbrühe

3−4 zerdrückte Pfefferkörner

2 Eßl. Weißweinessig

1 Eßl. Sahne · 100 g Butter

Salz, weißer Pfeffer

### Anspruchsvoll

Pro Person 1200 kJ/290 kcal
Vorbereitungszeit: 5 Minuten
Garzeit:

| | | |
|---|---|---|
| 600 (500) Watt | 3 | (3½) Minuten |
| 490 (500) Watt | 1 | Minute |
| 600 (500) Watt | ½ | (¾) Minute |
| Gesamtgarzeit: | 4½ (5¼) Minuten | |

**D**ie Schalotte schälen und hacken. • Den Weißwein mit dem Fischfond oder der Geflügelbrühe, den Pfefferkörnern, der Schalotte und dem Essig 3 (3½) Minuten bei 600 (500) Watt auf etwa 3 Eßlöffel Flüssigkeit einkochen. • Die

Mischung durch ein Sieb gießen und das Konzentrat mit der Sahne und 50 g Butterflöckchen mischen. • 1 Minute bei 490 (500) Watt erhitzen. • Die restliche Butter unterrühren und die Sauce nochmals ½ (¾) Minute bei 600 (500) Watt kochen.

## Sauce hollandaise

im Bild rechts

Zutaten für 3 Personen:

100 g Butter

2 Eigelbe

3 Eßl. Weißwein

½ Teel. Weißweinessig

½ Teel. Zitronensaft

Salz, weißer Pfeffer

### Besonders schnell

Pro Person 1300 kJ/310 kcal
Garzeit:

| | | |
|---|---|---|
| 490 (500) Watt | 2 | Minuten |
| 360 (330) Watt | 1 (1¼) Minute | |
| Gesamtgarzeit: | 3 (3¼) Minuten | |

**D**ie Butter in eine kleine Form geben und bei 490 (500) Watt in 2 Minuten flüssig werden lassen. • Die Eigelbe in einer zweiten Form mit dem Weißwein, dem Essig und dem Zitronensaft leicht schaumig schlagen. • 1 (1¼) Minute bei 360 (330) Watt stocken lassen. • Die flüssige Butter langsam nach und nach unter die Eiermasse rühren. Mit Salz und Pfeffer abschmecken.

## Sauce béarnaise

im Bild vorne

Zutaten für 3 Personen:

1 Schalotte · 100 g Butter

3 Eßl. Essig · 1 Eßl. Wasser

1 Eßl. Estragon, frisch gehackt

1 Teel. Kerbel, frisch gehackt

2 Eigelbe · Salz, weißer Pfeffer

### Etwas teurer

Pro Person 1300 kJ/310 kcal
Vorbereitungszeit: 5 Minuten
Garzeit:

| | | |
|---|---|---|
| 490 (500) Watt | 2 | Minuten |
| 490 (500) Watt | 3 | Minuten |
| 360 (330) Watt | 40 (50) Sekunden | |
| Gesamtgarzeit: | 5 Minuten, 40 Sekunden | |
| | (5 Minuten, 50 Sekunden) | |

**D**ie Schalotte schälen und hacken. • Die Butter in eine kleine Schale geben und bei 490 (500) Watt in 2 Minuten flüssig werden lassen. • Die Schalotte mit dem Essig, dem Wasser, der Hälfte des Estragons und des Kerbels 3 Minuten bei 490 (500) Watt kochen. • Das Konzentrat durch ein Sieb gießen und wieder in die Schale geben. • Die Eigelbe verquirlen und mit der Flüssigkeit mischen. 40 (50) Sekunden bei 360 (330) Watt stocken lassen. • Die flüssige Butter nach und nach unter die Masse rühren. Mit Salz, Pfeffer und den restlichen Kräutern abschmecken.

# Pikante Currysauce

Paßt besonders gut zu Geflügel und Fisch

# Kräftige Rotweinsauce

Schmeckt zu Rinderbraten und Wild

## Pikante Currysauce

Zutaten für 4 Personen:

1 Zwiebel · 1 Eßl. Butter

2 Eßl. Currypulver

⅛ l Fleischbrühe · ⅛ l Milch

1 Teel. Mango-Chutney (Glas)

1 Teel. Speisestärke

3 Eßl. Ananassaft

1 kleiner Apfel · Salz, Pfeffer

1 Prise Cayennepfeffer

### Anspruchsvoll

Pro Person 390 kJ/95 kcal
Vorbereitungszeit: 15 Minuten
Garzeit:

| | | |
|---|---|---|
| 600 (500) Watt | 2 | (2½) Minuten |
| 600 (500) Watt | 7 | (8) Minuten |
| 600 (500) Watt | 3 | (3½) Minuten |
| Gesamtgarzeit: | 12 (14) | Minuten |

**D**ie Zwiebel schälen, hacken und in der Butter 2 (2½) Minuten bei 600 (500) Watt zugedeckt dünsten. • Das Currypulver, die Fleischbrühe, die Milch und den Mango-Chutney untermischen. Die Speisestärke mit dem Ananassaft gründlich verrühren. Den Apfel schälen, um das Kerngehäuse herum dazuraffeln und ebenfalls untermischen. • 7 (8) Minuten bei 600 (500) Watt garen. • Die Sauce durch ein feines Sieb streichen und 3 (3½) Minuten bei 600 (500) Watt weiterkochen. • Die Sauce mit Salz, Pfeffer, Cayennepfeffer und eventuell noch etwas Currypulver abschmecken.

Mein Tip: Die Currysauce paßt gut zu Geflügel (Hähnchen und Truthahn), Kalbfleisch, Schweinefleisch oder Fisch (zum Beispiel Dorsch oder Seeteufel). Passende Beilagen sind außerdem gebratene Bananenscheiben, geröstete Mandelblättchen, Rosinen, kleine Schinkenwürfel, gehacktes Ei, Kroepok (Krabbenbrot), gedünstete Apfelscheiben, Ananasstückchen, Kokosflocken, diverse Chutneys und körnig gekochter Reis.

## Kräftige Rotweinsauce

Zutaten für 4 Personen:

1 Schalotte · 200 ccm Rotwein

100 ccm Kalbsfond oder klare

Brühe · 20 g Butter

Salz, Pfeffer

### Etwas teurer

Pro Person 350 kJ/85 kcal
Vorbereitungszeit: 5 Minuten
Garzeit:

| | | |
|---|---|---|
| 600 (500) Watt | 10 (11½) | Minuten |
| 600 (500) Watt | 5 (5½) | Minuten |
| 600 (500) Watt | 3 (3½) | Minuten |
| Gesamtgarzeit: | 18 (20½) | Minuten |

**D**ie Schalotte schälen und feinhacken. Dann mit dem Rotwein 10 (11½) Minuten bei 600 (500) Watt auf die Hälfte der Flüssigkeit einkochen lassen. • Den Kalbsfond oder die Brühe dazugeben und nochmals 5 (5½) Minuten bei 600 (500) Watt einkochen. • Die kalte Butter in Flöckchen unterrühren. 3 (3½) Minuten bei 600 (500) Watt weiterkochen. Die Sauce mit Salz und Pfeffer abschmecken.

Varianten: Für eine braune Sahnesauce anstelle von Butter zuletzt etwas Sahne hinzufügen. Auf dieselbe Art kann man eine Wildsauce zubereiten. Für eine Madeirasauce den Wein durch 100 ccm Madeira und etwas mehr Kalbsfond oder klare Brühe ersetzen. ½ Teelöffel Tomatenmark unterrühren. Für eine Bordelaiser Sauce anstelle von Butterflocken kleingeschnittenes Ochsenmark an die Sauce geben und zuletzt 1 Eßlöffel gehackte Petersilie untermengen.

# Pikante Saucen für Teigwaren und Reis

»all'italiana« – echt und schnell zubereitet

## Italienische Tomatensauce

im Bild rechts

Zutaten für 4 Personen:

1 Zwiebel · 1 kleine Karotte

1 Stück Knollensellerie

1 Eßl. Olivenöl oder Butter

2–3 Petersilienstiele

5–6 Basilikumblätter

1 Lorbeerblatt

1 Zweiglein Thymian

1 kg geschälte Tomaten (Dose)

2 Messerspitzen Fleischextrakt oder gekörnte Brühe

Salz, Pfeffer · etwas Zucker

### Gelingt leicht • Preiswert

Pro Person 480 kJ/110 kcal
Vorbereitungszeit: 20 Minuten
Garzeit:

| | | |
|---|---|---|
| 600 (500) Watt | 2 | (2½) Minuten |
| 600 (500) Watt | 10 | (11½) Minuten |
| Gesamtgarzeit: | 12 | (14) Minuten |

Die Zwiebel schälen und feinhacken. Die Karotte und den Sellerie putzen, wa- schen und kleinwürfeln. • Das Olivenöl oder die Butter in eine Schale geben. Die Zwiebel, die Karotte, den Sellerie und die Kräuter hinzufügen. • Alles 2 (2½) Minuten zugedeckt bei 600 (500) Watt andünsten. • Die geschälten Tomaten mit dem Saft und dem Fleischex- trakt oder der gekörnten Brühe dazugeben und 10 (11½) Mi- nuten bei 600 (500) Watt ko- chen. Die Mischung durch ein feines Sieb streichen. Die Sauce mit Salz, Pfeffer und Zucker abschmecken.

Mein Tip: Im Sommer, wenn es reife Tomaten gibt, kann man diese (geschält) verwenden.

Variante:
Einfache Tomatensauce
1 feingehackte Zwiebel oder 1 durchgepreßte Knoblauch- zehe mit 1 Eßlöffel Olivenöl 2 (2½) Minuten bei 600 (500) Watt zugedeckt dünsten. 250 g geschälte, entkernte und ge- würfelte Tomaten zufügen und 5 Minuten bei 490 (500) Watt kochen. Die Tomaten im Mixer pürieren und mit Salz und Pfef- fer abschmecken. Diese Sauce schmeckt besonders gut zu Fisch und anderen leichten Gerichten.

## Sauce bolognese

im Bild links

Zutaten für 4 Personen:

1 Eßl. Butter

1 Zwiebel

1 kleine Karotte

1 kleine Lauchstange

1 Stück Knollensellerie

2 Knoblauchzehen

200 g gemischtes Hackfleisch

2 Eßl. Tomatenmark

100 ccm Rotwein

⅛ l Fleischbrühe

1 Gewürznelke · 1 Lorbeerblatt

Salz, Pfeffer · 1 Prise Zucker

1 Teel. Majoran, frisch gehackt

1 Teel. Petersilie, frisch gehackt

### Anspruchsvoll • Preiswert

Pro Person 940 kJ/220 kcal
Vorbereitungszeit: 20 Minuten
Garzeit:

| | | |
|---|---|---|
| 600 (500) Watt | 2 | (2½) Minuten |
| 600 (500) Watt | 5 | (5½) Minuten |
| 360 (330) Watt | 10 | (10½) Minuten |
| Gesamtgarzeit: | 17 | (18½) Minuten |

Die Butter in eine flache Schale geben. Die Zwiebel, die Karotte, den Lauch und den Sellerie schälen oder putzen, waschen und in kleine Würfel schneiden. Den Knoblauch schälen, durch die Presse drük- ken und mit dem Gemüse zur Butter geben. • Alles 2 (2½) Minuten zugedeckt bei 600 (500) Watt dünsten. • Das Hackfleisch auf das Gemüse ge- ben und 5 (5½) Minuten bei 600 (500) Watt dünsten. • Das Tomatenmark, den Rotwein, die Fleischbrühe, die Gewürze und die Kräuter dazugeben, gut unterrühren und 10 (10½) Minuten bei 360 (330) Watt garen. • Die Sauce mit Salz und Pfeffer abschmecken.

# Safran-Risotto

Läßt sich mit vielen Gemüsesorten anreichern

## Zutaten für 3 Personen:

1 Zwiebel · 1 große Tomate
1 Eßl. Olivenöl oder Butter
120 g Risottoreis
¼ l Fleischbrühe
⅛ l Weißwein
1 Messerspitze Safranpulver
2 Eßl. Butter · Salz, Pfeffer
50 g Parmesan, frisch gerieben

### Spezialität aus Italien

Pro Person 1600 kJ/380 kcal
Vorbereitungszeit: 10 Minuten
Garzeit:

| | | | |
|---|---|---|---|
| 600 (500) Watt | 7 | (8) | Minuten |
| 360 (330) Watt | 11 | (11¾) | Minuten |
| Gesamtgarzeit: | 18 | (19¾) | Minuten |

**D**ie Zwiebel schälen und hacken. Die enthäutete Tomate würfeln. • Das Olivenöl oder die Butter, die Zwiebel, die Tomate, den Reis, die Fleischbrühe und 100 ccm Weißwein in einer Schale gut mischen.
• Zudecken und 7 (8) Minuten bei 600 (500) Watt garen.
• Dann gut umrühren und

11 (11¾) Minuten bei 360 (330) Watt zugedeckt weitergaren. • Den restlichen Weißwein, den Safran und die in Flöckchen geteilte Butter unter den Reis rühren. Mit Salz und Pfeffer abschmecken. Den Parmesan getrennt dazu servieren.

Mein Tip: Das Reiskochen im Mikrowellengerät bringt keine große Zeitersparnis. Ein Vorteil ist jedoch, daß man alle Zutaten zusammen in eine Schale geben kann und sich nicht weiter um die Zubereitung kümmern muß. Auch das klassische Umrühren entfällt. Es ist also die ideale Methode für »Koch-Anfänger«. Dieser einfache Risotto läßt sich zum Beispiel mit Pilzen, Tomaten oder Paprikaschoten, die man bereits am Anfang zugeben kann, anreichern.

# Risotto mit Weißwein

Mit Naturreis eine vollwertige Beilage

## Zutaten für 3 Personen:

120 g Langkornreis
1 Zwiebel
1 Eßl. Butter oder Olivenöl
600 ccm Gemüse- oder
Fleischbrühe · 6 Eßl. Weißwein
1 Eßl. Butter · 1 Eßl. Petersilie,
frisch gehackt · Salz, Pfeffer

### Preiswert

Pro Person 1200 kJ/290 kcal
Vorbereitungszeit: 5 Minuten
Garzeit:

| | | |
|---|---|---|
| 600 (500) Watt | 7 (8) | Minuten |
| 360 (330) Watt | 11 (11¾) | Minuten |
| Gesamtgarzeit: | 18 (19¾) | Minuten |

**D**en Reis kalt abspülen. • Dann die Zwiebel schälen und hacken. Mit der Butter oder dem Olivenöl, dem abgetropften Reis, der Gemüse- oder Fleischbrühe und dem Weißwein in eine Schale geben.
• 7 (8) Minuten bei 600 (500) Watt zugedeckt garen. • Den Reis gut umrühren und 11 (11¾) Minuten bei 360 (330) Watt

zugedeckt weitergaren. Dabei zwischendurch zweimal umrühren. • Die Butter in Flöckchen und die Petersilie unterrühren und den Risotto mit Salz und Pfeffer abschmecken.

Mein Tip: Die Garzeit von Reis im Mikrowellengerät ist etwas kürzer als auf dem Herd. Ein weiterer Vorteil ist, daß man keinen Topf benötigt, sondern den Risotto gleich im Serviergeschirr zubereiten kann. Naturreis sollten Sie über Nacht einweichen. Er quillt beim Garen etwas weniger auf als geschälter Reis. Deshalb sollte man die Portionen reichlicher bemessen. Die Garzeit beträgt 20 Minuten bei 490 (500) Watt. Als Beilage benötigt man 40—50 g pro Person, als Hauptmahlzeit 70—80 g, ungegart.

# Spaghetti carbonara

Das Lieblingsrezept der Spaghetti-Fans

## Zutaten für 2 Personen:

| | | |
|---|---|---|
| 30 g geräucherter Speck | | |
| 1 Eßl. Olivenöl · ⅛ l Sahne | | |
| 2 Eßl. Parmesan, frisch gerieben | | |
| 1 l Wasser · 1 Eßl. Salz | | |
| 250 g Spaghetti · 1 Eßl. Öl | | |

### Spezialität aus Italien

Pro Person 3800 kJ/900 kcal
Vorbereitungszeit: 10 Minuten
Garzeit:

| | | |
|---|---|---|
| 490 (500) Watt | 1 | Minute |
| 490 (500) Watt | ½ | Minute |
| 600 (500) Watt | 10 | (11½) Minuten |
| 600 (500) Watt | 5 | (5½) Minuten |
| 360 (330) Watt | 4 | (4¼) Minuten |
| 490 (500) Watt | 1 | Minute |
| Gesamtgarzeit: | 21½ | (23¾) Minuten |

**D**en Speck feinwürfeln und mit dem Olivenöl 1 Minute bei 490 (500) Watt erhitzen. • Die Sahne und den Parmesan hinzufügen und ½ Minute bei 490 (500) Watt erhitzen. Die Sauce zugedeckt beiseite stellen. • Für die Spaghetti das Wasser mit dem Salz zugedeckt 10 (11½) Minuten bei 600 (500) Watt zum Kochen bringen. • Die Spaghetti und das Öl dazugeben und gut umrühren. Zugedeckt 5 (5½) Minuten bei 600 (500) Watt garen. • Die Spaghetti durchrühren und in 4 (4¼) Minuten bei 360 (330) Watt fertiggaren. Dann in einem Sieb abtropfen lassen. • Die Sauce zugedeckt bei 490 (500) Watt in 1 Minute erhitzen und mit den Nudeln mischen.

Mein Tip: Statt der Zubereitung »normaler« Spaghetti habe ich das Rezept für Spaghetti carbonara beschrieben. Sie sind hier so beliebt, daß ich darauf nicht verzichten wollte.

Variante:
Spaghetti mit Käsesauce
Die Spaghetti wie oben beschrieben garen. ⅛ l Sahne mit 50 g geriebenem Käse mischen und ½ Minute bei 490 (500) Watt erhitzen. Mit den abgetropften Spaghetti mischen.

# Polenta mit Salbei

Eine italienische Spezialität aus Maisgrieß

## Zutaten für 3 Personen:

| | | |
|---|---|---|
| ½ l Gemüse- oder Fleischbrühe | | |
| oder Wasser · 120 g Maisgrieß, | | |
| mittel oder grob gemahlen | | |
| 3 Eßl. Butter · 1 Teel. Salbei- | | |
| blätter · Salz, Pfeffer | | |

### Preiswert

Pro Person 1300 kJ/310 kcal
Vorbereitungszeit: 5 Minuten
Garzeit:

| | | |
|---|---|---|
| 600 (500) Watt | 2½ (3) | Minuten |
| 490 (500) Watt | 3 | Minuten |
| 600 (500) Watt | 1½ (1¾) | Minuten |
| Gesamtgarzeit: | 7 (7¾) | Minuten |

**D**ie Brühe oder das Wasser in einer Schale mit dem Maisgrieß gut mischen. 1 Eßlöffel Butter in Flocken dazugeben. • Zugedeckt 2½ (3) Minuten bei 600 (500) Watt ankochen. Danach 3 Minuten bei 490 (500) Watt weitergaren. Dabei zwischendurch einmal umrühren. • Die restliche Butter mit den Salbeiblättern in eine kleine Schale geben. 1½ (1¾) Minuten bei 600 (500) Watt erhitzen. Die Butter durch ein Sieb zur Polenta gießen, mit Salz und Pfeffer würzen, gut umrühren und sofort servieren.

Mein Tip: Die Zubereitung der Polenta im Mikrowellengerät geht relativ schnell. Man erspart sich auch das Umrühren und vermeidet das Herausspritzen des Maisbreis. Man kann die Polenta auch in eine mit Butter ausgestrichene Ringform gießen, 1–2 Minuten stehenlassen, dann stürzen und mit einem Ragout füllen. Außerdem kann man die Polenta erkalten lassen, in Scheiben schneiden und im Mikrowellengerät vor dem Servieren mit etwas Butter 1 (1¼) Minute bei 600 (500) Watt erhitzen.

# Feine Kartoffelbeilagen

Altbewährtes nach neuester Methode zubereitet

## Sahnekartoffeln

im Bild vorne

Zutaten für 4 Personen:

1 Knoblauchzehe · 400 g Kartoffeln · Salz, weißer Pfeffer

1 Prise geriebene Muskatnuß

300 g Sahne · 1 Eßl. Petersilie

**Gelingt leicht**

Pro Person 1300 kJ/310 kcal
Vorbereitungszeit: 10 Minuten
Garzeit:
600 (500) Watt    12 (13½) Minuten

**D**ie Knoblauchzehe schälen, halbieren und eine flache Schale damit ausreiben. Die Kartoffeln schälen, waschen und in dünne Scheiben teilen.
• Die Scheiben in die Schale legen. Mit Salz, Pfeffer und Muskat bestreuen. Gut wenden und mit der Sahne übergießen.
• Die Kartoffeln mit Klarsichtfolie abdecken und 12 (13½) Minuten bei 600 (500) Watt garen. Mit der Petersilie bestreuen.

## Neue Bratkartoffeln

im Bild links

Zutaten für 2 Personen:

300 g kleine, neue Kartoffeln

100 ccm Wasser

Salz · 1 Eßl. Butter oder

Butterschmalz · Pfeffer

**Gelingt leicht**

Pro Person 770 kJ/180 kcal
Vorbereitungszeit: 10 Minuten
Garzeit:

| | | |
|---|---|---|
| 490 (500) Watt | 4 | Minuten |
| 600 (500) Watt | 4 | (4½) Minuten |
| 490 (500) Watt | 5 | Minuten |
| Gesamtgarzeit: | 13 | (13½) Minuten |

**D**ie Kartoffeln waschen und die Schale nach Wunsch mit einem Küchenmesser abschaben. Die Kartoffeln nochmals waschen und abtrocknen.
• Mit dem Wasser und wenig Salz in eine passende Schale geben. Zugedeckt 4 Minuten bei 490 (500) Watt kochen. • Die Kartoffeln in einem Sieb abtropfen lassen. • Eine Bräu-nungsschale 4 (4½) Minuten bei 600 (500) Watt vorheizen. Die Butter oder das Butterschmalz darin schmelzen lassen.
• Die Kartoffeln hineingeben, mit Salz und Pfeffer würzen und 5 Minuten bei 490 (500) Watt braten. Dabei die Kartoffeln nach der Hälfte der Garzeit wenden.

## Lyoner Kartoffeln

im Bild hinten

Zutaten für 2 Personen:

400 g Kartoffeln

100 ccm Wasser

1 große Zwiebel · 2 Eßl. Butter

Salz, Pfeffer

**Preiswert**

Pro Person 1300 kJ/310 kcal
Vorbereitungszeit: 10 Minuten
Garzeit:

| | | |
|---|---|---|
| 490 (500) Watt | 8 | Minuten |
| 600 (500) Watt | 4 | (4½) Minuten |
| 600 (500) Watt | 1 | (1¼) Minute |
| 600 (500) Watt | 6 | (6½) Minuten |
| Gesamtgarzeit: | 19 | (20½) Minuten |

**D**ie Kartoffeln waschen und mit dem Wasser in eine passende Schale geben. Bei 490 (500) Watt 8 Minuten zugedeckt garen. • Dann in ein Sieb geben und etwas ausdampfen lassen. • Eine Bräunungsschale 4 (4½) Minuten bei 600 (500) Watt vorheizen.
• Die Kartoffeln schälen und in 1 cm dicke Scheiben schneiden. Die Zwiebel schälen, halbieren und in ½ cm dünne Scheiben schneiden. • Die Butter in der Bräunungsschale schmelzen lassen. Zuerst die Zwiebel hineingeben und 1 (1¼) Minuten bei 600 (500) Watt dünsten.
• Die Kartoffelscheiben hinzufügen, mit Salz und Pfeffer würzen. Alles gut mischen und 6 (6½) Minuten bei 600 (500) Watt braten. Dabei nach der Hälfte der Zeit gut wenden.

# Beliebte Kartoffelzubereitungen

Kartoffelfans werden begeistert sein

## Kartoffeln in der Schale

im Bild rechts

Zutaten für 4 Personen:

800 g mittelgroße Kartoffeln

Salz

### Gelingt leicht

Pro Person 600 kJ/140 kcal
Vorbereitungszeit: 5 Minuten
Garzeit:
600 (500) Watt      10 (11½) Minuten

**D**ie Kartoffeln gründlich waschen, mit einer Gabel mehrmals einstechen und in eine Schale legen. • Wenig Salz dazufügen und die Kartoffeln zugedeckt 10 (11½) Minuten bei 600 (500) Watt garen. • Die Kartoffeln in ein Sieb geben und etwas ausdampfen lassen.

## Kartoffelpüree

im Bild links

Zutaten für 4 Personen:

800 g Kartoffeln

Salz, Pfeffer · 150 ccm Milch

1 Eßl. Sahne

geriebene Muskatnuß

### Preiswert

Pro Person 750 kJ/180 kcal
Vorbereitungszeit: 15 Minuten
Garzeit:

| | | |
|---|---|---|
| 490 (500) Watt | 10 | Minuten |
| 600 (500) Watt | 2 | (2½) Minuten |
| 600 (500) Watt | 2 | (2½) Minuten |
| 600 (500) Watt | 2 | (2½) Minuten |
| Gesamtgarzeit: | 16 | (17½) Minuten |

**D**ie Kartoffeln schälen, waschen und in etwa 2 cm große Würfel schneiden. Mit 4 Eßlöffeln Wasser in eine Schale geben und mit Salz und Pfeffer würzen. • Die Kartoffeln zugedeckt 10 Minuten bei 490 (500) Watt garen. • Die Kartoffeln in einem Sieb abtropfen lassen und die Kochschale abtrocknen. • Die Kartoffeln wieder in die Schale legen und 2 (2½) Minuten bei 600 (500) Watt ausdämpfen lassen. • Dann durch die feinste Schei-

be des Fleischwolfs oder eine Kartoffelpresse drücken. • Die Milch 2 (2½) Minuten bei 600 (500) Watt erwärmen. Das Kartoffelpüree mit der Milch und der Sahne mischen. Mit Salz, Pfeffer und Muskat abschmekken. • Das Püree vor dem Servieren 2 (2½) Minuten bei 600 (500) Watt erhitzen.

## Bouillonkartoffeln

im Bild vorne

Zutaten für 4 Personen:

1 kleine Karotte

½ Lauchstange

1 kleine Zwiebel

1 kleines Stück Knollensellerie

800 g Kartoffeln

½ l Gemüsebrühe

1 Eßl. Butter · Salz, Pfeffer

2 Teel. Schnittlauchröllchen

### Gelingt leicht

Pro Person 870 kJ/210 kcal
Vorbereitungszeit: 20 Minuten

Garzeit:

| | | |
|---|---|---|
| 600 (500) Watt | 6 | (6½) Minuten |
| 490 (500) Watt | 13 | Minuten |
| Gesamtgarzeit: | 19 (19½) | Minuten |

**D**ie Karotte schälen, waschen, längs viertlen und in ½ cm dicke Scheiben schneiden. Den Lauch putzen, waschen und in Ringe schneiden. Die Zwiebel schälen und hakken. Den Sellerie schälen und kleinwürfeln. Die Kartoffeln ebenfalls schälen und in 2 cm große Würfel schneiden. • Die Gemüsebrühe 6 (6½) Minuten bei 600 (500) Watt aufkochen. • Die Butter, das Gemüse und die Kartoffeln hinzufügen. Zugedeckt 13 Minuten bei 490 (500) Watt garen. Mit Salz und Pfeffer abschmecken und mit dem Schnittlauch bestreuen.

# Fischgerichte

Für die Zubereitung delikater Fische ist das Mikrowellengerät geradezu ideal. Das zarte Fleisch verträgt keine langen Garzeiten und darf nicht austrocknen. Sekunden- oder minutenschnell ist es in der Mikrowelle auf den Punkt gegart und behält so seinen typischen Geschmack und sein gutes Aussehen. Durch die Zugabe von gehackten Schalotten, frischen Kräutern oder zartem Gemüse, etwas Butter oder feinem Öl zaubern Sie in kurzer Zeit attraktive Gerichte, die ausgezeichnet schmecken. Aus dem konzentrierten Garsud lassen sich auch von »Kochneulingen« schmackhafte Saucen zubereiten. Die einzige Voraussetzung dabei ist, daß man die Rezepte genau befolgt. Denn gerade beim Fisch- und Saucenkochen kommt es oft auf die Minute an, damit alles gut gelingt. Und nicht nur Fischfilets, sondern auch Fische im Ganzen gelingen im Mikrowellengerät sehr gut. Eine zarte Goldbrasse mit geschmolzenen Tomaten, Zwiebeln und Kräutern, wie hier abgebildet, ist für jeden Fischfreund eine Delikatesse. Ein Rezept für Goldbrasse mit Knoblauch finden Sie auf Seite 65. Wichtig ist jedoch, daß der Fisch nicht zu groß ist. Sind mehrere Personen eingeladen, können Sie den ersten Fisch zubereiten, in Folie einpacken und nachgaren lassen, während die zweite Portion zubereitet wird.

# Zanderfilets mit Mandeln

Für festliche Gelegenheiten

# Barschfilets mit Kapern und Nüssen

Mit Kartoffelgemüse ein feines Essen für Gäste

---

**Zutaten für 2 Personen:**

| | |
|---|---|
| 320 g Zanderfilets | |
| 1 Teel. Zitronensaft | |
| 1 Teel. Worcestersauce | |
| Salz, Pfeffer | |
| 20 g Butter · 2 Eßl. Mehl | |
| 2 Eßl. Mandelblättchen | |
| 1 Eßl. Schnittlauchröllchen | |

### Etwas teurer

Pro Person 1500 kJ/360 kcal
Vorbereitungszeit: 10 Minuten
Garzeit:

| | | |
|---|---|---|
| 600 (500) Watt | 5 | (5½) Minuten |
| 490 (500) Watt | 2 | Minuten |
| 600 (500) Watt | 2 | (2½) Minuten |
| Gesamtgarzeit: | 9 (10) | Minuten |

**D**ie Fischfilets in 4–6 Stücke schneiden. Mit dem Zitronensaft und der Worcestersauce beträufeln und mit Salz und Pfeffer bestreuen. • Eine Bräunungsschale 5 (5½) Minuten bei 600 (500) Watt vorheizen. • Die Hälfte der Butter hineingeben. Die Fischstücke mit Küchenpapier trockentupfen, im Mehl wenden und 2 Minuten bei 490 (500) Watt zugedeckt braten. • Dabei nach der Hälfte der Zeit wenden. • Die Fischfilets auf vorgewärmte Teller verteilen. • Die Mandeln mit der restlichen Butter 2 (2½) Minuten bei 600 (500) Watt hellgelb braten. • Den Schnittlauch hinzufügen und die Mischung über den Fischfilets verteilen.

Mein Tip: Man kann die Mandeln auch ohne Fett rösten: Dazu die Bräunungsschale 5 (5½) Minuten bei 600 (500) Watt erhitzen. Die Mandelblättchen hineingeben und 2 (2½) Minuten bei 600 (500) Watt goldgelb rösten. Dabei nach der Hälfte der Zeit wenden. Ganze Forellen oder beliebige Fischfilets lassen sich auf dieselbe Art zubereiten. Bei ganzem Fisch muß die Garzeit je nach Größe verlängert werden.

---

**Zutaten für 2 Personen:**

| | |
|---|---|
| 300 g enthäutete Barschfilets | |
| Salz, Pfeffer | |
| 1 Teel. Zitronensaft | |
| ½ Teel. Sojasauce · 60 g Butter | |
| 1 Eßl. Walnüsse, frisch gehackt | |
| 1 Eßl. Kapern | |
| 1 Teel. Schnittlauchröllchen | |

### Besonders schnell

Pro Person 1900 kJ/450 kcal
Vorbereitungszeit: 10 Minuten
Garzeit:

| | |
|---|---|
| 490 (500) Watt | 2½ Minuten |

**D**ie Fischfilets auf beiden Seiten mit Salz und Pfeffer bestreuen. Mit dem Zitronensaft und der Sojasauce beträufeln. • Eine flache Form mit 1 Eßlöffel Butter ausstreichen. Die Fischfilets nebeneinander hineinlegen. Die restliche Butter in Flöckchen teilen und mit den Walnüssen und den Kapern über dem Fisch verteilen. • Den Fisch 2½ Minuten bei 490 (500) Watt zugedeckt garen. • Mit dem Schnittlauch bestreut auf vorgewärmten Tellern servieren.

Mein Tip: Man kann auch Felchen- (Renken-) oder Zanderfilets auf diese Art zubereiten.

# Beliebte Forellenrezepte

Gelingen auch Ungeübten leicht

## Forellenmousse

im Bild links

Zutaten für 6 Personen:

10 g Butter · 200 g Forellenfilets
Salz, Pfeffer · 5 Eßl. Rotwein
3 Eßl. Fischfond oder Gemüsebrühe · 1 Teel. Speisestärke
1 Tomate · 4 Basilikumblätter
3 Blatt weiße Gelatine
1/8 l Sahne

### Anspruchsvoll

Pro Person 540 kJ/130 kcal
Vorbereitungszeit: 30 Minuten
Kühlzeiten: 1 Stunde, 30 Minuten
Garzeit:

| | | |
|---|---|---|
| 490 (500) Watt | 1½ | Minuten |
| 600 (500) Watt | 2 (2½) | Minuten |
| 600 (500) Watt | ½ (¾) | Minute |
| Gesamtgarzeit: | 4 (4¾) | Minuten |

**E**ine Form mit der Butter ausstreichen. Die Forellenfilets
in Stücke schneiden, hineinlegen und mit Salz und Pfeffer
würzen. • Etwa 3 Eßlöffel Rotwein dazugeben und die Fischstücke 1½ Minuten bei 490

(500) Watt zugedeckt garen.
• Den Rotwein dann in eine
kleine Schale abgießen, mit
dem Fischfond oder der Gemüsebrühe und der Speisestärke
verrühren und 2 (2½) Minuten
bei 600 (500) Watt kochen.
• Die Mischung erkalten lassen
und zum Fisch geben. • Die Tomate mit kochendheißem Wasser überbrühen, häuten und
vom Stielansatz und den Kernen befreien. Das Basilikum
waschen und kleinzupfen. • Alle
diese Zutaten 30 Minuten kühl
stellen, dann im Mixer pürieren.
• Die Gelatine in kaltem Wasser
einweichen. Den restlichen
Rotwein ½ (¾) Minute bei 600
(500) Watt aufkochen. Die Gelatine auspressen und im heißen
Wein auflösen, dann unter die
Fischmasse rühren. Die Sahne
steif schlagen und unterziehen.
Die Masse mit Salz und Pfeffer
abschmecken. • Die Mousse in
eine Schüssel geben, glattstreichen und 1 Stunde im Kühlschrank fest werden lassen.

## Forelle blau

im Bild rechts

Zutaten für 2 Personen:

1 Stück Knollensellerie
½ Stange Lauch
1 kleine Zwiebel
2–3 Petersilienstiele
1 l Wasser · 1/8 l Weißwein
20 g Salz · 4–5 Pfefferkörner
2 küchenfertige Forellen von
je 250–300 g · 1/8 l Weißweinessig · 60 g Butter

### Gelingt leicht

Pro Person 2500 kJ/600 kcal
Vorbereitungszeit: 15 Minuten
Garzeit:

| | | |
|---|---|---|
| 600 (500) Watt | 11 (12½) | Minuten |
| 360 (330) Watt | 8 (8½) | Minuten |
| 600 (500) Watt | 1½ (1¾) | Minuten |
| Gesamtgarzeit: | 20½ (22¾) | Minuten |

**D**en Sellerie schälen, waschen und kleinwürfeln.
Den Lauch putzen, waschen
und in kleine Stücke schneiden.
Die Zwiebel schälen und grob-

hacken. Die Petersilienstiele kalt
abspülen. • Alle diese Zutaten
mit dem Wasser, dem Wein,
Salz und den Pfefferkörnern in
einer großen Form 11 (12½)
Minuten bei 600 (500) Watt
kochen. • Die Forellen mit dem
Essig begießen. In den Weiß-
weinsud geben und zugedeckt
8 (8½) Minuten bei 360 (330)
Watt garen. • Die Forellen aus
dem Mikrowellengerät nehmen
und im Sud warm halten. • Die
Butter in eine Form geben und
bei 600 (500) Watt 1½ (1¾)
Minuten erhitzen. • Die Forellen
abtropfen lassen und die flüssige Butter dazu servieren.

Mein Tip: Bei dieser Zubere-
tungsart sollte man darauf achten, daß die Schleimschicht auf
der Fischhaut nicht abgewa-
schen wird, sonst werden die
Fische nicht blau.
Die Fische sind gar, wenn sich
die Rückenflosse mühelos aus
dem Körper ziehen läßt.

# Seeteufel mit Spinat

Salzkartoffeln passen am besten dazu

## Zutaten für 2 Personen:

60 g Butter · 80 g Blattspinat, geputzt gewogen

1 Knoblauchzehe · Salz, Pfeffer

260 g Seeteufelfilets

2 Eßl. Weißwein

### Etwas teurer

Pro Person 1400 kJ/330 kcal
Vorbereitungszeit: 15 Minuten
Garzeit:

| | | | |
|---|---|---|---|
| 490 (500) Watt | 2½ | | Minuten |
| 600 (500) Watt | 1 | (1¼) | Minuten |
| 600 (500) Watt | ½ | (¾) | Minute |
| Gesamtgarzeit: | 4 | (4½) | Minuten |

Eine Form mit etwas Butter ausstreichen. Den Spinat waschen, in feine Streifen schneiden und in die Form geben. Den Knoblauch schälen, durch die Presse drücken und darüber verteilen. Mit wenig Salz und Pfeffer würzen. Die Fischfilets in etwa 1 cm dicke Scheiben schneiden, salzen, pfeffern und auf dem Spinat anrichten. • Den Weißwein dazugießen und den Fisch zugedeckt bei 490 (500) Watt 2½ Minuten garen. • Den Fisch und den Spinat aus der Form nehmen und auf Tellern anrichten. • Den Kochfond mit 20 g Butter 1 (1¼) Minute bei 600 (500) Watt einkochen. • Die restliche Butter in Flöckchen teilen und mit dem Schneebesen unterrühren. Die Sauce mit Salz und Pfeffer abschmecken und über dem Fisch verteilen. • Den Fisch vor dem Servieren noch einmal ½ (¾) Minute bei 600 (500) Watt zugedeckt erwärmen.

Mein Tip: Als farblichen Effekt 1 reife Tomate schälen, entkernen und in kleine Würfel schneiden. Den Fisch damit garnieren. Man kann der Buttersauce etwas gehackten Estragon zugeben.

# Seezunge und Lachs in Wirsing

Mit der Kräutersauce ein Feinschmeckergericht

## Zutaten für 4 Personen:

4 große Wirsingblätter

200 ccm Wasser · Salz

4 Lachsschnitzel · 4 Seezungenfilets · 30 g Butter · Pfeffer

Saft von 1 Zitrone · 1 Schalotte

⅛ l Sahne · 2 Eßl. Weißwein

1 Eßl. Petersilie, frisch gehackt

1 Eßl. Kerbel, frisch gehackt

### Etwas teurer

Pro Person 1300 kJ/310 kcal
Vorbereitungszeit: 20 Minuten
Garzeit:

| | | | |
|---|---|---|---|
| 600 (500) Watt | 7 | (8) | Minuten |
| 600 (500) Watt | 4 | (4½) | Minuten |
| 490 (500) Watt | 2½ | | Minuten |
| 600 (500) Watt | 1 | (1¼) | Minuten |
| Gesamtgarzeit: | 14½ | (16¼) | Minuten |

Die Wirsingblätter waschen und mit dem Wasser und 1 Prise Salz 7 (8) Minuten bei 600 (500) Watt zugedeckt garen. • Die Lachsschnitzel und die Seezungenfilets in ein flaches, mit etwas Butter ausgestrichenes Gefäß legen, mit Salz und Pfeffer würzen und mit dem Zitronensaft beträufeln. • Die Wirsingblätter gut abtropfen lassen und auf dem Tisch ausbreiten. Wenn nötig, die dicken Rippen etwas flachschneiden. Die Seezungenfilets einzeln einrollen und mit den Lachsschnitzeln umhüllen. In die Wirsingblätter einwickeln. • Die Schalotte schälen, feinhacken und mit der Sahne 4 (4½) Minuten bei 600 (500) Watt einkochen lassen. • Den Weißwein, die Wirsingrouladen und die Kräuter dazugeben und zugedeckt bei 490 (500) Watt 2½ Minuten garen. • Die Rouladen herausnehmen und warm halten. Die restliche Butter in Flöckchen in die Sauce geben und 1 (1¼) Minute bei 600 (500) Watt weiterkochen. • Die Sauce mit Salz und Pfeffer abschmecken und mit den Wirsingrouladen auf Tellern anrichten.

# Rotbarbenfilets mit Kressesauce

Die rote Haut verstärkt den spezifischen Geschmack

# Steinbutt mit Rotweinsauce

Blattspinat oder Broccoli passen gut dazu

| Zutaten für 2 Personen: |
| --- |
| 1 Teel. Butter · 2 Eßl. Weißwein |
| 4−6 Rotbarbenfilets |
| (etwa 320 g) |
| 30 g Kresse · 30 g Butter |
| 6 Eßl. Sahne · Salz, Pfeffer |

**Gelingt leicht**

Pro Person 1900 kJ/450 kcal
Vorbereitungszeit: 10 Minuten
Garzeit:

| | | |
| --- | --- | --- |
| 600 (500) Watt | ½ | (¾) Minute |
| 360 (330) Watt | 3 | (3¼) Minuten |
| 600 (500) Watt | 3 | (3½) Minuten |
| Gesamtgarzeit: | 6½ | (7½) Minuten |

**E**ine Form mit dem Teelöffel Butter ausstreichen. • Den Weißwein hineingießen und ½ (¾) Minute bei 600 (500) Watt auf die Hälfte einkochen lassen. • Die Fischfilets dazugeben und zugedeckt 3 (3¼) Minuten bei 360 (330) Watt garen. • Die Kresse vom Beet schneiden, waschen, hacken und mit der Butter verkneten. • Die Fischfilets herausnehmen und warm halten. • Die Sahne 3 (3½) Minuten bei 600 (500) Watt einkochen lassen. Die Kressebutter unterrühren. Die Sauce mit Salz und Pfeffer abschmecken, auf vorgewärmte Teller verteilen und die Fischfilets daraufgeben.

Mein Tip: Rotbarben sollten nur geschuppt, jedoch nicht gehäutet werden: Die schöne rote Farbe der Haut ist typisch für diesen Fisch und verstärkt seinen spezifischen Geschmack. Rotbarbenfilets sehen auch attraktiver aus, wenn sie mit der Haut nach oben angerichtet werden.
Die Kresse kann man durch andere Kräuter ersetzen, zum Beispiel im Frühling durch Bärlauch (wilde Knoblauchblätter), Sauerampfer oder junge Brennnesseln. Weil diese Kräuter kräftiger schmecken, sollte man die Menge etwas reduzieren.

| Zutaten für 2 Personen: |
| --- |
| 2 Steinbuttfilets (etwa 260 g) |
| Salz, Pfeffer · 1−2 Teel. |
| Zitronensaft · 1 Schalotte |
| ⅛ l Rotwein · 70 g Butter |

**Gelingt leicht**

Pro Person 1800 kJ/430 kcal
Vorbereitungszeit: 10 Minuten
Garzeit:

| | | |
| --- | --- | --- |
| 600 (500) Watt | 6 | (6½) Minuten |
| 360 (330) Watt | 2 | (2¼) Minuten |
| 600 (500) Watt | 3 | (3½) Minuten |
| Gesamtgarzeit: | 11 | (12¼) Minuten |

**D**ie Fischfilets auf beiden Seiten mit Salz und Pfeffer würzen und mit 1 Teelöffel Zitronensaft beträufeln. • Die Schalotte schälen, hacken und mit 5 Eßlöffeln Rotwein bei 600 (500) Watt 6 (6½) Minuten garen, bis die Flüssigkeit etwas eingekocht ist. • Die Fischfilets quer halbieren, in die Rotweinsauce legen und zugedeckt 2 (2¼) Minuten bei 360 (330) Watt garen. • Die Fischfilets herausnehmen und auf vorgewärmten Tellern anrichten. Den Sud durch ein Sieb gießen und mit dem restlichen Wein wieder in die Form geben. • Den Sud 3 (3½) Minuten bei 600 (500) Watt einkochen lassen. • Die Butter in Flöckchen unter die Sauce rühren. Mit Salz, Pfeffer und nach Belieben noch etwas Zitronensaft abschmecken. • Je 1 Filet mit Sauce begießen und das andere quer darüberlegen.

Mein Tip: Am besten kauft man 1 Filet mit schwarzer und 1 mit weißer Haut, damit man das Gericht attraktiv anrichten kann. Die weiße Haut wird vor dem Garen entfernt, die schwarze Haut belassen. Beim Anrichten kommt das gehäutete Filet zuerst auf den Teller, wird mit etwas Sauce begossen und mit dem zweiten bedeckt. Die Haut läßt sich vor dem Essen mühelos abziehen.

# Seehecht in Apfelwein

Mild und trotzdem würzig

# Seehecht mit Tomaten und Erbsen

Ein farbenfrohes Fischgericht

| Zutaten für 2 Personen: |
| --- |
| 1 mittelgroße Zwiebel |
| 1 Knoblauchzehe |
| 1 Eßl. Olivenöl |
| 2 Scheiben Seehecht von je etwa 150 g |
| 2 Eßl. Petersilie, frisch gehackt |
| Salz, Pfeffer · ¼ l Apfelwein |
| 1 Teel. Speisestärke |
| 1 Eßl. Sahne · 1 hart gekochtes Ei |
| 6 gegarte Spargelspitzen |

**Anspruchsvoll**

Pro Person 1400 kJ/330 kcal
Vorbereitungszeit: 15 Minuten
Garzeit:

| 600 (500) Watt | 2 | (2½) | Minuten |
| --- | --- | --- | --- |
| 490 (500) Watt | 1 | | Minute |
| 600 (500) Watt | 1 | (1¼) | Minute |
| 600 (500) Watt | 3 | (3½) | Minuten |
| 490 (500) Watt | 1 | | Minute |
| 360 (330) Watt | 3 | (3¼) | Minuten |
| Gesamtgarzeit: | 11 | (12½) | Minuten |

**D**ie Zwiebel und den Knoblauch schälen und feinhakken. • Eine Bräunungsschale 2 (2½) Minuten bei 600 (500)

Watt erhitzen. • Das Olivenöl und die Zwiebel hineingeben. 1 Minute bei 490 (500) Watt andünsten. • Den Fisch, die Petersilie und den Knoblauch hinzufügen. 1 (1¼) Minute bei 600 (500) Watt dünsten. • Die Fischscheiben herausnehmen, mit Salz und Pfeffer bestreuen und warm stellen. • Etwa 200 ccm Apfelwein zu den Zwiebeln gießen und 3 (3½) Minuten bei 600 (500) Watt auf die Hälfte einkochen lassen. • Den restlichen Apfelwein mit der Speisestärke gut verrühren. Zur Sauce geben und 1 Minute bei 490 (500) Watt eindicken lassen. Mit Salz und Pfeffer abschmekken. • Die Fischscheiben in die Sauce geben und 3 (3¼) Minuten bei 360 (330) Watt erwärmen. • Die Sahne dazugeben und alles auf vorgewärmten Tellern anrichten. Mit Eivierteln und Spargelspitzen garnieren.

| Zutaten für 4 Personen: |
| --- |
| 1 Zwiebel · 2 Knoblauchzehen |
| 1 Karotte · 4 große Scheiben Seehecht · Salz, Pfeffer |
| ¼ l Weißwein · 300 g Fischgräten · ¼ l Wasser · 1 Eßl. Mehl |
| 2 Eßl. Olivenöl · 500 g Tomaten |
| 200 g frische enthülste Erbsen |
| 1 Eßl. gemischte Kräuter, frisch gehackt · ½ Teel. Paprikapulver |
| etwas Safran |

**Etwas teurer**

Pro Person 1500 kJ/360 kcal
Vorbereitungszeit: 30 Minuten
Garzeit:

| 600 (500) Watt | 7 | (8) | Minuten |
| --- | --- | --- | --- |
| 600 (500) Watt | 8 | (9) | Minuten |
| 600 (500) Watt | 2 | (2½) | Minuten |
| 600 (500) Watt | 2 | (2½) | Minuten |
| 490 (500) Watt | 2 | | Minuten |
| 360 (330) Watt | 6 | (6½) | Minuten |
| Gesamtgarzeit: | 27 | (30½) | Minuten |

**D**ie Zwiebel und die Knoblauchzehen schälen und hacken. Die Karotte putzen und in dünne Scheiben schneiden.

Den Fisch mit Salz und Pfeffer würzen, mit 2–3 Eßlöffeln Wein beträufeln und 10 Minuten kühl stellen. • Die Gräten waschen und mit dem Wasser, der Zwiebel, dem Knoblauch und der Karotte 7 (8) Minuten bei 600 (500) Watt garen. Dann durchsieben und 8 (9) Minuten bei 600 (500) Watt einkochen lassen. • Eine Bräunungsplatte 2 (2½) Minuten bei 600 (500) Watt vorheizen. • Den Fisch trockentupfen und mit dem Mehl bestäuben. • Mit dem Olivenöl in die Bräunungsplatte geben und 2 (2½) Minuten bei 600 (500) Watt garen. • Die Tomaten heiß überbrühen, häuten, kleinwürfeln und mit den Erbsen, den Kräutern und dem Paprika zum Fisch geben. Bei 490 (500) Watt 2 Minuten dünsten. • Mit 6 Eßlöffeln Fischsud und dem restlichen Wein ablöschen und 6 (6½) Minuten bei 360 (330) Watt weitergaren. Das Gericht mit Safran, Salz und Pfeffer abschmecken.

# Lauwarmer Fischsalat

Als festliche Vorspeise geeignet

# Fisch mit Limettensauce

Schmeckt mit Zitronenmelisse besonders gut

## Lauwarmer Fischsalat

**Zutaten für 4 Personen:**

100 g Seeteufel ohne Gräten
100 g Lachs ohne Gräten
80 g Garnelen
4 Jakobsmuscheln
1 Schalotte · 3 Eßl. Olivenöl
Salz, Pfeffer · ½ Teel. Estragon, frisch gehackt
1 Eßl. Sherryessig · 1 Prise Cayennepfeffer · 4 Estragonzweiglein · 4 Zitronenscheiben einige Safranfäden

### Etwas teurer

Pro Person 880 kJ/210 kcal
Vorbereitungszeit: 30 Minuten
Garzeit:

| | | |
|---|---|---|
| 600 (500) Watt | 3 | (3½) Minuten |
| 600 (500) Watt | 1½ (1¾) | Minuten |
| 490 (500) Watt | 2 | Minuten |
| 490 (500) Watt | 1 | Minute |
| Gesamtgarzeit: | 7½ (8¼) | Minuten |

**D**en Seeteufel und den Lachs in je 4 Schnitzel schneiden. Die Garnelen schälen, den Schwanz aber daranlassen. Den Darm entfernen. Die Jakobsmuscheln putzen, den Rogensack entfernen (für eine Suppe verwenden) und die Muscheln quer halbieren. Die Schalotte schälen und hacken. • Eine Bräunungsschale 3 (3½) Minuten bei 600 (500) Watt vorheizen. • Mit etwas Olivenöl bestreichen. Die Fischstücke, die Garnelen und die Muscheln darauflegen und 1½ (1¾) Minuten bei 600 (500) Watt dünsten. Die Fische herausnehmen und mit Salz und Pfeffer bestreuen. • Die Schalotte und den Estragon in den Bratfond geben und 2 Minuten bei 490 (500) Watt zugedeckt garen. • Das restliche Olivenöl und den Sherryessig hinzufügen. 1 Minute bei 490 (500) Watt erwärmen. • Alles gut mischen und mit wenig Salz und Cayennepfeffer abschmecken. Die Fische auf 4 Tellern anrichten und die Sauce darübergeben. Mit je 1 Estragonzweiglein, 1 Zitronenscheibe und einigen Safranfäden garnieren.

## Fisch mit Limettensauce

**Zutaten für 4 Personen:**

½ l Wasser · 1 Schalotte
2 Limetten · 1 Hummerschwanz
2 Eßl. Butter
2 Seezungenfilets (je 80 g)
4 Scheiben Wolfsbarsch (je 40 g)
4 Scheiben Lachs (je 40 g)
1 Teel. Speisestärke
1 Eßl. Weißwein
2 Eßl. Limettensaft
6 Eßl. Sahne · Salz, Pfeffer

### Anspruchsvoll

Pro Person 1300 kJ/310 kcal
Vorbereitungszeit: 30 Minuten
Garzeit:

| | | |
|---|---|---|
| 600 (500) Watt | 6 | (6½) Minuten |
| 600 (500) Watt | 3 | (3½) Minuten |
| 600 (500) Watt | 2 | (2½) Minuten |
| 490 (500) Watt | 1 | Minute |
| 490 (500) Watt | 2 | Minuten |
| 600 (500) Watt | 2 | (2½) Minuten |
| Gesamtgarzeit: | 16 (18) | Minuten |

**D**as Wasser 6 (6½) Minuten bei 600 (500) Watt aufkochen. • Die Schalotte schälen und feinhacken. Die Limetten schälen, in Schnitze teilen und diese häuten. Die Hälfte davon würfeln. • Den Hummerschwanz in dem kochenden Wasser zugedeckt 3 (3½) Minuten bei 600 (500) Watt garen. Erkalten lassen und schälen. • Eine Bräunungsschale 2 Minuten bei 600 (500) Watt vorheizen. • Die Hälfte der Butter und die Fischstücke hineingeben und 1 Minute bei 490 (500) Watt andünsten. • Die Fische zugedeckt warm halten. • Die Limettenwürfel und die Schalotte im Bratfond 2 Minuten bei 490 (500) Watt dünsten. • Die Speisestärke mit dem Weißwein und dem Limettensaft verrühren und mit der Sahne in die Schale geben. • Die Sauce 2 (2½) Minuten bei 600 (500) Watt kochen. Die restliche Butter in Flöckchen unter die Sauce schlagen. Die Sauce mit Salz und Pfeffer abschmecken, auf vorgewärmte Teller verteilen und die Fische daraufgeben. Mit den Limettenfilets garnieren.

# Fischterrine mit Kaviar

Für besondere Gelegenheiten geeignet

## Zutaten für 6 Personen:

1 l Wasser · Salz

30 g Blattspinat, geputzt gewogen · 10 g Butter

250 g Rotzungenfilets

200 g Lachsfilets · Pfeffer

Saft von 1 Zitrone · 1 Eiweiß

150 g Sahne

1 Eßl. trockener Wermut

2 Eßl. Keta-Kaviar · 1 Eigelb

2 Dillzweiglein

### Anspruchsvoll

Pro Person 1000 kJ/240 kcal
Vorbereitungszeit: 30 Minuten
Kühlzeit: 30 Minuten

Garzeit:

| | | |
|---|---|---|
| 600 (500) Watt | 3 (3½) | Minuten |
| 600 (500) Watt | 3 (3½) | Minuten |
| Gesamtgarzeit: | 6 (7) | Minuten |

**D**as Wasser mit Salz in einem Topf auf dem Herd aufkochen. Den Spinat waschen, in das kochende Wasser geben und 10 Sekunden darin ziehen lassen. In ein Sieb geben und kalt abspülen. Gut abtropfen lassen, auf eine Platte legen und mit Küchenpapier trockentupfen. • Eine kleine Terrinenform (etwa 18 cm lang) mit der Butter ausstreichen. Die Form mit einem Teil der Spinatblätter auskleiden. • Von den Rotzungen ein schönes Filet ganz lassen. Die restlichen Filets in Stücke schneiden. Aus dem Lachsfilet einen Streifen in der Länge der Form und 2 cm breit zurechtschneiden. Den Rest ebenfalls fein zerkleinern. Die beiden Fischsorten getrennt in Schüsseln legen. Mit Salz und Pfeffer bestreuen, mit dem Zitronensaft begießen und 30 Minuten kühl stellen. • Alle anderen Zutaten ebenfalls kühl stellen. • Die Rotzungenstücke mit dem Eiweiß, 3 Eßlöffeln Sahne und dem Wermut im Mixer pürieren. Den Keta-Kaviar unter die Masse ziehen. Mit Salz und Pfeffer abschmecken. Den Lachs mit dem Eigelb und der restlichen Sahne ebenfalls pürieren und mit Salz und Pfeffer abschmecken. • Zuerst eine Schicht weiße Masse von etwa ½ cm Dicke in die Terrine geben. Dann eine Lage rosa Mousse mit einem Dillzweiglein darübergeben. Den Lachsstreifen in das ganz belassene Rotzungenfilet einwickeln und in die Mitte der Terrine setzen. Mit der restlichen Lachsmousse und dem zweiten Dillzweiglein bedecken. Die restliche weiße Mousse darauf verteilen. Die Oberfläche mit den restlichen Spinatblättern abdecken. • Die Terrine zugedeckt 3 (3½) Minuten bei 600 (500) Watt garen. Die Terrine 4 Minuten ruhenlassen, dann nochmals 3 (3½) Minuten bei 600 (500) Watt fertiggaren. • Die Terrine kann warm oder kalt serviert werden. Zum Anrichten stürzen und in 1−1½ cm dicke Scheiben schneiden. Die Masse läßt sich auch lagenweise in die Terrine einfüllen. Das ist einfacher, sieht aber nicht so attraktiv aus.

**Mein Tip:** Die Terrine sofort nach dem Abkühlen in den Kühlschrank stellen. Sie ist etwa 2 Tage haltbar. Als Beilage eignet sich eine Cocktailsauce besonders gut.

# Gefüllte Fischtimbale

Köstliche Überraschung für Feinschmecker

| Zutaten für 4 Personen: |
| --- |
| 200 g Fischfilets, zum Beispiel |
| Meeräsche · Salz, Pfeffer |
| 1 Teel. Zitronensaft |
| 4 Eßl. Sahne · einige Safran- |
| fäden · 1 Eiweiß |
| 1 Eßl. Pernod · 1 Eßl. Butter |
| 4 Teel. Kaviar oder Seehasen- |
| rogen |

**Etwas teurer**

Pro Person 620 kJ/150 kcal
Vorbereitungszeit: 30 Minuten
Garzeit:

| | | |
| --- | --- | --- |
| 600 (500) Watt | 2 | (2½) Minuten |
| 490 (500) Watt | 2½ | Minuten |
| Gesamtgarzeit: | 4½ (5) | Minuten |

**D**ie Fischfilets in Streifen schneiden. Mit Salz und Pfeffer bestreuen, mit dem Zitronensaft begießen und etwa 10 Minuten kühl stellen. • Die Sahne mit dem Safran 2 (2½) Minuten bei 600 (500) Watt aufkochen, dann ebenfalls kühl stellen. • Die Fischfilets, die Safransahne, das Eiweiß und den Pernod im Mixer pürieren. • 4 kleine Auflaufförmchen von 7 cm ⌀ mit der Butter ausstreichen. Die Masse dreiviertel hoch einfüllen. Mit einem Teelöffel in der Mitte eine Vertiefung formen. Je 1 Teelöffel Kaviar hineingeben und mit etwas Fischmasse bedecken. Die Förmchen auf einem zusammengefalteten Tuch mehrmals klopfen, damit sich die Masse gut verteilt und keine Hohlräume entstehen. • Die Förmchen mit Klarsichtfolie abdecken und die Fischmasse 2½ Minuten bei 490 (500) Watt garen. 3–5 Minuten ruhen lassen, dann auf vorgewärmte Teller stürzen und nach Belieben garnieren.

Mein Tip: Die Zutaten für diese Timbale müssen vor dem Mixen gut gekühlt werden, sonst wird die Masse grießig. Dazu paßt gut eine Sekt- oder Champagnersauce.

# Fisch mit Kräutern und Gemüse

Problemlos zuzubereiten und wunderbar leicht

## Scholle
## mit grünem Pfeffer

im Bild vorne

Zutaten für 2 Personen:
2 küchenfertige Schollen von je
etwa 300 g · 20 g Butter
2 Schalotten · 1 Knoblauchzehe
100 g Champignons
2 Teel. grüner Pfeffer in
Salzlake (Madagaskar)
2 Eßl. gemischte Kräuter (zum
Beispiel Petersilie, Kerbel und
Schnittlauch), frisch fein-
geschnitten · 2 Eßl. Weißwein
1 Teel. Sojasauce
1 Teel. Zitronensaft
Salz, Pfeffer

### Besonders schnell

Pro Person 2200 kJ/520 kcal
Vorbereitungszeit: 10 Minuten
Garzeit:

| | | |
|---|---|---|
| 360 (330) Watt | 4 (4¼) | Minuten |
| 360 (330) Watt | 4 (4¼) | Minuten |
| 490 (500) Watt | 1 | Minute |
| Gesamtgarzeit: | 9 (9½) | Minuten |

**D**ie Schollen beidseitig mit einem spitzen Messer mehrmals einritzen. 2 flache Formen mit je 10 g Butter ausstreichen. • Die Schalotten und den Knoblauch schälen und hacken. Die Champignons putzen und in feine Streifen schneiden. • Die Schalotten, den Knoblauch und die Pilze mit dem kalt abgespülten grünen Pfeffer und den Kräutern mischen und in die Formen verteilen. Je 1 Scholle daraufsetzen, mit dem Weißwein, der Sojasauce und dem Zitronensaft beträufeln und mit Salz und Pfeffer bestreuen. • Zuerst 1 Scholle 4 (4¼) Minuten bei 360 (330) Watt zugedeckt garen. Danach die andere ebenfalls 4 (4½) Minuten bei 360 (330) Watt zugedeckt garen. • Vor dem Servieren den ersten Fisch 1 Minute bei 490 (500) Watt erwärmen.

## Makrele mit Tomaten

im Bild hinten

Zutaten für 2 Personen:
1 küchenfertige Makrele (etwa
450 g) · Salz, Pfeffer
1 Teel. Zitronensaft
3 Knoblauchzehen
3 Eßl. Olivenöl
5 Tomaten · 1 Schalotte
2 Eßl. Petersilie, frisch gehackt
1 kleiner Zucchino
1 Eßl. Tomatenmark

### Gelingt leicht

Pro Person 2900 kJ/690 kcal
Vorbereitungszeit: 35 Minuten
Garzeit:

| | | |
|---|---|---|
| 600 (500) Watt | 2 (2½) | Minuten |
| 360 (330) Watt | 8 (8½) | Minuten |
| Gesamtgarzeit: | 10 (11) | Minuten |

**D**ie Makrele beidseitig des Rückgrates in Abständen von etwa 1 cm mit der Spitze eines Messers einschneiden. Den Fisch mit Salz, Pfeffer und dem Zitronensaft einreiben.

2 Knoblauchzehen schälen und in Scheiben schneiden. Je 1 Scheibe in die angebrachten Schlitze in die Makrele stecken. • Die Makrele in eine Schüssel legen und mit 1 Eßlöffel Olivenöl beträufeln. 15 Minuten ruhen lassen. • Inzwischen die Tomaten mit kochendheißem Wasser überbrühen, häuten, von den Stielansätzen befreien und kleinwürfeln. Die Schalotte und den restlichen Knoblauch schälen und hacken. Mit der Petersilie mischen. Den Zucchino putzen, waschen und in dünne Scheiben schneiden. • Mit der Petersilienmischung und dem restlichen Olivenöl in eine Form geben und 2 (2½) Minuten bei 600 (500) Watt zugedeckt garen. • Die Tomaten mit dem Tomatenmark hinzufügen. Die Makrele daraufsetzen und zugedeckt 8 (8½) Minuten bei 360 (330) Watt garen. • Vor dem Zerlegen des Fisches die Knoblauchzehen entfernen.

# Kabeljau mit Kartoffelgemüse

Auch Zucchini oder Tomaten passen gut dazu

# Heringsröllchen mit Äpfeln

Vollkornbrot ist die ideale Ergänzung

**Zutaten für 2 Personen:**

500 g Kabeljau (Schwanzstück)

Salz, Pfeffer

1 Teel. Worcestersauce

1 Teel. Zitronensaft

30 g Butter · 1 Zwiebel

1 Knoblauchzehe · 1 kleine
rote Pfefferschote · 2 große
Kartoffeln · 180 g grüne, rote
oder gelbe Paprikaschoten

3 Eßl. Weißwein · 3 Eßl. Fleischbrühe · 2 Eßl. Petersilie,
frisch gehackt

### Preiswert

Pro Person 2100 kJ/500 kcal
Vorbereitungszeit: 30 Minuten
Garzeit:

| | | |
|---|---|---|
| 490 (500) Watt | 11 | Minuten |
| 360 (330) Watt | 9 (9½) | Minuten |
| Gesamtgarzeit: | 20 (20½) | Minuten |

**D**en Kabeljau mit Salz, Pfeffer, der Worcestersauce
und dem Zitronensaft würzen.
Eine große Form mit der Hälfte
der Butter ausstreichen. • Die

Zwiebel schälen, halbieren und
in feine Scheiben schneiden.
Den Knoblauch schälen und
durch die Presse drücken. Beides in der Form verteilen. Die
Pfefferschote waschen, von
den Kernen befreien, hacken
und darüberstreuen. Die Kartoffeln schälen, waschen, in
dünne Scheiben schneiden und
dem Rand der Form entlang
dachziegelartig anordnen. Die
Paprikaschoten waschen,
halbieren, entkernen und in etwa ½ cm breite Streifen schneiden. In der Mitte der Form verteilen. • Das Gemüse mit Salz
und Pfeffer bestreuen. Den
Weißwein und die Fleischbrühe
darübergießen. Das Gemüse
zugedeckt 11 Minuten bei 490
(500) Watt garen. • Den Fisch
darauflegen und 9 (9½) Minuten bei 360 (330) Watt weitergaren. • 1 Minute vor Ende der
Garzeit die restliche Butter in
Flocken über dem Fisch verteilen. Mit der Petersilie bestreut
servieren.

**Zutaten für 2 Personen:**

6 frische Heringsfilets (etwa
600 g) · Salz, Pfeffer

1 Teel. Worcestersauce

2 Eßl. Apfel- oder
Weißweinessig

Saft von 1 Zitrone · 1 Apfel

1 große Zwiebel

1 Eßl. Petersilie, frisch gehackt

1 Prise Cayennepfeffer

1 Eßl. Sonnenblumen- oder
Traubenkernöl · 100 g Blattsalat
(zum Beispiel Chicorée,
Feldsalat oder Brunnenkresse)

### Besonders schnell

Pro Person 3600 kJ/860 kcal
Vorbereitungszeit: 15 Minuten
Garzeit:

| | |
|---|---|
| 600 (500) Watt | 1 (1¼) Minute |

**D**ie Heringsfilets in ein flaches Gefäß legen, salzen,
pfeffern und mit der Wor-
cestersauce und dem Apfel-
oder Weißweinessig beträufeln.
• Den Apfel schälen, vom Kern-

gehäuse befreien und raffeln.
Die Zwiebel schälen, halbieren
und in dünne Scheiben schneiden. Die Heringsfilets aus der
Marinade nehmen. • Den Apfel
mit der Petersilie, den Zwiebel-
streifen und der verbliebenen
Marinade mischen. Mit Salz
und dem Cayennepfeffer abschmecken. • Die Heringsfilets
mit der Hautseite nach unten
auslegen und die Füllung darauf verteilen. Jedes Filet einrollen und mit einem Holzstäb-
chen feststecken. • Die Röllchen
in eine Form stellen. Mit dem
Sonnenblumen- oder Traubenkernöl beträufeln und 1 (1¼)
Minute bei 600 (500) Watt zugedeckt garen. • Die Röllchen
mit dem Salat garnieren. • Frisches knuspriges Brot paßt am
besten dazu.

Mein Tip: Auch Matjesfilets
eignen sich ganz besonders gut
für dieses Gericht.

# Muscheln mit pikanten Saucen

Kenner lieben sie einfach zubereitet

## Miesmuscheln nach Seemannsart

im Bild links

Zutaten für 2 Personen:

| 1,5 kg Miesmuscheln |
| 4 Schalotten · 1 Eßl. Butter |
| ½ l Weißwein · 1 Lorbeerblatt |
| 2–3 Petersilienstiele |
| 1 kleines Zweiglein Thymian |
| Salz, schwarzer Pfeffer |
| Saft von ½ Zitrone |
| 2 Eßl. Petersilie, frisch gehackt |

### Gelingt leicht

Pro Person 2400 kJ/570 kcal
Vorbereitungszeit: 20 Minuten
Garzeit:

| 600 (500) Watt | 2 | (2½) | Minuten |
| 490 (500) Watt | 7 | | Minuten |
| 600 (500) Watt | 2 | (2½) | Minuten |
| Gesamtgarzeit: | 11 | (12) | Minuten |

**D**ie Muscheln unter fließendem kaltem Wasser mit einer Bürste gut reinigen. Den »Bart« herauszupfen. • Die Schalotten schälen, hacken und mit der Butter in eine große Form geben. 2 (2½) Minuten zugedeckt bei 600 (500) Watt dünsten. • Den Wein, die Muscheln, das Lorbeerblatt, die Kräuter, wenig Salz und viel Pfeffer dazugeben. • Alles zugedeckt 7 Minuten bei 490 (500) Watt kochen. • Die Muscheln auf vorgewärmte Teller verteilen. • Den verbleibenden Sud mit dem Zitronensaft 2 (2½) Minuten bei 600 (500) Watt einkochen lassen und über den Muscheln verteilen. Mit der Petersilie bestreut servieren.

## Miesmuscheln mit Currysauce

im Bild rechts

Zutaten für 2 Personen:

| 1,5 kg Miesmuscheln |
| 2 Knoblauchzehen · 1 Zwiebel |
| 1 Eßl. Petersilie, frisch gehackt |
| 20 g Butter · ⅛ l Weißwein |
| ⅛ l Sahne · 1 Teel. Speisestärke |
| Salz, Pfeffer |
| ½ Teel. Currypulver |

### Anspruchsvoll

Pro Person 2700 kJ/645 kcal
Vorbereitungszeit: 25 Minuten
Garzeit:

| 600 (500) Watt | 2 | (2½) | Minuten |
| 490 (500) Watt | 7 | | Minuten |
| 490 (500) Watt | 1 | | Minute |
| Gesamtgarzeit: | 10 | (11½) | Minuten |

**D**ie Muscheln unter fließendem kaltem Wasser mit einer Bürste gut reinigen. Den »Bart« herauszupfen. • Den Knoblauch schälen und durch die Presse drücken. Die Zwiebel schälen und hacken. Beides mit der Petersilie und der Butter 2 (2½) Minuten bei 600 (500) Watt in einer großen Form zugedeckt dünsten. • Die Muscheln und den Weißwein dazufügen, zudecken und 7 Minuten bei 490 (500) Watt garen. • Die Muscheln abtropfen lassen und auf vorgewärmte Teller verteilen. • Die Sahne mit der Speisestärke, wenig Salz, Pfeffer und dem Curry gut mit dem Sud verrühren. Die Sauce 1 Minute bei 490 (500) Watt weiterkochen.

# Muscheln mit Gemüse

Mit Zutaten aus Meer und Garten

## Muscheln mit Gemüsesauce

im Bild links

Zutaten für 3 Personen:

1,5 kg Miesmuscheln · ½ Lauch-stange · 1 kleine Karotte

1 Schalotte · 20 g Butter

Salz, Pfeffer · ⅛ l Weißwein

⅛ l Sahne · 1 Eigelb

1 Eßl. trockener Wermut

### Anspruchsvoll

Pro Person 1900 kJ/450 kcal
Vorbereitungszeit: 35 Minuten
Garzeit:

| | | | |
|---|---|---|---|
| 600 (500) Watt | 3 | (3½) | Minuten |
| 490 (500) Watt | 7 | | Minuten |
| 600 (500) Watt | 4 | (4½) | Minuten |
| 600 (500) Watt | 2 | (2½) | Minuten |
| 490 (500) Watt | ½ | | Minute |
| Gesamtgarzeit: | 16½ (18) | | Minuten |

Die Muscheln unter fließen-dem kaltem Wasser mit ei-ner Bürste gut reinigen. Den »Bart« herauszupfen. Den Lauch waschen und putzen, die Karotte schälen und beides in sehr feine Streifen schneiden. Die Schalotte schälen und hak-ken. Dann mit dem Gemüse, der Butter, Salz und Pfeffer und dem Weißwein in eine große Form geben. • Zudecken und 3 (3½) Minuten bei 600 (500) Watt dünsten. • Die Muscheln dazugeben und 7 Minuten bei 490 (500) Watt zugedeckt ga-ren. • Die Muscheln dann auf vorgewärmte Teller verteilen. • Den Sud 4 (4½) Minuten bei 600 (500) Watt einkochen. Die Sahne dazugießen und die Sauce 2 (2½) Minuten bei 600 (500) Watt weiterkochen. • Das Eigelb mit dem Wermut verrüh-ren. Unter die Sauce mischen und ½ Minute bei 490 (500) Watt eindicken lassen. Die Sau-ce über den Muscheln verteilen.

## Gefüllte Muscheln

im Bild rechts

Zutaten für 2 Personen:

1 kg Muscheln · 1 Schalotte

1 Knoblauchzehe

⅛ l Weißwein · Pfeffer

Für die Füllung:

2 Tomaten · 2 Knoblauchzehen

2 Eßl. geriebenes Brot

2 Eßl. Petersilie, frisch gehackt

3 Eßl. Weißwein

5 Eßl. Olivenöl · Salz, Pfeffer

1 Prise Cayennepfeffer

### Gelingt leicht

Pro Person 2800 kJ/670 kcal
Vorbereitungszeit: 35 Minuten
Garzeit:

| | | | |
|---|---|---|---|
| 490 (500) Watt | 7 | | Minuten |
| 360 (330) Watt | 1½ | (1¾) | Minuten |
| 360 (330) Watt | 1½ | (1¾) | Minuten |
| Gesamtgarzeit: | 10 | (10½) | Minuten |

Die Muscheln unter fließen-dem kaltem Wasser mit ei-ner Bürste gründlich reinigen. Den »Bart« herauszupfen. Die Muscheln in eine hohe Form geben. • Die Schalotte und den Knoblauch schälen. Die Scha-lotte hacken, den Knoblauch durch die Presse drücken. Bei-des mit dem Weißwein und Pfeffer zu den Muscheln geben. • Zugedeckt 7 Minuten bei 490 (500) Watt garen. • Die Mu-scheln dann gut abtropfen las-sen. Je 1 Schale entfernen. Die Schalen mit dem Muschelfleisch auf 2 große Teller verteilen. • Die Tomaten mit kochendhei-ßem Wasser überbrühen, häu-ten, von Stielansätzen und Ker-nen befreien und kleinwürfeln. Die Knoblauchzehen schälen und durch die Presse drücken. Beides mit dem Brot, der Peter-silie, dem Weißwein und dem Olivenöl mischen. Mit Salz, Pfeffer und dem Cayennepfef-fer pikant abschmecken. • Die Masse in die Muschelschalen verteilen. Jede Portion offen 1½ (1¾) Minuten bei 360 (330) Watt erhitzen.

# Austern mit Sauce hollandaise

Anspruchsvoll, aber einfach zuzubereiten

Zutaten für 2 Personen:

12 tiefe Austern · 100 g Butter

2 Eigelbe · 3 Eßl. Weißwein

½ Teel. Weißweinessig

1 Teel. Kerbel, frisch gehackt

1 Teel. Zitronensaft

Salz, Pfeffer

1 Prise Cayennepfeffer

**Etwas teurer**

Pro Person 2300 kJ/550 kcal
Vorbereitungszeit: 20 Minuten
Garzeit:

| | | |
|---|---|---|
| 600 (500) Watt | 1½ (1¾) | Minuten |
| 360 (330) Watt | ¾ (1) | Minute |
| 360 (330) Watt | 1½ (1¾) | Minuten |
| 360 (330) Watt | 1½ (1¾) | Minuten |
| Gesamtgarzeit: | 5¼ (6¼) | Minuten |

Die Austern öffnen, das Fleisch herauslösen und die Sehne entfernen. Die Schalen ausspülen und abtrocknen, damit kein Saft darin zurückbleibt, der die Sauce verdünnen könnte. • Die Butter in eine Form geben und 1½ (1¾) Minuten bei 600 (500) Watt erhitzen. • Die Eigelbe, den Weißwein, den Essig, den Kerbel und den Zitronensaft in einer Schüssel ¾ (1) Minute bei 360 (330) Watt stocken lassen. • Die flüssige Butter langsam unterrühren. Mit Salz und Pfeffer abschmekken. • 6 Austern in die tieferen Schalenhälften legen. Je 1 Eßlöffel Sauce daraufgeben und die Austern 1½ (1¾) Minuten bei 360 (330) Watt erwärmen. • Danach die restlichen Austern ebenfalls 1½ (1¾) Minuten bei 360 (330) Watt erwärmen. • Die Austern dann mit dem Cayennepfeffer bestreuen und sofort servieren.

Mein Tip: Anstelle des Cayennepfeffers kann man etwas Kaviar über die Austern geben. Der Austernsaft wird bei diesem Rezept entfernt, damit das Gericht nicht zu salzig wird. Austern lassen sich ganz leicht öffnen, wenn man sie für 1 Minute bei der Auftaustufe in das Mikrowellengerät gibt.

# Schaltiere mit feinen Saucen

Für festliche Anlässe schnell zubereitet

## Riesengarnelen mit Whiskysauce

im Bild hinten

Zutaten für 2 Personen:

10—12 Riesengarnelen
(Shrimps)

1 Schalotte · 2 Eßl. Weißwein

2 Eßl. Whisky · ½ Teel. Zitronensaft · 1 Teel. Worcestersauce

Salz, Pfeffer · ⅛ l Sahne

1 Eßl. Hühnerbrühe

1 Prise Cayennepfeffer

**Etwas teurer**

Pro Person 1800 kJ/430 kcal
Vorbereitungszeit: 5 Minuten
Garzeit:

| | | |
|---|---|---|
| 360 (330) Watt | 6 | (6½) Minuten |
| 600 (500) Watt | 4 | (4½) Minuten |
| 600 (500) Watt | 1 | (1¼) Minuten |
| Gesamtgarzeit: | 11 | (12¼) Minuten |

**D**ie Garnelen in eine große, passende Schale geben. Die Schalotte schälen, hacken und zu den Garnelen geben. Mit dem Weißwein, dem Whis-

ky, dem Zitronensaft und der Worcestersauce beträufeln. Mit Salz und Pfeffer würzen. • Die Garnelen 6 (6½) Minuten zugedeckt bei 360 (330) Watt garen. Nach der Hälfte der Zeit die Garnelen wenden. Dabei die unten liegenden hervorziehen. • Nach Ende der Garzeit die Kochflüssigkeit abgießen. Die Garnelen zugedeckt warm halten. • Den Fond 4 (4½) Minuten bei 600 (500) Watt einkochen. Die Sahne und die Hühnerbrühe einrühren und nochmals 1 (1¼) Minute bei 600 (500) Watt einkochen. • Die Sauce mit Cayennepfeffer abschmecken und eventuell noch wenig Whisky dazugeben.

<u>Mein Tip:</u> Tiefgefrorene Garnelen vor der Verwendung bei der Auftaustufe 7—8 Minuten antauen lassen. Danach 10 Minuten ruhen lassen. Bei Garnelen ohne Kopf reduziert sich die Auftauzeit um 2 Minuten.

## Scampi mit Zitronensauce

im Bild vorne

Zutaten für 2 Personen:

10 große Scampi (Kaisergranaten) mit Schale

1 Teel. Sojasauce

4½ Eßl. Zitronensaft · Salz

Pfeffer · 30 g Butter

⅛ l Sahne · 1 Prise Cayennepfeffer · 1 Teel. Pfefferminzblätter, sehr fein gehackt

**Anspruchsvoll**

Pro Person 2000 kJ/480 kcal
Vorbereitungszeit: 20 Minuten
Garzeit:

| | |
|---|---|
| 360 (330) Watt | 3 (3¼) Minuten |
| 600 (500) Watt | 3 (3½) Minuten |
| Gesamtgarzeit: | 6 (6¾) Minuten |

**D**ie Scampi an der Unterseite einschneiden und mit dem Rückenpanzer nach unten nebeneinander in eine Schale legen. Die Sojasauce mit dem Zitronensaft, wenig Salz und

Pfeffer verrühren und über die Scampis gießen und 10—15 Minuten stehen lassen. Dann 3 (3¼) Minuten bei 360 (330) Watt garen. Nach der Hälfte der Garzeit die Scampi wenden und die unten liegenden herausziehen. • Die Scampi auf vorgewärmten Tellern anrichten und warm halten. • Die Sahne 3 (3½) Minuten bei 600 (500) Watt einkochen. • Die restliche Butter in Flöckchen in die Garflüssigkeit rühren und den restlichen Zitronensaft dazugeben. Die Sauce mit Salz, Pfeffer und dem Cayennepfeffer abschmecken. Über die Scampi geben und mit der Pfefferminze bestreuen.

<u>Mein Tip:</u> Die Pfefferminze läßt sich durch Zitronenmelisse oder Petersilie ersetzen. Scampi, bei welchen der Bauchpanzer entfernt wurde, lassen sich sehr gut essen. Man kann das Fleisch mühelos herausziehen.

# Tintenfischsalat

Herzhaft – auf italienische Art

# Gefüllte Tintenfische

Als Überraschung für Gäste geeignet

## Zutaten für 4 Personen:

400 g Tintenfisch · 100 ccm Wasser · 2½ Eßl. Zitronensaft Salz, Pfeffer · 6 Eßl. Olivenöl ½ Teel. Basilikum, frisch gehackt · ½ Teel. Oregano, frisch gehackt · 100 g beliebiger Blattsalat · 2 Tomaten 6 schwarze Oliven · 2 Knoblauchzehen · 2 Eßl. Petersilie, frisch gehackt

### Gelingt leicht

Pro Person 1500 kJ/360 kcal
Vorbereitungszeit: 10 Minuten
Garzeit:
600 (500) Watt        25 (28) Minuten

**D**en Tintenfisch putzen und die Fangarme in etwa 3 cm lange Stücke schneiden. • Mit dem Wasser und 1 Eßlöffel Zitronensaft in eine Form geben und 25 (28) Minuten bei 600 (500) Watt zugedeckt garen. • Den restlichen Zitronensaft mit etwas Salz und Pfeffer gut verrühren. Das Olivenöl hinzufügen, gut untermischen. Dann das Basilikum und den Oregano unterrühren. • Den Salat putzen und waschen. Die Tomaten waschen, abtrocknen, von den Stielansätzen befreien und in Schnitze schneiden. • Den Tintenfisch etwas abkühlen lassen. Noch lauwarm mit zwei Dritteln der Salatsauce mischen. • Den Tintenfischsalat auf Tellern anrichten und mit Blattsalat, Tomatenschnitzen und Oliven garnieren. • Die restliche Salatsauce über den Blattsalat verteilen. • Den Knoblauch schälen, sehr fein hacken, mit der Petersilie mischen und über den Tintenfischsalat streuen.

Mein Tip: Man kann die Salatgarnitur weglassen und den Salat mit einem Sträußchen glatter Petersilie verzieren.

## Zutaten für 2 Personen:

½ Lauchstange
50 g Champignons
4 grüne Oliven · 4 mittelgroße Tintenfische · 1 Teel. Thymianblättchen · ⅛ l Weißwein
1 Eßl. Olivenöl · 1 Scheibe altbackenes Weißbrot
Salz, Pfeffer · 100 g Sahne

### Anspruchsvoll

Pro Person 2100 kJ/500 kcal
Vorbereitungszeit: 25 Minuten
Garzeit:

| | | |
|---|---|---|
| 490 (500) Watt | 30 | Minuten |
| 600 (500) Watt | 2 | (2½) Minuten |
| 600 (500) Watt | 2 | (2½) Minuten |
| 360 (330) Watt | 3 | (3¼) Minuten |
| 600 (500) Watt | 2 | (2½) Minuten |
| Gesamtgarzeit: | 39 | (40¾) Minuten |

**D**en Lauch putzen, waschen und feinschneiden. Die Champignons putzen und kleinwürfeln. Die Oliven entsteinen und feinhacken. • Die Tintenfische putzen, in eine Form legen und mit Salzwasser bedecken. 30 Minuten bei 490 (500) Watt zugedeckt garen. Dann abtropfen lassen, die Fangarme abschneiden und feinhacken. • Den Thymian, den Weißwein und das Olivenöl bei 600 (500) Watt 2 (2½) Minuten kochen. • Das Brot in Stücke brechen, in eine Schüssel geben und mit etwas Kochsud begießen. Das aufgeweichte Brot ausdrücken und mit einer Gabel zerdrücken. Den Lauch, die Champignons, die Fangarme des Tintenfisches, die Oliven, Salz und Pfeffer dazufügen und zugedeckt 2 (2½) Minuten bei 600 (500) Watt dünsten. • Die Tintenfische mit dieser Masse füllen und mit 2–3 Eßlöffeln Kochsud 3 (3¼) Minuten bei 360 (330) Watt garen. Dann warm halten. • Die Kochflüssigkeit mit der Sahne 2 (2½) Minuten bei 600 (500) Watt einkochen lassen. Die Sauce abschmecken, auf Teller verteilen und die Tintenfische darauflegen.

# Frikassee von Meeresfrüchten

Das Feinste vom Feinen

Zutaten für 2 Personen:

4 geputzte Jakobsmuscheln

200 g Fischfilets (zum Beispiel Wolfsbarsch oder Seezunge)

2 Eßl. Weißwein · Salz, Pfeffer

100 g Sahne · 2 Eßl. Portwein oder trockener Sherry

30 g Butter · 50 g gegarte, geschälte Garnelen · Cayennepfeffer · ½ Eßl. Petersilie

### Etwas teurer

Pro Person 2100 kJ/500 kcal

Vorbereitungszeit: 15 Minuten

Garzeit:

| | | | |
|---|---|---|---|
| 490 (500) Watt | 3 | | Minuten |
| 600 (500) Watt | 6 | (6½) | Minuten |
| 600 (500) Watt | 2 | (2½) | Minuten |
| 490 (500) Watt | ½ | | Minute |
| Gesamtgarzeit: | 11½ | (12½) | Minuten |

**D**ie Jakobsmuscheln quer halbieren, den Rogensack herausnehmen und kleinschneiden. Die Fischfilets würfeln.
• Zusammen mit dem Weißwein und wenig Salz und Pfeffer 3 Minuten zugedeckt bei 490 (500) Watt garen. • Den entstandenen Fond durch ein Sieb in eine andere Form gießen und mit der Sahne 6 (6½) Minuten bei 600 (500) Watt einkochen. • Den Portwein oder den Sherry hinzufügen und 2 (2½) Minuten bei 600 (500) Watt kochen. • Die Butter in Flocken daruntermischen. Die Jakobsmuscheln, den Fisch und die gekochten Garnelen dazugeben und ½ Minute bei 490 (500) Watt erhitzen. Das Frikassee mit Cayennepfeffer abschmecken und mit der Petersilie bestreuen.

<u>Mein Tip:</u> Um Zeit zu sparen, werden für dieses Gericht bereits gekochte Garnelen verwendet, die fast überall erhältlich sind. Man kann natürlich auch rohe oder tiefgefrorene Garnelen verwenden. In diesem Fall müßte man sie erst im Mikrowellengerät garen beziehungsweise auftauen.

# Jakobsmuscheln mit Knoblauch

Eine besonders aromatische Zubereitung

Zutaten für 4 Personen:

12 Jakobsmuscheln

4 Eßl. Butter · Salz, Pfeffer

3 Eßl. Zitronensaft · 2 Knoblauchzehen · 2 Eßl. Petersilie, frisch gehackt · 1 Eßl. gemischte Kräuter (Kerbel, Schnittlauch, Estragon), frisch gehackt

1 Eßl. Marsala

1 Eßl. Weißwein · 2 Zitronen

### Gelingt leicht · Etwas teurer

Pro Portion 880 kJ/210 kcal

Vorbereitungszeit: 30 Minuten

Garzeit:

| | | | |
|---|---|---|---|
| 600 (500) Watt | 4 | (4½) | Minuten |
| 600 (500) Watt | 1 | (1¼) | Minute |
| 600 (500) Watt | 1 | (1¼) | Minute |
| 490 (500) Watt | 2 | | Minuten |
| 600 (500) Watt | 3 | (3½) | Minuten |
| 490 (500) Watt | ½ | | Minute |
| Gesamtgarzeit: | 11½ | (13) | Minuten |

**D**ie Muscheln öffnen. Das Muschelfleisch herausnehmen und den Rogensack entfernen. Die Muscheln quer halbieren • Eine Bräunungsschale bei 600 (500) Watt 4 (4½) Minuten vorheizen.
• Die Butter darin zerlassen. Die Muscheln darin 1 (1¼) Minute bei 600 (500) Watt anbraten. Dann wenden und 1 (1¼) Minute bei 600 (500) Watt weiterbraten. • Die Muscheln salzen, pfeffern, mit dem Zitronensaft beträufeln und aus der Schale nehmen. • Den Knoblauch schälen, durch die Presse drücken und mit der Petersilie und den restlichen Kräutern in der Schale 2 Minuten bei 490 (500) Watt andünsten. • Mit dem Marsala und dem Weißwein ablöschen und 3 (3½) Minuten bei 600 (500) Watt einkochen lassen. • Die Muscheln wieder hinzufügen und bei 490 (500) Watt ½ Minute zugedeckt erwärmen. Noch einmal mit Salz und Pfeffer abschmecken. • Die Zitronen halbieren. Je 1 Zitronenhälfte mit einer Gabel bestecken und zu den Muscheln servieren. Bei Tisch über den Muscheln auspressen.

# Seeteufel-Variationen

Ein edler Fisch mit pikanten Saucen

## Fischcurry

im Bild hinten

Zutaten für 2 Personen:

400 g Seeteufel · 1½ Eßl.

Butter · Salz · 1—2 Schalotten

1 Eßl. Currypulver

1 Teel. Mehl · 1 Eßl. Weißwein

6 Eßl. Sahne · Cayennepfeffer

1 Banane · 1 Kiwi

### Anspruchsvoll

Pro Person 2000 kJ/480 kcal
Vorbereitungszeit: 20 Minuten
Garzeit:

| | | |
|---|---|---|
| 600 (500) Watt | 2 | (2½) Minuten |
| 490 (500) Watt | 1 | Minute |
| 490 (500) Watt | 2 | Minuten |
| 490 (500) Watt | 1 | Minute |
| 600 (500) Watt | 3 | (3½) Minuten |
| 600 (500) Watt | 1 | (1¼) Minute |
| 600 (500) Watt | 2 | (2½) Minuten |
| 600 (500) Watt | ½ | (¾) Minute |
| Gesamtgarzeit: | 12½ | (14½) Minuten |

**D**as Fischfleisch in 1 cm große Würfel schneiden. • Eine Bräunungsschale bei 600 (500) Watt 2 (2½) Minuten vorheizen. • 1 Eßlöffel Butter darauf zerlaufen lassen. Den Fisch darin zugedeckt 1 Minute bei 490 (500) Watt dünsten. Dann herausnehmen und mit Salz bestreuen. • Die Schalotten schälen, hacken, in die Schale geben und bei 490 (500) Watt 2 Minuten dünsten. • Mit dem Currypulver und dem Mehl bestäuben und 1 Minute zugedeckt bei 490 (500) Watt rösten. • Den Weißwein und die Sahne dazugeben und 3 (3½) Minuten bei 600 (500) Watt kochen lassen. Die Sauce mit Cayennepfeffer abschmecken. • Die Fischwürfel hineinlegen und 1 (1¼) Minute bei 600 (500) Watt erwärmen. Dann warm stellen. • Eine Bräunungsplatte 2 (2½) Minuten bei 600 (500) Watt erhitzen und die restliche Butter hineingeben. Die Banane längs halbieren, mit Mehl bestäuben und ½ (¾) Minute bei 600 (500) Watt anbraten. Auf die unbenützte Fläche der Schale wenden und anbraten. Die Kiwi schälen und in Scheiben schneiden. Das Fischcurry mit den Früchten garnieren.

## Seeteufel mit Tomatensauce

im Bild vorne

Zutaten für 2 Personen:

1 Eßl. Butter · 6 Scheiben Seeteufel (je 50 g) · 1 Zwiebel

1 Knoblauchzehe · 2 Eßl.

Tomatenmark · Salz, Pfeffer

1 Eßl. Cognac oder Weinbrand

⅛ l Weißwein · 1 Prise getrockneter Oregano · Cayennepfeffer

### Etwas teurer

Pro Person 1200 kJ/290 kcal
Vorbereitungszeit: 10 Minuten
Garzeit:

| | | |
|---|---|---|
| 600 (500) Watt | 3 | (3½) Minuten |
| 490 (500) Watt | 1 | Minute |
| 490 (500) Watt | 3 | Minuten |
| 490 (500) Watt | 1 | Minute |
| 600 (500) Watt | 5 | (5½) Minuten |
| 600 (500) Watt | 1 | (1¼) Minute |
| Gesamtgarzeit: | 14 | (15¼) Minuten |

**E**ine Bräunungsschale 3 (3½) Minuten bei 600 (500) Watt vorheizen. Die Butter darin zerlaufen lassen. • Die Fischschei-ben hinzufügen und 1 Minute zugedeckt bei 490 (500) Watt dünsten. • Den Fisch herausnehmen. Die Zwiebel schälen, feinhacken und in die Schale geben. 3 Minuten zugedeckt bei 490 (500) Watt dünsten. • Die Zwiebel durch ein feines Sieb streichen und wieder in die Schale geben. • Den Knoblauch schälen, durch die Presse drük-ken und mit dem Tomatenmark dazugeben. Gut mischen, mit Salz und Pfeffer würzen und 1 Minute bei 490 (500) Watt dünsten. • Den Cognac, den Weißwein sowie den Oregano und Cayennepfeffer dazuge-ben. Die Sauce 5 (5½) Minuten bei 600 (500) Watt einkochen lassen. • Die Fischscheiben 1 (1¼) Minute darin bei 600 (500) Watt erwärmen.

# Goldbrasse mit Knoblauch

Schmeckt auch mit gemischten Kräutern ausgezeichnet

| Zutaten für 2 Personen: |
| --- |
| 1 Goldbrasse (etwa 800 g) |
| Salz, Pfeffer · 8 Knoblauchzehen |
| 4 Eßl. Olivenöl · 20 g Butter |
| 6 Eßl. Petersilie, frisch gehackt |

**Spezialität aus Italien**

Pro Person 3000 kJ/710 kcal
Vorbereitungszeit: 15 Minuten
Garzeit:

| 600 (500) Watt | 4 | (4½) | Minuten |
| --- | --- | --- | --- |
| 600 (500) Watt | 2 | (2½) | Minuten |
| 600 (500) Watt | 2 | (2½) | Minuten |
| 360 (330) Watt | 6 | (6½) | Minuten |
| 600 (500) Watt | 2 | (2½) | Minuten |
| Gesamtgarzeit: | 16 | (18½) | Minuten |

Den Fisch schuppen und die Innereien herausnehmen. Die Bauchhöhle auswaschen und mit Küchenpapier trockentupfen. Den Fisch innen salzen und pfeffern. Den Knoblauch schälen und sehr fein hacken. • Eine Bräunungsschale 4 (4½) Minuten bei 600 (500) Watt vorheizen. • 2 Eßlöffel Olivenöl hineingeben. Den Fisch darauflegen und zuerst 2 (2½) Minuten bei 600 (500) Watt anbraten. Dann wenden und auf der anderen Seite ebenfalls 2 (2½) Minuten bei 600 (500) Watt anbraten. • Mit Salz und Pfeffer bestreuen und die Goldbrasse zugedeckt 6 (6½) Minuten bei 360 (330) Watt garen. • Den Fisch herausnehmen und warm stellen. • Das restliche Olivenöl und die Butter in die Schale geben, den Knoblauch und die Petersilie hinzufügen. Die Mischung 2 (2½) Minuten bei 600 (500) Watt dünsten, salzen, pfeffern und über dem Fisch verteilen.

Varianten: Meerbarben oder Knurrhahn (1 Stück pro Person) sehen mit dieser grünen Garnitur besonders schön aus. Bei diesem Fisch darauf achten, daß er sorgfältig geschuppt wird, damit die zarte Haut nicht verletzt wird, sonst geht die schöne rote Farbe verloren. Man kann mit diesem Gericht geschälte, entkernte und kleingeschnittene Tomaten mitgaren und erst zuletzt die Knoblauch-Petersilienmischung oder feingeschnittenes Basilikum mitdünsten und über dem Fisch verteilen.

# Schaltiere einmal anders zubereitet

Mit Obst oder Gemüse schmecken sie gleichermaßen gut

## Riesengarnelen auf Zucchini

im Bild hinten

Zutaten für 2 Personen:

3 kleine Zucchini

½ Pfefferschote

1 Schalotte · Salz

1 Eßl. Butter · 1 Eßl. Weißwein

1 Knoblauchzehe

1 Teel. Olivenöl · 6 Riesengarnelen oder Scampi · Pfeffer

### Gelingt leicht

Pro Person 1400 kJ/330 kcal
Vorbereitungszeit: 25 Minuten
Garzeit:
490 (500) Watt    6 Minuten

**D**ie Zucchini waschen und putzen, dann ungeschält längs halbieren und aushöhlen. Das ausgehöhlte Zucchinifleisch hacken. Die Pfefferschote waschen, entkernen und ebenfalls hacken. Die Schalotte schälen, hacken und mit der Pfeffer-schote und dem Zucchinifleisch

mischen. Mit wenig Salz ab-schmecken und in die Zucchini-schalen füllen. • Eine flache Form mit der Butter ausstrei-chen. Die Zucchini hineinstel-len. Den Weißwein dazugie-ßen. Den Knoblauch schälen, durch die Presse drücken und mit dem Olivenöl hinzufügen. Die Garnelen oder Scampi schä-len und den Darm (brauner Fa-den) entfernen. In kleine Schei-ben schneiden und auf die Zuc-chini legen. • Alles mit wenig Pfeffer bestreuen und 6 Minu-ten zugedeckt bei 490 (500) Watt garen.

_Mein Tip:_ Wenn Sie keine Pfef-ferschote verwenden möchten, muß die Zucchinifüllung auf an-dere Art kräftig gewürzt wer-den. Man kann etwas Cayenne-pfeffer, Sambal Oelek oder auch Sojasauce und Dill zufügen.

## Scampi mit Melonensauce

im Bild vorne

Zutaten für 2 Personen:

8 Scampi · 1 Eßl. Weißwein

25 g Butter

1 kleine Honigmelone

4 Eßl. Sahne · Salz, Pfeffer

1 Prise Cayennepfeffer

### Anspruchsvoll

Pro Person 2000 kJ/480 kcal
Vorbereitungszeit: 15 Minuten
Garzeit:

| | |
|---|---|
| 360 (330) Watt | 3 (3¼) Minuten |
| 490 (500) Watt | 1    Minute |
| 600 (500) Watt | 1 (1¼) Minute |
| 490 (500) Watt | 1    Minute |
| Gesamtgarzeit: | 6 (6½) Minuten |

**D**ie Scampi schälen und mit dem Weißwein und 1 Tee-löffel Butter in eine Schale ge-ben. • Zudecken und 3 (3¼) Minuten bei 360 (330) Watt garen. • Die Melone halbieren und entkernen. Das Frucht-fleisch mit einem Kugelausste-

cher oder Löffel herauslösen. Einige Kugeln für die Sauce bei-seite legen. Den Kochsud der Scampi abgießen und mit dem restlichen Melonenfleisch im Mixer pürieren. • Die Sahne in eine kleine Schale geben und 1 Minute bei 490 (500) Watt einkochen. Das Melonenpüree dazugeben und die Sauce 1 (1¼) Minute bei 600 (500) Watt aufkochen. • Die Sauce mit Salz, Pfeffer und dem Cayennepfeffer pikant ab-schmecken. • Die restliche But-ter in Flocken schneiden, mit den Scampi und den Melonen-kugeln zur Sauce geben und diese 1 Minute bei 490 (500) Watt fertiggaren.

_Mein Tip:_ Bei Verwendung von tiefgefrorenen Scampi diese vor dem Schälen 7–8 Minuten bei Auftaustufe antauen lassen. Danach 10 Minuten ruhen lassen.

# Spaghetti mit Muscheln

»alle vongole« – heißen sie in Italien

# Nudeln mit Lachssauce

Eine besonders köstliche Zusammenstellung

Zutaten für 2 Personen:

| | | |
|---|---|---|
| 200 g Spaghetti · Salz | | |
| 400 g geputzte Sandklaff- oder Teppichmuscheln (Vongole) | | |
| 1 Eßl. Weißwein · Pfeffer | | |
| ½ Bund Basilikum | | |
| 1 kleine rote Pfefferschote | | |
| 100 g Sahne | | |

### Spezialität aus Italien

Pro Person 2500 kJ/600 kcal
Vorbereitungszeit: 15 Minuten
Garzeit:

| | | |
|---|---|---|
| 490 (500) Watt | 4 | Minuten |
| 600 (500) Watt | 2 (2½) | Minuten |
| Gesamtgarzeit: | 6 (6½) | Minuten |

**D**ie Spaghetti in reichlich kochendes Salzwasser geben und al dente garen. • Die Muscheln mit dem Weißwein, wenig Salz und Pfeffer 4 Minuten bei 490 (500) Watt zugedeckt garen. • Das Basilikum waschen und feinschneiden. Die Pfefferschote waschen, entkernen, feinhacken und mit dem Basilikum und der Sahne zu den Muscheln geben. • Die Sauce 2 (2½) Minuten bei 600 (500) Watt einkochen lassen. Mit wenig Salz und Pfeffer abschmekken. • Die gegarten Spaghetti abtropfen lassen und mit der Muschelsauce mischen.

Mein Tip: Sollte die Sauce zu dick sein, kann man sie mit 1–2 Eßlöffeln Spaghettikochwasser verdünnen. Die Nudeln saugen die Flüssigkeit sehr schnell auf. Man könnte die Nudeln ebenfalls im Mikrowellengerät garen (siehe nebenstehendes Rezept). Allerdings ist dies keine Zeitersparnis.
In Italien mischt man meistens die Muscheln mit der Schale unter die Spaghetti. Man kann aber auch vorher eine oder beide Schalen entfernen. In diesem Fall muß man die Spaghetti nach dem Mischen portionsweise im Mikrowellengerät kurz aufwärmen.

Zutaten für 2 Personen:

| | | |
|---|---|---|
| Salz · 150 g mittelbreite Nudeln | | |
| 30 g Butter | | |
| 200 g frischer Lachs | | |
| 3 Eßl. Sahne · Pfeffer | | |
| 1 Eßl. Kerbel, frisch gehackt | | |

### Gelingt leicht

Pro Person 2800 kJ/670 kcal
Vorbereitungszeit: 15 Minuten
Garzeit:

| | | | |
|---|---|---|---|
| 600 (500) Watt | 4 | (4½) | Minuten |
| 600 (500) Watt | 7 | (8) | Minuten |
| 490 (500) Watt | 2 | | Minuten |
| Gesamtgarzeit: | 13 | (14½) | Minuten |

**E**ine Schale von 1 Liter Fassungsvermögen mit ½ Liter Wasser und wenig Salz füllen. • Das Wasser in 4 (4½) Minuten bei 600 (500) Watt zugedeckt zum Kochen bringen. • Die Nudeln hinzufügen und ohne Deckel 7 (8) Minuten bei 600 (500) Watt garen. • Dann abgießen, in eine vorgewärmte Schüssel geben und mit der Butter in Flocken mischen und warm halten. • Den Lachs in kleine Würfel schneiden, 2 Eßlöffel davon mit der Sahne im Mixer pürieren. Das Püree und die Lachswürfel unter die Nudeln ziehen und 2 Minuten bei 490 (500) Watt garen. • Die Nudeln mit Salz und Pfeffer abschmecken und mit dem Kerbel bestreut servieren.

Mein Tip: Wer den intensiven Geschmack liebt, kann dieses Gericht auch mit Räucherlachs zubereiten. Allerdings sollte man in diesem Fall nur 100 g verwenden und auf das Pürieren verzichten.

Varianten: Statt des Kerbels kann man feine Lauchstreifen verwenden, die man zum Schluß mitgart. Die Nudeln schmecken auch mit Seeteufel, Garnelen oder Muscheln sehr gut.

# Fleisch- und Geflügelgerichte

Fleisch und Geflügel, kombiniert mit delikaten Saucen oder anderen aromatischen Zutaten wie Pilzen oder Gemüse, lassen sich in der Mikrowelle hervorragend zubereiten. Wie das abgebildete Coq au vin, das köstlich schmeckt (Rezept Seite 81). Selbst aus weniger zarten Fleischstücken können Sie im Mikrowellengerät ein gehaltvolles Ragout zubereiten. Erstaunlich gut gelingt auch ein Roastbeef, das ja vor allem zart und innen rosa sein soll.

Vor allem für kleinere Haushalte interessant ist die Zubereitung von Fleisch und Geflügel im Mikrowellengerät. So läßt sich auch für eine oder zwei Personen eine Fleischspezialität zubereiten, die man normalerweise nur für eine größere Runde auswählt.
Die gewohnte Kruste erhalten kleine und große Fleischstücke im Mikrowellengerät allerdings nicht. Wer darauf nicht verzichten möchte, kann einen Braten auf übliche Weise auf dem Herd anbraten und dann in der Mikrowelle in kurzer Zeit fertiggaren. Haben Sie ein kombiniertes Gerät, können Sie den Grill, Ober- und Unterhitze beziehungsweise Umluft zuschalten.

# Geschnetzeltes Kalbfleisch

Kartoffelpüree und Gemüse passen besonders gut dazu

## Zutaten für 2 Personen:

| | |
|---|---|
| 300 g Kalbfleisch (Lende) | |
| 1 Zwiebel · 1 Eßl. Mehl | |
| 3 Eßl. Weißwein · 1 Eßl. Fleischbrühe · ⅛ l Sahne · Salz, Pfeffer | |
| 1 Eßl. Petersilie, frisch gehackt | |

**Gelingt leicht · Etwas teurer**

Pro Person 1700 kJ/400 kcal
Vorbereitungszeit: 15 Minuten
Garzeit:

| | | |
|---|---|---|
| 600 (500) Watt | 4 | (4½) Minuten |
| 600 (500) Watt | 1 | (1¼) Minute |
| 600 (500) Watt | 2 | (2½) Minuten |
| 600 (500) Watt | 3 | (3½) Minuten |
| Gesamtgarzeit: | 10 | (11¾) Minuten |

**D**as Kalbfleisch zuerst in Scheiben, dann in Streifen schneiden. Die Zwiebel schälen und feinhacken. • Eine Bräunungsschale 4 (4½) Minuten bei 600 (500) Watt vorheizen. Das Kalbfleisch auf die eine Hälfte der Schale legen und 1 (1¼) Minute bei 600 (500) Watt anbraten. Das Fleisch auf die andere Hälfte der Platte wenden und bei abgeschalte-

tem Gerät einen Moment weiterbraten lassen. Das Fleisch herausnehmen und warm stellen. • Die Zwiebel in den Bratsaft des Fleisches geben. 2 (2½) Minuten zugedeckt bei 600 (500) Watt dünsten. Mit dem Mehl bestäuben und mit dem Weißwein ablöschen. Die Brühe und die Sahne hinzufügen. • Alles 3 (3½) Minuten bei 600 (500) Watt einkochen lassen. • Das Fleisch mit der Sauce mischen und mit Salz und Pfeffer abschmecken. Mit der Petersilie bestreut servieren.

Mein Tip: Das Fleisch sollte in feine, regelmäßige Streifen geschnitten werden und darf nicht in der Sauce kochen, sonst wird es hart. Man kann das Kalbfleisch durch Geflügel ersetzen und das Gericht mit 100 g geputzten, feingeschnittenen Champignons anreichern.

# Kalbsragout mit Madeirasauce

Stammt aus der bürgerlichen französischen Küche

## Zutaten für 2 Personen:

| | |
|---|---|
| 120 g Champignons | |
| 1 Knoblauchzehe · 2 Tomaten | |
| 400 g Kalbfleisch (Schulter) | |
| 1 Eßl. Butterschmalz · Salz | |
| Pfeffer · 12 Perlzwiebeln (Glas) | |
| 1 Teel. Tomatenmark | |
| 6 Eßl. Weißwein | |
| 1 kleiner Zweig Selleriekraut | |
| 6 Eßl. Fleischbrühe | |
| 3 Eßl. Madeira · Cayennepfeffer | |
| 1 Prise Zucker | |

**Anspruchsvoll**

Pro Person 1900 kJ/450 kcal
Vorbereitungszeit: 25 Minuten
Garzeit:

| | | |
|---|---|---|
| 600 (500) Watt | 4 | (4½) Minuten |
| 600 (500) Watt | 2 | (2½) Minuten |
| 360 (330) Watt | 40 | (42) Minuten |
| Gesamtgarzeit: | 46 | (49) Minuten |

**D**ie Champignons waschen, putzen und in Scheiben schneiden. Den Knoblauch schälen und durch die Presse drücken. Die Tomaten mit kochendheißem Wasser überbrü-

hen, häuten, vom Stielansatz befreien und kleinwürfeln. Das Fleisch in etwa 3 cm große Würfel schneiden. • Eine Bräunungsschale 4 (4½) Minuten bei 600 (500) Watt vorheizen. Das Butterschmalz darin zerfließen lassen, dann das Fleisch auf einer Hälfte der Schale verteilen. 2 (2½) Minuten bei 600 (500) Watt anbraten, dabei nach der Hälfte der Garzeit auf die andere Hälfte der Schale wenden. Mit Salz und Pfeffer würzen. • Die Perlzwiebeln, den Knoblauch, die Champignons, die Tomaten, das Tomatenmark, den Weißwein, das Selleriekraut, die Fleischbrühe und den Madeira hinzufügen. • Das Fleisch 40 (42) Minuten bei 360 (330) Watt zugedeckt garen. • Mit Cayennepfeffer, dem Zucker und eventuell noch etwas Salz abschmecken.

Mein Tip: Man kann dieses Gericht durch die Zugabe von 1–2 Eßlöffeln Sahne verfeinern.

# Weißes Kalbsragout

Zartes Fleisch mit milder Sauce

# Kalbsragout mit Wermutsauce

Geeignet für festliche Gelegenheiten

## Zutaten für 2 Personen:

1 Zwiebel · 2 Gewürznelken

1 Lorbeerblatt · 300 g Kalbfleisch
(Schulter) · ½ Lauchstange

1 kleines Stück Knollensellerie

1 Karotte

200 ccm Wasser oder
Fleischbrühe · 3 Pfefferkörner

1 Eßl. Butter · 2 Teel. Mehl

3 Eßl. Sahne · Salz, Pfeffer

### Spezialität aus Frankreich

Pro Person 1500 kJ/360 kcal
Vorbereitungszeit: 25 Minuten
Garzeit:

| | | |
|---|---|---|
| 600 (500) Watt | 5 (5½) | Minuten |
| 490 (500) Watt | 20 | Minuten |
| 360 (330) Watt | 10 (10½) | Minuten |
| 600 (500) Watt | 1 (1¼) | Minute |
| 490 (500) Watt | 3 | Minuten |
| 490 (500) Watt | 1 | Minute |
| Gesamtgarzeit: | 40 (41¼) | Minuten |

**D**ie Zwiebel schälen, halbieren und jede Hälfte mit 1 Nelke und ½ Lorbeerblatt spicken. Das Kalbfleisch in etwa 2½ cm große Würfel schneiden. Das Gemüse putzen, waschen und grob zerkleinern. • Das Wasser oder die Fleischbrühe mit der Zwiebel, dem Gemüse und den zerdrückten Pfefferkörnern 5 (5½) Minuten bei 600 (500) Watt zugedeckt aufkochen. • Das Fleisch dazugeben und zugedeckt bei 490 (500) Watt 20 Minuten garen. • Danach 10 (10½) Minuten bei 360 (330) Watt weitergaren. • Das Fleisch aus der Schale nehmen und warm stellen. Den Kochsud durch ein Sieb gießen und dabei auffangen. • Die Butter in einer kleinen Schale 1 (1¼) Minute bei 600 (500) Watt zerlaufen lassen. Das Mehl dazufügen und gut unterrühren. Den Sud daraufgießen und ebenfalls gut untermischen. • Die Sauce 3 Minuten bei 490 (500) Watt kochen lassen. Mit der Sahne verfeinern, mit Salz und Pfeffer abschmekken und 1 Minute bei 490 (500) Watt einkochen lassen. Mit dem Fleisch mischen.

## Zutaten für 2 Personen:

400 g Kalbfleisch (Schulter)

1 Eßl. Butterschmalz

Salz, Pfeffer · 1 Knoblauchzehe

1 Teel. Tomatenmark · 2 Salbeiblätter · ⅛ l Fleischbrühe

4 Eßl. trockener Wermut

1 Prise Safranpulver

6 Eßl. Sahne · 1 Prise Zucker

1 Teel. Salbei, frisch gehackt

1 Teel. Petersilie, frisch gehackt

### Gelingt leicht · Etwas teurer

Pro Person 2100 kJ/500 kcal
Vorbereitungszeit: 15 Minuten
Garzeit:

| | | |
|---|---|---|
| 600 (500) Watt | 6 (6½) | Minuten |
| 600 (500) Watt | 3 (3½) | Minuten |
| 360 (330) Watt | 40 (42) | Minuten |
| 600 (500) Watt | 2 (2½) | Minuten |
| Gesamtgarzeit: | 51 (54½) | Minuten |

**D**as Kalbfleisch in gleich große Würfel schneiden. • Eine Bräunungsschale 6 (6½) Minuten bei 600 (500) Watt vorheizen. Das Butterschmalz und das Fleisch hineingeben und 3 (3½) Minuten bei 600 (500) Watt anbraten. • Das Fleisch wenden und mit Salz und Pfeffer würzen. • Den Knoblauch schälen, durch die Presse drücken und mit dem Tomatenmark, den Salbeiblättern, der Fleischbrühe und 2 Eßlöffeln Wermut dazufügen. • Das Fleisch 40 (42) Minuten bei 360 (330) Watt zugedeckt garen. • Den restlichen Wermut, den Safran und die Sahne untermischen. 2 (2½) Minuten bei 600 (500) Watt aufkochen. Die Sauce mit Salz, Pfeffer und dem Zucker abschmecken. Das Ragout mit den Kräutern bestreut servieren.

<u>Mein Tip:</u> Eine kräftige Farbe bekommt das Ragout, wenn man die Fleischwürfel in einer Bratpfanne kurz anbraten läßt und dann mit dem Bratfond und den restlichen Zutaten wie beschrieben fertiggart.

# Kalbshaxen mit köstlichen Saucen

In Scheiben geschnitten, schmeckt dieses Fleischstück auch in Saucen hervorragend

## Kalbshaxe mit Orangensauce

im Bild links

Zutaten für 2 Personen:

1 Eßl. Butterschmalz

2 Scheiben Kalbshaxe von je 240 g

1 kleine Karotte · 1 Zwiebel

Salz, Pfeffer

6 Eßl. Orangensaft

½ Teel. abgeriebene Orangenschale · 6 Eßl. Weißwein

1 Teel. Zitronensaft

2 Messerspitzen Fleischextrakt oder gekörnte Brühe

1 Knoblauchzehe

1 Teel. Petersilie, frisch gehackt

**Anspruchsvoll**

Pro Person 1500 kJ/360 kcal
Vorbereitungszeit: 10 Minuten
Garzeit:

| | | |
|---|---|---|
| 600 (500) Watt | 6 (6½) | Minuten |
| 600 (500) Watt | 3 (3½) | Minuten |
| 360 (330) Watt | 40 (42) | Minuten |
| Gesamtgarzeit: | 49 (52) | Minuten |

Eine Bräunungsschale 6 (6½) Minuten bei 600 (500) Watt vorheizen. • Das Butterschmalz und die Fleischscheiben auf die eine Hälfte der Schale legen und 3 (3½) Minuten bei 600 (500) Watt anbraten. Das Fleisch auf die andere Hälfte wenden und einen Moment außerhalb des Gerätes weiterbraten lassen. • Die Karotte putzen, waschen und sehr klein würfeln. Die Zwiebel schälen und feinhacken. Beides über dem Fleisch verteilen. Mit Salz und Pfeffer würzen. Den Orangensaft, die Orangenschale, den Weißwein, den Zitronensaft und den Fleischextrakt oder die gekörnte Brühe dazufügen. Den Knoblauch schälen, durch die Presse drücken und dazufügen. • Das Fleisch 40 (42) Minuten bei 360 (330) Watt garen. • Die Sauce abschmecken. Das Fleisch mit der Petersilie bestreut servieren.

## Kalbshaxe mit Kräutersauce

im Bild rechts

Zutaten für 2 Personen:

2 Scheiben Kalbshaxe von je 240 g · Salz, Pfeffer

1 mittelgroße Zwiebel

1 Teel. Butter · 6 Eßl. Weißwein

1 Teel. Speisestärke

6 Eßl. Fleischbrühe

1 Knoblauchzehe · 2 Eßl. gemischte Kräuter (Rosmarin, Basilikum, Majoran, Thymian, Petersilie), frisch gehackt

1 Teel. Petersilie, frisch gehackt

**Etwas teurer**

Pro Person 1200 kJ/290 kcal
Vorbereitungszeit: 10 Minuten
Garzeit:

| | | |
|---|---|---|
| 600 (500) Watt | 4 (4½) | Minuten |
| 360 (330) Watt | 40 (42) | Minuten |
| Gesamtgarzeit: | 44 (46½) | Minuten |

Die Kalbfleischscheiben in eine passende Schale legen. Mit Salz und Pfeffer bestreuen.

Die Zwiebel schälen, feinhacken und mit der Butter zum Fleisch geben. • Das Kalbfleisch zugedeckt 4 (4½) Minuten bei 600 (500) Watt andünsten. • Den Weißwein mit der Speisestärke gut verrühren. Die Fleischbrühe untermengen und die Mischung über das Fleisch gießen. Den Knoblauch schälen, durch die Presse drücken und mit den gemischten Kräutern darüber verteilen. • Das Fleisch zugedeckt 40 (42) Minuten bei 360 (330) Watt garen. Das Gericht mit der gehackten Petersilie bestreuen.

Varianten: Dieses Gericht läßt sich nach Belieben variieren: 2–3 Eßlöffel Sahne hinzufügen und 2 (2½) Minuten bei 600 (500) Watt erhitzen. Oder 1 geschälte Tomate halbieren, entkernen und kleinwürfeln. Nach dem Garen über dem Fleisch verteilen und 2 (2½) Minuten bei 600 (500) Watt erhitzen.

# Kalbssteak mit Gänseleberpastete

Ideal für Verwöhnte

### Zutaten für 2 Personen:

| | | |
|---|---|---|
| 2 Kalbssteaks von je 150 g | | |
| 2 dünne Scheiben Gänseleber- | | |
| pastete · Salz, Pfeffer · etwas | | |
| Mehl · 1 Eßl. Butterschmalz | | |
| 1 Schalotte oder kleine Zwiebel | | |
| 2 Eßl. Whisky · ⅛ l Sahne | | |

**Etwas teurer**

Pro Person 2500 kJ/600 kcal
Vorbereitungszeit: 20 Minuten
Garzeit:

| 600 (500) Watt | 4 | (4½) Minuten |
|---|---|---|
| 600 (500) Watt | 2 | (2½) Minuten |
| 600 (500) Watt | 2 | (2½) Minuten |
| 600 (500) Watt | 1 | (1¼) Minute |
| 600 (500) Watt | 4 | (4½) Minuten |
| Gesamtgarzeit: | 13 | (15¼) Minuten |

Eine große Bräunungsschale 4 (4½) Minuten bei 600 (500) Watt vorheizen. • Die Steaks flachdrücken und auf einer Seite so einschneiden, daß eine Tasche entsteht. Je 1 Scheibe Gänseleberpastete hineinschieben und die Öffnungen mit Zahnstochern verschließen.

Die Steaks mit Salz und Pfeffer bestreuen und mit wenig Mehl bestäuben. • Das Fleisch mit dem Butterschmalz in die Bräunungsschale legen und etwas andrücken. 2 (2½) Minuten bei 600 (500) Watt anbraten, dann die Steaks auf die noch unbenutzte Fläche der Schale wenden. 2 (2½) Minuten bei 600 (500) Watt weiterbraten. Das Fleisch herausnehmen und warm stellen. • Die Schalotte oder Zwiebel schälen, hacken und im Bratfond 1 (1¼) Minute bei 600 (500) Watt dünsten. Den Whisky und die Sahne dazufügen. • Die Sauce 4 (4½) Minuten bei 600 (500) Watt einkochen lassen. Die Sauce getrennt zu den Steaks servieren.

Mein Tip: Man kann einige Thymianblättchen an die Füllung geben und die Steaks mit einem Thymianzweiglein garnieren. Nicht vergessen, die Zahnstocher vor dem Servieren zu entfernen.

# Kalbsfilet mit Champignons

Zartes Fleisch – delikat gewürzt

### Zutaten für 4 Personen:

| | | |
|---|---|---|
| 100 g Champignons | | |
| 2 Knoblauchzehen | | |
| 1 Eßl. zimmerwarme Butter | | |
| 1 Prise Paprikapulver | | |
| 1 Eßl. scharfer Senf | | |
| 1 Teel. Thymianblättchen | | |
| 500 g Kalbsfilet · Salz, Pfeffer | | |
| 1 Eßl. Weißwein · 6 Eßl. Sahne | | |

**Anspruchsvoll**

Pro Person 1000 kJ/240 kcal
Vorbereitungszeit: 20 Minuten
Garzeit:

| 600 (500) Watt | 4 | (4½) Minuten |
|---|---|---|
| 600 (500) Watt | 3 | (3½) Minuten |
| 600 (500) Watt | 3 | (3½) Minuten |
| 600 (500) Watt | 5 | (5½) Minuten |
| Gesamtgarzeit: | 15 | (17) Minuten |

Die Champignons putzen und vierteln. Den Knoblauch schälen und durch die Presse drücken. • Eine Bräunungsschale 4 (4½) Minuten bei 600 (500) Watt vorheizen. • Die Butter mit dem Knoblauch, dem Paprikapulver, dem Senf und dem Thymian gut vermischen. Das Filet mit dieser Mischung bestreichen. • Das Fleischstück auf die eine Hälfte der Bräunungsschale legen. 3 (3½) Minuten bei 600 (500) Watt anbraten, dann auf die andere Hälfte der Schale wenden und 3 (3½) Minuten bei 600 (500) Watt weiterbraten. Das Filet rundherum mit Salz und Pfeffer bestreuen, herausnehmen, auf einen vorgewärmten Teller legen, mit Alufolie abdecken und warm stellen. • Den Bratensatz mit dem Weißwein lösen. Die Sahne und die Champignons hinzufügen und 5 (5½) Minuten bei 600 (500) Watt garen. • Das Fleisch in etwa 2 cm dicke Scheiben schneiden. Die Champignons darauf verteilen und mit der Sauce umgießen.

Mein Tip: Die Teller mit etwas Thymian und halbierten, gedünsteten Cherrytomaten garnieren.

73

# Rindfleisch nach Burgunderart

Aus der klassischen französischen Küche

## Zutaten für 2 Personen:

400 g Rindfleisch (Oberschale)

50 g geräucherter Speck

1 Eßl. Butterschmalz · Salz

Pfeffer · 1 große Karotte

10 Perlzwiebeln (Glas)

1 Knoblauchzehe

½ Eßl. Thymianblättchen

1 Lorbeerblatt · 1 Eßl. Tomatenmark · 1 Stück Orangenschale

1 Zweig Selleriekraut

300 ccm Rotwein

6 Eßl. Fleischbrühe

1 Teel. Speisestärke

### Anspruchsvoll

Pro Person 3400 kJ/810 kcal
Vorbereitungszeit: 20 Minuten
Garzeit:

| | | |
|---|---|---|
| 600 (500) Watt | 6 | (6½) Minuten |
| 600 (500) Watt | 4 | (4½) Minuten |
| 360 (330) Watt | 60 (63) | Minuten |
| Gesamtgarzeit: | 70 (74) | Minuten |

**D**as Fleisch in Würfel von etwa 3 cm Größe schneiden. Den Speck würfeln. • Eine Bräunungsschale 6 (6½) Minuten bei 600 (500) Watt vorheizen. • Das Butterschmalz, das Fleisch und die Speckwürfel auf die eine Seite der Schale legen. 4 (4½) Minuten bei 600 (500) Watt anbraten. Das Fleisch wenden und auf der anderen Hälfte der Schale kurz bei abgeschaltetem Gerät anbraten. Mit Salz und Pfeffer bestreuen. • Die Karotte schälen, waschen und in dünne Scheiben schneiden. Den Knoblauch schälen und durch die Presse drücken. Die Karotten, die Perlzwiebeln, den Knoblauch, den Thymian, das Lorbeerblatt, das Tomatenmark, die Orangenschale, das Selleriekraut und den Rotwein zum Fleisch geben. Die Fleischbrühe mit der Speisestärke verrühren und untermischen. • Das Fleisch zugedeckt bei 360 (330) Watt 60 (63) Minuten garen.

# Rindfleischkarbonade mit grünem Pfeffer

Besonders würzig durch dunkles Bier

## Zutaten für 2 Personen:

1½ Eßl. Butter

4 dünn geschnittene

Rinderhüftschnitzel von je 75 g

Salz, Pfeffer

1 Schalotte · 2 Knoblauchzehen

½ Eßl. Mehl · 150 ccm dunkles

Bier · 6 Eßl. Fleischbrühe

1 Teel. grüner Pfeffer in Salzlake (Madagaskar)

1 Teel. Tomatenmark

geriebene Muskatnuß

½ Teel. Thymianblättchen

### Gelingt leicht

Pro Person 2100 kJ/500 kcal
Vorbereitungszeit: 5 Minuten
Garzeit:

| | | |
|---|---|---|
| 600 (500) Watt | 6 | (6½) Minuten |
| 600 (500) Watt | 1 | (1¼) Minute |
| 360 (330) Watt | 30 | (31½) Minuten |
| Gesamtgarzeit: | 37 | (39¼) Minuten |

**E**ine Bräunungsschale 6 (6½) Minuten bei 600 (500) Watt vorheizen. • Etwa 1 Eßlöffel Butter darin zerlaufen lassen, die Schnitzel hineinlegen und 4 (4½) Minuten bei 600 (500) Watt anbraten. Das Fleisch wenden und außerhalb des Gerätes kurz weiterbraten lassen. Mit Salz und Pfeffer bestreuen. • Die Schalotte und den Knoblauch schälen, feinhacken und darüber verteilen. Zugedeckt bei 600 (500) Watt 1 (1¼) Minute dünsten. • Das Fleisch mit dem Mehl bestäuben und das Bier darübergießen. Die Fleischbrühe, den grünen Pfeffer, das Tomatenmark, etwas Muskat und den Thymian dazufügen. • Das Gericht bei 360 (330) Watt zugedeckt 30 (31½) Minuten garen. • Die restliche Butter in Flocken unter die Sauce rühren.

Mein Tip: Das Bräunen in einer speziellen Schale geht am besten, wenn man das Fleisch auf die eine Seite legt und auf die noch unbenutzte Fläche wendet. So kann die Hitze besser ausgenutzt werden.

# Roastbeef

Zart und rosa wie in England

# Tellerfleisch mit Gemüse

Dazu paßt frisch geriebener Meerrettich

## Roastbeef

Zutaten für 6 Personen:
Salz, Pfeffer · 1 Eßl. scharfer
Senf · 1 kg Roastbeef
1 Eßl. Butterschmalz

**Gelingt leicht • Etwas teurer**

Pro Person 1405 kJ/330 kcal
Vorbereitungszeit: 10 Minuten
Garzeit:

| | | |
|---|---|---|
| 600 (500) Watt | 4 | (4½) Minuten |
| 600 (500) Watt | 7 | (8) Minuten |
| 600 (500) Watt | 7 | (8) Minuten |
| Gesamtgarzeit: | 18 | (20½) Minuten |

**E**twas Salz und Pfeffer mit dem Senf verrühren. Das Fleisch rundherum mit dieser Mischung bestreichen. • Eine passende Bräunungsschale 4 (4½) Minuten bei 600 (500) Watt vorheizen. Das Butterschmalz hineingeben und zerlaufen lassen. • Das Fleisch auf die eine Hälfte der Schale drücken. 7 (8) Minuten bei 600 (500) Watt braten. Das Fleisch dann auf die noch unbenutzte Seite der Schale wenden und 7 (8) Minuten bei 600 (500)

Watt weiterbraten. • Das Fleisch aus dem Gerät nehmen, in Alufolie einpacken und 5–10 Minuten ruhen lassen. Damit verhütet man, daß beim Aufschneiden der Fleischsaft ausfließt.

_Mein Tip:_ Während der Ruhezeit des Fleisches können Sie eine Sauce béarnaise nach dem Rezept auf Seite 39 im Mikrowellengerät zubereiten.

## Tellerfleisch mit Gemüse

Zutaten für 2 Personen:
300 g Rindfleisch zum Sieden
1 Lauchstange · 1 große Karotte
1 kleines Stück Knollensellerie
½ l Wasser · 1 Teel. gekörnte
Rinderbrühe · ½ Lorbeerblatt
2–3 Petersilienstiele · Pfeffer
2 Scheiben Rindermarkknochen

**Gelingt leicht • Preiswert**

Pro Person 2000 kJ/480 kcal
Vorbereitungszeit: 20 Minuten
Garzeit:

| | | |
|---|---|---|
| 600 (500) Watt | 5 | (5½) Minuten |
| 360 (330) Watt | 50 | (52½) Minuten |
| 490 (500) Watt | 4 | Minuten |
| Gesamtgarzeit: | 59 | (62) Minuten |

**D**as Fleisch in große Würfel schneiden. Das Gemüse putzen, waschen und in 2 cm große Stücke oder Würfel schneiden. • Das Wasser, die gekörnte Brühe, das Lorbeerblatt, die Petersilie und etwas Pfeffer in einer Schale 5 (5½) Minuten bei 600 (500) Watt aufkochen. Das Fleisch mit dem

Gemüse hinzufügen. Zugedeckt 50 (52½) Minuten bei 360 (330) Watt garen. • Die Markknochen inzwischen in kaltes Wasser legen. Gut abtropfen lassen, hinzufügen und 4 Minuten bei 490 (500) Watt weitergaren.

_Mein Tip:_ Wenn man das Gemüse noch knackig haben möchte, kann man es erst 10 Minuten vor Ende der Garzeit hinzufügen. Die genaue Garzeit des Fleisches hängt auch von der Qualität ab. Man kann zum Beispiel ein Hochrückenstück, das eigentlich zum Braten geeignet ist, verwenden. Die Garzeit reduziert sich dann um ein Drittel. Am besten prüft man das Fleisch vor dem Anrichten. Sollte es noch nicht weich gekocht sein, kann man es noch einmal kurz in das Mikrowellengerät geben.

# Schinkensteaks mit Madeirasauce

Schnell und einfach zuzubereiten

# Schweineragout mit Zwetschgen

Schmeckt auch mit Dörraprikosen

| Zutaten für 2 Personen: |
| --- |
| 1 Eßl. Butterschmalz |
| 2 Scheiben Schinken (½–1 cm dick) · 6 Eßl. Madeira |
| 1 Messerspitze Zwiebelpulver |
| 1 Eßl. Tomatenketchup |
| Salz, Pfeffer · 1 Teel. Petersilie, frisch gehackt |

## Besonders schnell

Pro Person 2100 kJ/500 kcal
Garzeit:

| | | |
| --- | --- | --- |
| 600 (500) Watt | 6 | (6½) Minuten |
| 600 (500) Watt | 2 | (2½) Minuten |
| 600 (500) Watt | 4 | (4½) Minuten |
| Gesamtgarzeit: | 12 | (13½) Minuten |

**E**ine Bräunungsschale mit dem Butterschmalz 6 (6½) Minuten bei 600 (500) Watt vorheizen. • Die Schinkenscheiben darauflegen und 2 (2½) Minuten bei 600 (500) Watt braten, ohne sie zu wenden. Den Schinken auf vorgewärmte Teller legen und warm halten. • Den Madeira in die Schale gießen. Das Zwiebelpulver und den Ketchup dazugeben und alles gut verrühren. 4 (4½) Minuten bei 600 (500) Watt einkochen lassen. Die Sauce mit Salz und Pfeffer abschmecken. Über den Steaks verteilen und mit der Petersilie bestreut servieren.

Mein Tip: Wer die Sauce pikanter liebt, kann etwas Cayennepfeffer hinzufügen. Kartoffelpüree, nach dem Rezept auf Seite 45 zubereitet, paßt gut zu den Schinkensteaks.
Man kann mit den Schinkensteaks einige Salbeiblätter garen. Der Madeira läßt sich durch Marsala oder Rotwein ersetzen. Im letzteren Fall passen eingelegte Pflaumen gut dazu.

| Zutaten für 2 Personen: |
| --- |
| 400 g Schweinefleisch (Schulter) |
| 50 g geräucherter Speck |
| 1 Zwiebel · 1 Eßl. Butterschmalz |
| Salz, Pfeffer · 25 g Butter |
| ¼ l dunkles Bier |
| 200 g Dörrzwetschgen |
| 1 kleine Karotte · 1 Gewürznelke · 1 Zweiglein Thymian |
| ⅛ l Fleischbrühe |
| 1 Teel. Speisestärke |

## Anspruchsvoll

Pro Person 5300 kJ/1305 kcal
Vorbereitungszeit: 15 Minuten
Garzeit:

| | | |
| --- | --- | --- |
| 600 (500) Watt | 5 | (5½) Minuten |
| 600 (500) Watt | 4 | (4½) Minuten |
| 600 (500) Watt | 2 | (2½) Minuten |
| 360 (330) Watt | 50 | (52½) Minuten |
| Gesamtgarzeit: | 61 | (65) Minuten |

**D**as Fleisch in gleich große Würfel schneiden. Den Speck ebenfalls würfeln. Die Zwiebel schälen und feinhakken. • Eine Bräunungsschale 5 (5½) Minuten bei 600 (500) Watt vorheizen. • Das Butterschmalz, das Fleisch und den Speck auf eine Hälfte der Schale legen. 4 (4½) Minuten bei 600 (500) Watt anbraten. Dann auf die andere Hälfte der Schale wenden und außerhalb des Gerätes kurz weiterbraten lassen. Mit Salz und Pfeffer bestreuen. • Die Zwiebel mit 1 Teelöffel Butter in einer kleinen Schale 2 (2½) Minuten bei 600 (500) Watt dünsten. Mit dem Bier ablöschen. • Die Mischung über dem Fleisch verteilen. Die Karotte putzen, waschen und in Scheiben schneiden. Mit den Dörrzwetschgen, der Nelke und dem Thymian dazugeben. Die Fleischbrühe mit der Speisestärke verrühren und ebenfalls hinzufügen. • Das Ragout 50 (52½) Minuten zugedeckt bei 360 (330) Watt garen. • Die restliche Butter in Flocken unter die Sauce rühren.

# Paniertes Estragonsteak

Die Füllung gibt das besondere Aroma

# Lammkoteletts provenzalisch

Schmeckt mit Ratatouille besonders gut

## Paniertes Estragonsteak

**Zutaten für 2 Personen:**

| | |
|---|---|
| 2 Schweine- oder Kalbsteaks von je 150 g | |
| 4–6 Estragonblätter | |
| 10 g Butter · Salz, Pfeffer | |
| ½ Eßl. Mehl · 1 Ei | |
| 50 g geriebenes Weißbrot | |
| 2 Eßl. Butterschmalz | |

**Besonders schnell**

Pro Person 2000 kJ/480 kcal
Vorbereitungszeit: 20 Minuten
Garzeit:

| | |
|---|---|
| 600 (500) Watt | 3 (3½) Minuten |
| 600 (500) Watt | 2 (2½) Minuten |
| 600 (500) Watt | 1 (1¼) Minute |
| Gesamtgarzeit: | 6 (7¼) Minuten |

**D**ie Steaks an einer Längsseite so einschneiden, daß eine Tasche entsteht. Den Estragon waschen und grobhacken. Mit der Butter verkneten und je die Hälfte dieser Mischung in die Steaks füllen. • Die Steaks mit Salz und Pfeffer bestreuen und leicht mit dem Mehl bestäuben. Durch das verquirlte Ei ziehen und anschließend im geriebenen Brot wenden. Die Panade gut andrücken. • Eine große Bräunungsschale 3 (3½) Minuten bei 600 (500) Watt vorheizen. • Die Steaks auf eine Hälfte der Schale legen und 2 (2½) Minuten bei 600 (500) Watt anbraten. • Dann das Fleisch auf die andere Hälfte der Schale wenden und 1 (1¼) Minute bei 600 (500) Watt weiterbraten.

<u>Mein Tip:</u> Man kann die Steaks nach Belieben mit 1 gezackten Zitronenscheibe und etwas Estragon garnieren.

<u>Varianten:</u> Die Steaks mit je 1 dünnen Tomaten- und 1 Käsescheibe füllen. Oder je 1 Scheiben rohen Schinken und 1 Salbeiblatt einfüllen.

## Lammkoteletts provenzalisch

**Zutaten für 2 Personen:**

| | |
|---|---|
| 2 Knoblauchzehen · 1 kleine Zwiebel · 1 Eßl. gemischte Kräuter (Basilikum, Majoran, Thymian, Bohnenkraut, Salbei, Petersilie), frisch gehackt oder 1 Teel. Provence-Kräutermischung | |
| 1 Eßl. zimmerwarme Butter | |
| 4 Lammkoteletts von je 80 g | |
| Salz, Pfeffer | |

**Besonders schnell**

Pro Person 2700 kJ/640 kcal
Vorbereitungszeit: 15 Minuten
Garzeit:

| | |
|---|---|
| 600 (500) Watt | 5 (5½) Minuten |
| 600 (500) Watt | 2 (2½) Minuten |
| Gesamtgarzeit: | 7 (8) Minuten |

**D**en Knoblauch und die Zwiebel schälen, feinhacken und mit den Kräutern und der Butter gut verkneten. Die Mischung mit Salz und Pfeffer abschmecken. • Eine Bräunungsschale 5 (5½) Minuten bei 600 (500) Watt vorheizen. • Die Lammkoteletts auf beiden Seiten mit der Buttermischung bestreichen. • Das Fleisch auf die vorgeheizte Schale legen und von beiden Seiten je 1 (1¼) Minute bei 600 (500) Watt anbraten.

<u>Mein Tip:</u> Die Koteletts sofort servieren und nicht mehr aufwärmen, sonst werden sie feucht. Man kann dieses Gericht auch mit Schweinekoteletts zubereiten.

# Saure Leber

Aus Großmutters Kochbuch

# Kalbsbries mit Äpfeln

Eine Spezialität aus der Normandie

**Zutaten für 2 Personen:**

| | |
|---|---|
| 400 g Schweineleber | |
| 1 Zwiebel · 1½ Eßl. Butter | |
| Salz, Pfeffer · 3 Eßl. Rotwein | |
| 1 Eßl. Weinessig | |
| 1 Eßl. Tomatenketchup | |
| 1 Eßl. Madeira | |

**Preiswert**

Pro Person 1900 kJ/450 kcal
Vorbereitungszeit: 10 Minuten
Garzeit:

| 600 (500) Watt | 4 | (4½) | Minuten |
|---|---|---|---|
| 600 (500) Watt | ½ | (¾) | Minute |
| 600 (500) Watt | 1 | (1¼) | Minute |
| 600 (500) Watt | 2 | (2½) | Minuten |
| 600 (500) Watt | ½ | (¾) | Minute |
| Gesamtgarzeit: | 8 | (9¾) | Minuten |

Die Leber putzen und in dünne Scheiben schneiden. Die Zwiebel schälen und feinhacken. • Eine Bräunungsschale 4 (4½) Minuten bei 600 (500) Watt vorheizen. • Etwa 1 Eßlöffel Butter darauf zerlaufen lassen. Die Leber hineinlegen und ½ (¾) Minute bei 600 (500) Watt anbraten. • Die Leber mit Salz und Pfeffer würzen, mit Folie abdecken und beiseite stellen. • Die restliche Butter auf die noch heiße Bräunungsschale geben. Die Zwiebel dazugeben und 1 (1¼) Minute bei 600 (500) Watt dünsten. • Mit dem Rotwein ablöschen. Den Essig, den Ketchup und den Madeira hinzufügen, alles gut mischen und 2 (2½) Minuten bei 600 (500) Watt aufkochen. • Die Leber in die Sauce geben und ½ (¾) Minute bei 600 (500) Watt erwärmen. Die Sauce eventuell nachwürzen.

Mein Tip: Man kann auch Rinder- oder Kalbsleber auf diese Art zubereiten. Allerdings ist Kalbsleber wesentlich teurer. Die Leber darf erst nach dem Anbraten gesalzen werden, sonst wird sie hart.

**Zutaten für 2 Personen:**

| | |
|---|---|
| 350 g Kalbsbries · 1 Zwiebel | |
| Salz, weißer Pfeffer | |
| 1½ Eßl. Butter | |
| 1 kleiner Apfel · 1 Eßl. Calvados | |
| 100 g Sahne · 1 Prise Cayennepfeffer · 1 Teel. Kerbel, frisch gehackt | |

**Anspruchsvoll •
Etwas teurer**

Pro Person 2200 kJ/520 kcal
Ruhezeit: 1 Stunde
Vorbereitungszeit: 20 Minuten
Garzeit:

| 600 (500) Watt | 4 | (4½) | Minuten |
|---|---|---|---|
| 600 (500) Watt | 2 | (2½) | Minuten |
| 600 (500) Watt | 1 | (1¼) | Minute |
| 490 (500) Watt | 1 | | Minute |
| 600 (500) Watt | 4 | (4½) | Minuten |
| Gesamtgarzeit: | 12 | (13¾) | Minuten |

Das Kalbsbries 1 Stunde in kaltes Wasser legen. • Danach alle Häutchen und Schmutz entfernen. Die Zwiebel schälen und hacken. • Eine Bräunungsschale 4 (4½) Minuten bei 600 (500) Watt vorheizen. • Das Bries in 4 Scheiben schneiden. Auf die eine Hälfte der Platte legen und 2 (2½) Minuten bei 600 (500) Watt anbraten. Die Briesscheiben mit Salz und Pfeffer bestreuen und auf die andere Seite der Platte wenden. Nach etwa 1 Minute das Fleisch von der Platte nehmen und warm stellen. • Die Butter auf die noch heiße Platte geben. Die Zwiebel hinzufügen und 1 (1¼) Minute bei 600 (500) Watt dünsten. • Den Apfel schälen, vom Kerngehäuse befreien und sehr klein würfeln. • Zu der Zwiebel geben und 1 Minute bei 490 (500) Watt dünsten. • Mit dem Calvados ablöschen und die Sahne dazufügen. Die Sauce 4 (4½) Minuten bei 600 (500) Watt einkochen lassen. • Die Sauce mit Salz, Pfeffer und dem Cayennepfeffer abschmecken, auf 2 Teller verteilen und je 2 Scheiben Bries darauflegen. Mit dem Kerbel bestreut servieren.

# Kutteln mit Senfsauce

Durch die pikante Sauce besonders aromatisch

# Kutteln mit Kräutern

Ein preiswertes Gericht für Feinschmecker

Zutaten für 2 Personen:

350 g Kutteln, vom Metzger vorgekocht · 1 Zwiebel

1 Lorbeerblatt · 1 Gewürznelke

1 Lauchstange · 200 ccm Fleischbrühe · 2 Eßl. Butter

½ Eßl. Mehl

1 Eßl. scharfer Senf

4–6 Eßl. Sahne

Salz, Pfeffer

**Gelingt leicht · Preiswert**

Pro Person 1700 kJ/405 kcal
Ruhezeit: 1 Stunde
Vorbereitungszeit: 20 Minuten
Garzeit:

| 600 (500) Watt | 15 (17) | Minuten |
|---|---|---|
| 600 (500) Watt | 4 (4½) | Minuten |
| 600 (500) Watt | 10 (11½) | Minuten |
| 600 (500) Watt | 2 (2½) | Minuten |
| Gesamtgarzeit: | 31 (35½) | Minuten |

**D**ie Kutteln 1 Stunde in kaltes Wasser legen. • Dann gut abtropfen lassen und in feine Streifen schneiden. Die Zwiebel schälen und mit dem Lorbeerblatt und der Nelke spicken. Den Lauch putzen und die Enden abschneiden. • Die Zwiebel, die Lauchabschnitte, die Fleischbrühe und die Kutteln in eine Schale geben und 15 (17) Minuten bei 600 (500) Watt zugedeckt garen. • Den restlichen Lauch in Scheibchen schneiden. Mit der Butter in eine kleine Schale geben und 4 (4½) Minuten bei 600 (500) Watt zugedeckt dünsten. • Inzwischen die Kutteln neben dem Gerät zugedeckt nachgaren lassen. • Den Lauch mit dem Mehl bestäuben. ¼ l Kochsud der Kutteln dazugeben und die Sauce 10 (11½) Minuten bei 600 (500) Watt zugedeckt garen. • Den Senf hinzufügen, die abgetropften Kutteln hineingeben, alles gut mischen und nochmals 2 (2½) Minuten bei 600 (500) Watt zugedeckt garen. • Die Sahne unterrühren und offen 2 (2½) Minuten bei 600 (500) Watt erhitzen. Das Gericht mit Salz und Pfeffer abschmecken.

Zutaten für 2 Personen:

350 g Kutteln, vom Metzger vorgekocht

1 Tomate · 1 Zwiebel

1 Eßl. Olivenöl oder Butter

1 Knoblauchzehe

1 Teel. Tomatenmark

5–6 Pfefferkörner

2 Eßl. gemischte Kräuter (Basilikum, Majoran, Thymian, Bohnenkraut), frisch gehackt

1 Lorbeerblatt · 6 Eßl. Rotwein

200 ccm Fleischbrühe

Salz, Pfeffer

1 Eßl. geriebenes Brot

1 Eßl. Petersilie, frisch gehackt

10 g Butter

**Gelingt leicht**

Pro Person 1300 kJ/315 kcal
Ruhezeit: 1 Stunde
Vorbereitungszeit: 25 Minuten
Garzeit:

| 600 (500) Watt | 3 (3½) | Minuten |
|---|---|---|
| 360 (330) Watt | 20 (21) | Minuten |
| 600 (500) Watt | 2 (2½) | Minuten |
| Gesamtgarzeit: | 25 (27) | Minuten |

**D**ie Kutteln 1 Stunde in kaltes Wasser legen. Inzwischen die Tomate mit kochendem Wasser überbrühen, häuten und kleinwürfeln. Die Zwiebel schälen und hacken. • Mit der Tomate und dem Öl oder der Butter in eine Schale geben und 3 (3½) Minuten bei 600 (500) Watt dünsten. • Die Kutteln in 3 cm große Würfel schneiden. Den Knoblauch schälen, durch die Presse drücken und mit dem Tomatenpüree dazufügen. Gut mit der Tomate und der Zwiebel mischen. Die Pfefferkörner zerdrücken. Mit den Kräutern, dem Lorbeerblatt, dem Rotwein und der Fleischbrühe zu den Kutteln geben und alles zugedeckt 20 (21) Minuten bei 360 (330) Watt garen. • Das Gericht mit Salz und Pfeffer abschmecken. Das Brot mit der Petersilie mischen und auf die Kutteln geben. Mit der Butter in Flocken bestreuen und 2 (2½) Minuten bei 600 (500) Watt erhitzen.

# Hähnchen mit Gemüse und feinen Saucen

Kaum ein anderes Fleisch läßt sich so vielfältig zubereiten

## Hühnerfrikassee mit Gemüse

im Bild links

Zutaten für 4 Personen:

1 kleine Karotte · 1 kleine Paprikaschote · 50 g Stangensellerie · 1 kleiner Kohlrabi · ⅛ l Fleischbrühe · 1 kleiner Zucchino · 50 g Champignons 2 Schalotten · 500 g Hühnerbrüstchen (ohne Haut und Knochen) · ⅛ l heißes Wasser 2 Eßl. Instant-Bratensauce ⅛ l Weißwein · Salz, Pfeffer ½ Teel. Thymianblättchen

**Gelingt leicht**

Pro Person 850 kJ/200 kcal
Vorbereitungszeit: 25 Minuten
Garzeit:

| | | |
|---|---|---|
| 600 (500) Watt | 3 | (3½) Minuten |
| 600 (500) Watt | 4 | (4½) Minuten |
| 600 (500) Watt | 2 | (2½) Minuten |
| 600 (500) Watt | 5 | (5½) Minuten |
| Gesamtgarzeit: | 14 (16) | Minuten |

**D**ie Karotte, die Paprikaschote, den Sellerie und den Kohlrabi putzen, waschen und in feine Streifen schneiden. • Mit der Fleischbrühe in eine Schale geben und 3 (3½) Minuten zugedeckt bei 600 (500) Watt garen. • Den Zucchino und die Pilze waschen, putzen und kleinschneiden. Die Schalotten schälen, feinhacken und mit den Zucchini und Pilzen zum vorgegarten Gemüse geben. 4 (4½) Minuten zugedeckt bei 600 (500) Watt garen. • Die Hühnerbrüstchen in mundgerechte Stücke schneiden, dazugeben und 2 (2½) Minuten zugedeckt bei 600 (500) Watt garen. In der geschlossenen Schale nachgaren lassen. • Das Wasser mit der Bratensauce und dem Weißwein verrühren. In einer kleinen Schale 5 (5½) Minuten bei 600 (500) Watt einkochen lassen. Die Sauce mit dem Fleisch und dem Gemüse mischen. Mit Salz, Pfeffer und dem Thymian abschmecken.

## Hähnchen mit Champagnersauce

im Bild rechts

Zutaten für 4 Personen:

1 Karotte · 1 Schalotte 1 Hähnchen (etwa 1,4 kg) 1 Eßl. Butter · Salz, Pfeffer 1 Piccoloflasche Champagner 1 Lorbeerblatt 6 Eßl. Sahne ½ Teel. Speisestärke 50 g gekühlte Butter

**Anspruchsvoll • Etwas teurer**

Pro Person 2300 kJ/550 kcal
Vorbereitungszeit: 30 Minuten
Garzeit:

| | | |
|---|---|---|
| 600 (500) Watt | 4 | (4½) Minuten |
| 360 (330) Watt | 5 | (5¼) Minuten |
| 600 (500) Watt | 10 | (11½) Minuten |
| 600 (500) Watt | 2 | (2½) Minuten |
| Gesamtgarzeit: | 21 (23¾) | Minuten |

**D**ie Karotte putzen, waschen und sehr klein würfeln. Die Schalotte schälen und hacken.

Das Hähnchen in 8 Stücke schneiden und häuten. • Mit der Butter und der Schalotte in eine passende Schale geben. Zugedeckt 4 (4½) Minuten bei 600 (500) Watt dünsten. Mit Salz und Pfeffer würzen, die Hälfte des Champagners, die Karotte und das Lorbeerblatt hinzufügen. • Die Hähnchenstücke 5 (5½) Minuten zugedeckt bei 360 (330) Watt garen. Dann herausnehmen und mit Folie abdecken. • Die Sahne mit der Speisestärke verrühren. Zum Kochfond des Hähnchens geben und 10 (11½) Minuten bei 600 (500) Watt einkochen lassen. Den restlichen Champagner unterrühren. • Die Hähnchenstücke wieder dazugeben und 2 (2½) Minuten zugedeckt bei 600 (500) Watt erhitzen. • Das Fleisch auf Tellern anrichten, das Lorbeerblatt aus der Sauce entfernen und die Butter in Flocken unterrühren.

# Coq au vin

Schmeckt auch mit Weißwein zubereitet sehr gut

| Zutaten für 3 Personen: |
| --- |
| 1 Hähnchen (1–1,2 kg) |
| 50 g geräucherter Speck |
| 2 Eßl. Butterschmalz |
| 12 Perlzwiebeln (Glas) |
| Salz, Pfeffer · 1 Prise Zucker |
| 1 Knoblauchzehe · 1 Lorbeer- blatt · 200 g Champignons |
| 1 kleines Stück Knollensellerie |
| 1 kleine Karotte |
| 1 Teel. Majoran, frisch gehackt |
| ½ l Rotwein · ⅛ l Hühnerbrühe |
| 2–3 Teel. Speisestärke |
| 1 Eßl. Petersilie, frisch gehackt |

**Spezialität aus Frankreich**

Pro Person 3300 kJ/790 kcal
Vorbereitungszeit: 30 Minuten
Garzeit:

| | | |
| --- | --- | --- |
| 600 (500) Watt | 5 (5½) | Minuten |
| 600 (500) Watt | 4 (4½) | Minuten |
| 360 (330) Watt | 10 (10½) | Minuten |
| 600 (500) Watt | 20 (23) | Minuten |
| 600 (500) Watt | 3 (3½) | Minuten |
| Gesamtgarzeit: | 42 (47) | Minuten |

**D**as Hähnchen häuten und in 12 Stücke schneiden. Den Speck würfeln. • Eine Bräunungsschale mit dem Butterschmalz 5 (5½) Minuten bei 600 (500) Watt vorheizen. • Die Hähnchenstücke und den Speck daraufgeben und 4 (4½) Minuten bei 600 (500) Watt anbraten, wenden, die Zwiebeln dazufügen und leicht anziehen lassen. • Das Fleisch mit Salz, Pfeffer und dem Zucker bestreuen. Den Knoblauch schälen, durchpressen und mit dem Lorbeerblatt dazufügen. Die Champignons putzen und vierteln. Den Sellerie und die Karotte putzen, waschen und kleinwürfeln. Mit dem Majoran unter die Hähnchenstücke mischen. Etwa 400 ccm Rotwein und die Hühnerbrühe dazugießen. Alles 10 (10½) Minuten bei 360 (330) Watt zugedeckt garen. Aus der Schale nehmen und zudecken. • Den restlichen Rotwein mit der Speisestärke verrühren. Zum Gemüse geben und 20 (23) Minuten bei 600 (500) Watt einkochen. • Die Hähnchenstücke wieder zugeben und zugedeckt 3 (3½) Minuten bei 600 (500) Watt erhitzen. Mit der Petersilie bestreut servieren.

# Köstliche Kaninchen- und Wildgerichte

Auf die feine Sauce kommt es an

## Kaninchenragout

im Bild hinten

Zutaten für 4 Personen:

| | |
|---|---|
| 1 Eßl. Butter · 1 kg Kaninchen, in 8 Stücken · 1 Knoblauchzehe | |
| 4 Eßl. Tomatenmark · 1 grüne Paprikaschote · 3 Eßl. Rotwein | |
| 3 Eßl. Wasser · Salz, Pfeffer | |
| 1 Prise Cayennepfeffer | |

**Gelingt leicht**

Pro Person 1400 kJ/330 kcal
Vorbereitungszeit: 15 Minuten
Garzeit:

| 600 (500) Watt | 4 (4½) Minuten |
|---|---|
| 490 (500) Watt | 3 Minuten |
| 360 (330) Watt | 25 (26¼) Minuten |
| 490 (500) Watt | 4 Minuten |
| Gesamtgarzeit: | 36 (37¾) Minuten |

Eine Bräunungsschale bei 600 (500) Watt 4 (4½) Minuten vorheizen. Die Butter darin zerlaufen lassen. • Das Fleisch bei 490 (500) Watt 3 Minuten darauf anbraten. Dabei nach der Hälfte der Zeit durchmischen. • Den Knob-
lauch schälen, durch die Presse drücken und mit dem Tomatenmark zum Fleisch geben. Die Paprikaschote waschen, putzen, in feine Streifen schneiden und dazumischen. Mit dem Rotwein und dem Wasser auffüllen. • Das Ragout zugedeckt bei 360 (330) Watt 25 (26¼) Minuten garen. Das Fleisch herausheben. • Die Sauce 4 Minuten bei 490 (500) Watt einkochen lassen, dann mit Salz, Pfeffer und Cayennepfeffer abschmecken. Das Fleisch mit der Sauce überziehen.

## Würziger Rehpfeffer

im Bild vorne

Zutaten für 4 Personen:

| | |
|---|---|
| 400 g Rehkeule ohne Knochen | |
| 1 Karotte · 1 Stück Knollensellerie · ½ Lauchstange | |
| 2 Schalotten | |
| 6 Wacholderbeeren | |
| ½ Lorbeerblatt | |

| | |
|---|---|
| 1 Teel. schwarze Pfefferkörner | |
| 3 Eßl. Rotweinessig | |
| ¼ l Rotwein · Salz, Pfeffer | |
| 1 Teel. Thymianblättchen | |
| 3 Eßl. Reh- oder Schweineblut | |
| 1 Teel. Speisestärke | |
| 3 Eßl. Sahne | |

**Anspruchsvoll •
Etwas teurer**

Pro Person 930 kJ/220 kcal
Vorbereitungszeit: 30 Minuten
Marinierzeit: 3–5 Tage
Garzeit:

| 600 (500) Watt | 4 (4½) Minuten |
|---|---|
| 600 (500) Watt | 4 (4½) Minuten |
| 360 (330) Watt | 60 (63) Minuten |
| 600 (500) Watt | 1 (1¼) Minute |
| Gesamtgarzeit: | 69 (73¼) Minuten |

Das Rehfleisch in 3 cm große Würfel schneiden. • Für die Marinade die Karotte, den Sellerie, den Lauch und die Schalotten schälen oder putzen, waschen und fein zerkleinern. Mit den zerdrückten Wacholderbeeren, dem Lorbeerblatt, den Pfefferkörnern, dem Essig und
dem Rotwein mischen. Über das Fleisch gießen und dieses zugedeckt 3–5 Tage im Kühlschrank marinieren. • Das Fleisch dann aus der Marinade nehmen und trockentupfen. • Eine Bräunungsschale 4 (4½) Minuten bei 600 (500) Watt vorheizen. Das Fleisch hineingeben und 4 (4½) Minuten bei 600 (500) Watt anbraten. Das Fleisch wenden. • Die Marinade durch ein Sieb gießen, darübergeben, wenig Salz, Pfeffer und den Thymian hinzufügen und zugedeckt 60 (63) Minuten bei 360 (330) Watt garen. • Das Fleisch aus der Sauce nehmen. Die Sauce durch ein Sieb gießen. Das Blut mit der Sahne und der Speisestärke verrühren und zur Sauce geben. Mit dem Fleisch wieder in die Form geben und 1 (1¼) Minute bei 600 (500) Watt erhitzen.

Mein Tip: Das Blut sollten Sie rechtzeitig vorbestellen.

# Wildhasenrücken mit Weintrauben

Schmeckt auch mit Zwetschgen zubereitet sehr gut

| Zutaten für 4 Personen: |
|---|
| 800 g Wildhasenrücken |
| 2 Zweiglein Rosmarin |
| 1 Karotte · 1 kleines Stück |
| Knollensellerie · ½ Lauch- |
| stange · 1 kleine Zwiebel |
| 6 Wacholderbeeren |
| 1 Lorbeerblatt |
| 8 schwarze Pfefferkörner |
| 2 Eßl. Rotweinessig |
| 300 ccm Rotwein |
| 1 Eßl. Butter |
| 1 Schalotte · 100 g Weintrauben |
| ½ Teel. Tomatenmark |
| 1 Eßl. Speisestärke |
| Salz, Pfeffer |

**Etwas teurer**

Pro Person 1400 kJ/330 kcal
Vorbereitungszeit: 35 Minuten
Ruhezeit: 24 Stunden
Garzeit:

| | | |
|---|---|---|
| 600 (500) Watt | 4 | (4½) Minuten |
| 600 (500) Watt | 4 | (4½) Minuten |
| 600 (500) Watt | 2 | (2½) Minuten |
| 490 (500) Watt | 3 | Minuten |
| Gesamtgarzeit: | 13 (14½) Minuten |

**D**as Fleisch vom Rücken her mit einem Löffel etwas vom Knochen lösen, dann nur zur Hälfte losschneiden. Beidseitig ein Rosmarinzweiglein einklemmen. In eine Schale legen. • Für die Marinade das Gemüse und die Zwiebel schälen oder putzen und kleinschneiden. Mit den zerdrückten Wacholderbeeren, dem Lorbeerblatt, den Pfefferkörnern, dem Essig und dem Rotwein mischen und über das Fleisch gießen. Mit Folie abdecken und 24 Stunden im Kühlschrank ruhen lassen. • Dann eine Bräunungsplatte 4 (4½) Minuten bei 600 (500) Watt vorheizen. • Das Fleisch aus der Marinade nehmen und mit Küchenpapier abtupfen. Die Butter in der Bräunungsschale zerlaufen lassen. • Das Fleisch mit der Fleischseite nach unten hineinlegen. 4 (4½) Minuten bei 600 (500) Watt anbraten, dabei das Fleisch nach der Hälfte der Zeit auf die andere Seite wenden.

Das Fleisch herausnehmen. Die Schalotte schälen und hacken. • Auf der noch heißen Platte die Trauben und die Schalotte 2 (2½) Minuten bei 600 (500) Watt dünsten. Das Tomatenmark dazugeben. Die Speisestärke mit der Hälfte der Marinade verrühren und untermischen. • Das Fleisch wieder in die Schale geben und zugedeckt 3 Minuten bei 490 (500) Watt weitergaren. • Das Fleisch herausnehmen und in Alufolie einwickeln, damit es warm bleibt. • Die Sauce durch ein Sieb gießen, abschmecken und getrennt zum Fleisch servieren.

Mein Tip: Man kann die Sauce noch mit 1–2 Eßlöffeln Sahne verfeinern. Zum Zerlegen das Fleisch vorsichtig mit einem Löffelrücken vom Knochen lösen und mit einem Messer leicht schräg in etwa 2 cm dicke Scheiben schneiden. Das Fleisch wieder auf den Knochen legen und zu seiner ursprünglichen

Form zusammenfügen. Als Beilage passen Spätzle, Kastanienpüree und Rosenkohl.

Varianten: Die Trauben kann man weglassen und dafür 3–4 Zwetschgen mit wenig Zwetschgenwasser pürieren und mit der Sauce etwa einkochen lassen. Oder die Trauben durch leicht karamelisierte Apfelscheiben ersetzen und die Sauce mit etwas Calvados abschmecken.
Schneller geht es, wenn man das Fleisch roh vom Knochen löst, in Scheiben schneidet und auf der Bräunungsplatte anbrät. Die Knochen in Stücke hacken und mit kleingeschnittenem Gemüse und Rotwein einen Wildfond kochen.

# Würzige Hühnergerichte

Mit frisch geschlachtetem Geflügel besonders gut

## Hühnerspießchen

im Bild vorne

Zutaten für 2 Personen:
2 Schalotten · 4 kleine
Champignons · 1 Hühner-
brüstchen (ohne Knochen)
1 kleiner Zucchino · 1 Teel.
Olivenöl · Salz, Pfeffer · Paprikapulver · 1 Teel. Rosmarinnadeln,
frisch gehackt

### Preiswert

Pro Person 660 kJ/160 kcal
Vorbereitungszeit: 15 Minuten
Garzeit:
600 (500) Watt          2 (2½) Minuten

**D**ie Schalotten schälen und
halbieren. Die Champi-
gnons putzen und gründlich
waschen. Das Fleisch in etwa
3 cm große Würfel schneiden.
Den Zucchino putzen, waschen
und in 3 cm dicke Scheiben
schneiden. • Alle diese Zutaten
abwechselnd auf 4 Spieße stek-
ken. Mit dem Olivenöl bestrei-

chen und mit Salz, Pfeffer, Paprika und dem Rosmarin bestreuen. • Die Spieße 2 (2½)
Minuten bei 600 (500) Watt
garen.

Mein Tip: Kreuzkümmel gibt
den Spießchen einen interes-
santen Geschmack.

Varianten: Den Zucchino durch
1 Aubergine ersetzen. In diesem Fall die Auberginenscheiben mit 1 Teelöffel Öl und
1 Eßlöffel Wasser 1 Minute bei
490 (500) Watt vordünsten.
Oder 1 Paprikaschote halbieren, entkernen, waschen, in
Vierecke schneiden und vordünsten, bevor das Gemüse auf
die Spieße gesteckt wird.

## Hähnchen
## mit Kapernsauce

im Bild hinten

Zutaten für 4 Personen:
1 Hähnchen (1–1,2 kg)

1–2 Schalotten · 1 Eßl. Butter
Salz, Pfeffer · 150 ccm Weißwein · 150 ccm Hühnerbrühe
2 Teel. Speisestärke
⅛ l Sahne · 1–2 Eßl. Kapern

### Gelingt leicht

Pro Person 1900 kJ/450 kcal
Vorbereitungszeit: 20 Minuten
Garzeit:

| | | |
|---|---|---|
| 600 (500) Watt | 4 | (4½) Minuten |
| 360 (330) Watt | 5 | (5¼) Minuten |
| 600 (500) Watt | 10 | (11½) Minuten |
| 600 (500) Watt | 3 | (3½) Minuten |
| Gesamtgarzeit: | 22 | (24¾) Minuten |

**D**as Hähnchen von der Haut
befreien und in 8 Stücke
teilen. Die Schalotten schälen
und hacken. • Die Fleischstücke
mit der Butter und den Schalotten in eine passende Schale geben. 4 (4½) Minuten bei 600
(500) Watt zugedeckt dünsten.
Mit Salz und Pfeffer bestreuen.
Den Weißwein darübergießen.
Die Brühe mit der Speisestärke
verrühren und dazufügen.
• Alles 5 (5¼) Minuten bei 360

(330) Watt zugedeckt garen.
Dann die Hühnerstücke herausnehmen und warm stellen.
• Die Sahne zur Sauce geben,
alles gut mischen und 10 (11½)
Minuten bei 600 (500) Watt
einkochen lassen. • Die Hühnerstücke und die Kapern in die
Sauce geben und zugedeckt
3 (3½) Minuten bei 600 (500)
Watt erhitzen.

Mein Tip: Dieses Gericht läßt
sich auch gut für 2 Personen
zubereiten (dazu eventuell
Hühnerstücke kaufen). Die
Garzeit reduziert sich dann um
etwa die Hälfte.

Varianten: Die Kapern durch
etwas gehackten Estragon ersetzen, den man zum Schluß
über das Gericht streut. Oder
kleine Karotten- oder Zucchini-
kugeln schneiden und diese
5 (5¼) Minuten bei 360 (330)
Watt mitgaren.

# Beliebte Eintopfgerichte

Mit Kartoffeln komplette Hauptmahlzeiten

## Irish-Stew

im Bild vorne

Zutaten für 4 Personen:

400 ccm Fleischbrühe

500 g Lammfleisch (Schulter)

2 Zwiebeln · 1 kleines Stück

Knollensellerie · 1 Karotte

2 große Kartoffeln · Salz, Pfeffer

**Spezialität aus Großbritannien**

Pro Person 2400 kJ/570 kcal
Vorbereitungszeit: 20 Minuten
Garzeit:

| | | | |
|---|---|---|---|
| 600 (500) Watt | 7 | (8) | Minuten |
| 600 (500) Watt | 4 | (4½) | Minuten |
| 600 (500) Watt | 2 | (2½) | Minuten |
| 490 (500) Watt | 8 | | Minuten |
| 490 (500) Watt | 20 | | Minuten |
| Gesamtgarzeit: | 41 | (43) | Minuten |

**D**ie Fleischbrühe 7 (8) Minuten bei 600 (500) Watt aufkochen. • Eine Bräunungsschale 4 (4½) Minuten bei 600 (500) Watt vorheizen. • Das Fleisch in 2½ cm große Würfel schneiden und 2 (2½) Minuten bei 600 (500) Watt anbraten. Die Fleischwürfel wenden und die Fleischbrühe angießen. • 8 Minuten zugedeckt bei 490 (500) Watt kochen. • Inzwischen die Zwiebeln schälen und feinschneiden. Den Sellerie, die Karotte und die Kartoffeln putzen, waschen und in dicke Scheiben schneiden. • Mit den Zwiebeln zum Fleisch geben und 20 Minuten zugedeckt bei 490 (500) Watt fertiggaren. • Das Gericht 2 Minuten zugedeckt stehenlassen, dann mit Salz und Pfeffer nach Geschmack würzen.

## Unterwaldner Eintopf

im Bild hinten

Zutaten für 3 Personen:

400 g Schweinefleisch (magerer Hals) · 1 kleine Zwiebel

1 Lauchstange · 2 Karotten

500 g Weißkohl oder Wirsing

200 g grüne Bohnen

2 Eßl. Butter

je ½ Teel. getrockneter Majoran und Thymian

300 ccm Fleischbrühe · Salz

Pfeffer · geriebene Muskatnuß

400 g Kartoffeln

**Gelingt leicht • Preiswert**

Pro Person 2800 kJ/670 kcal
Vorbereitungszeit: 30 Minuten
Garzeit:

| | | | |
|---|---|---|---|
| 600 (500) Watt | 2 | (2½) | Minuten |
| 600 (500) Watt | 3 | (3½) | Minuten |
| 490 (500) Watt | 4 | | Minuten |
| 490 (500) Watt | 45 | | Minuten |
| 490 (500) Watt | 15 | | Minuten |
| Gesamtgarzeit: | 69 | (70) | Minuten |

**D**as Fleisch in etwa 2 cm große Würfel schneiden. Die Zwiebel schälen und hakken. Den Lauch und die Karotten putzen, waschen und in Stücke schneiden. Den Kohl waschen, halbieren, die dicken Rippen entfernen und die Blätter in Streifen schneiden. Die Bohnen fädeln, waschen und halbieren. • Eine große Bräunungsschale 2 (2½) Minuten bei 600 (500) Watt vorheizen. Die Butter hineingeben und das Fleisch darin 3 (3½) Minuten bei 600 (500) Watt anbraten. • Die Zwiebel dazufügen und 4 Minuten zugedeckt bei 490 (500) Watt dünsten. Das Gemüse daraufgeben. Den Majoran, den Thymian und 200 ccm Fleischbrühe dazugeben. Mit Salz, Pfeffer und Muskat abschmecken. • Den Eintopf zugedeckt 45 Minuten bei 490 (500) Watt garen. • Die Kartoffeln schälen, waschen, kleinwürfeln und zum Fleisch geben. 15 Minuten zugedeckt bei 490 (500) Watt weitergaren. Die restliche Fleischbrühe untermischen.

# Gemüse, Aufläufe, Eintöpfe

Bißfest gegartes Gemüse, wie es die Chinesen seit Jahrhunderten zubereiten, wird von Feinschmeckern immer mehr geschätzt. In der Mikrowelle wird das Gemüse im eigenen Saft oder mit ganz wenig Wasser schonend gegart. Auf diese Weise bleibt sowohl die frische Farbe als auch der typische Eigengeschmack der Zutaten voll erhalten. Außerdem gehen durch die kurzen Garzeiten kaum Vitamine und Mineralstoffe verloren. Sie verbleiben im knapp bemessenen Sud, der anschließend verzehrt oder zu einer delikaten Sauce veredelt wird. Das Garen in der Mikrowelle kommt also auch unserer Gesundheit zugute. Sie finden in diesem Kapitel nicht nur feine Gemüsebeilagen, sondern auch komplette Hauptgerichte, Eintöpfe und köstliche Aufläufe, die nicht nur gut schmecken, sondern auch attraktiv aussehen. »Auberginen und Tomaten«, wie hier abgebildet, werden immer gerne gegessen. Das Rezept finden Sie auf Seite 101.

# Kohlrabi mit Käse

Auch mit Crème fraîche und Schinkenwürfeln sehr gut

### Zutaten für 2 Personen:
1 Eßl. Olivenöl oder Butter
400 g Kohlrabi · 1 mittelgroße
Zwiebel · Salz, Pfeffer
geriebene Muskatnuß
40 g Parmesan, frisch gerieben
150 ccm Gemüse- oder Fleischbrühe

**Gelingt leicht**

Pro Person 930 kJ/220 kcal
Vorbereitungszeit: 20 Minuten
Garzeit:
600 (500) Watt       10 (11½) Minuten

Eine flache Schale mit dem
Olivenöl oder der Butter
ausstreichen. Die Kohlrabi schälen und in Scheiben von
1–2 mm Dicke schneiden oder
hobeln. Die Zwiebel schälen
und hacken. • Die Kohlrabi lagenweise in die Form schichten.
Dabei jede Schicht mit wenig
Salz, Pfeffer, Muskat, Zwiebel-
würfeln und einem Teil des Par-
mesans bestreuen. Mit Kohlrabi
abschließen, dann die Brühe
darübergießen. Mit dem restlichen Parmesan bestreuen. • Die
Kohlrabi zugedeckt 10 (11½)
Minuten bei 600 (500) Watt
garen.

Mein Tip: Am besten werden
die Kohlrabi auf einer Gemüseraffel in Scheiben geschnitten.
Auf die beschriebene Art bleiben die Kohlrabi knackig. Wer
sie etwas mehr durchgegart be-
vorzugt, kann den Garvorgang
nach 5 Minuten unterbrechen
und die Kohlrabi wenden.

Varianten: Anstelle von Käse
kann man sehr kleine Schinkenwürfel über die Kohlrabi streu-
en. Oder die Kohlrabi in etwas
dickere Scheiben schneiden, mit
dicker saurer Sahne oder Crème
fraîche begießen, mit geriebenem Käse bestreuen und nochmals für 1 (1¼) Minute bei 600
(500) Watt erwärmen.

# Gurken in Mangosauce

Vertrautes Gemüse in exotischer Sauce

### Zutaten für 2 Personen:
1 mittelgroße Gurke
20 g Butter · Salz, Pfeffer
80 g Mango, geputzt gewogen
½ Teel. Sojasauce
1 Prise Cayennepfeffer
1 Teel. Zitronensaft
6 Eßl. Wasser

**Anspruchsvoll**

Pro Person 550 kJ/130 kcal
Vorbereitungszeit: 10 Minuten
Garzeit:
600 (500) Watt       6 (6½) Minuten
600 (500) Watt       1 (1¼) Minute
Gesamtgarzeit:       7 (7¾) Minuten

Die Gurke waschen, putzen
und quer in etwa 6 cm lange Stücke schneiden. Mit einem
Apfelausstecher die Kerne aus
der Mitte herauslösen. Danach
die Gurke in 2 mm dünne Scheiben schneiden. • Die Scheiben
mit der Butter in eine Schale legen. Mit Salz und Pfeffer bestreuen und 6 (6½) Minuten
zugedeckt bei 600 (500) Watt
garen. • Inzwischen für die Sauce die Mango schälen und das
Fleisch vom Stein lösen. Das
Mangofleisch mit der Sojasauce, dem Cayennepfeffer, dem
Zitronensaft und dem Wasser
im Mixer pürieren. • Das Püree
unter die Gurken mischen. Das
Ganze 1 (1¼) Minute bei 600
(500) Watt zugedeckt er-
wärmen.

Mein Tip: Beim Einkauf darauf
achten, daß die Mango reif
(weich) ist, damit die Sauce
aromatisch wird.

Variante: Gurken mit Mandeln
Die Gurkenringe wie oben beschrieben garen, erkalten lassen, dann mit 1 Becher Joghurt,
1 Eßlöffel geschälten, gemahlenen Mandeln und 3 durch-
gepreßten Knoblauchzehen
mischen. Mit Salz und Pfeffer
abschmecken.

# Gekochter Spargel

Mit zerlassener Butter, gewürfeltem Ei und Petersilie ein köstliches Gemüsegericht

| Zutaten für 2 Personen: |
| --- |
| 500 g Spargel · ⅛ l Wasser |
| 1 Prise Salz · 1 Prise Zucker |

**Gelingt leicht**

Pro Person 270 kJ/65 kcal
Vorbereitungszeit: 15 Minuten
Garzeit:
600 (500) Watt          8 (9) Minuten

**D**ie Spargelstangen schälen, von den Enden befreien, waschen und in eine Schale legen. Das Wasser, das Salz und den Zucker dazufügen. • Den Spargel zugedeckt bei 600 (500) Watt 8 (9) Minuten garen. Dabei den Spargel nach der Hälfte der Garzeit wenden. • Den Spargel zugedeckt 2 Minuten nachziehen lassen.

Mein Tip: Die Garzeit von Spargel ist je nach Qualität, Herkunft und Dicke der Stangen verschieden. Deshalb sollte man vor dem Servieren prüfen, ob das Gemüse gar ist. Wenn nötig, 1—2 Minuten weitergaren. Grüner Spargel muß in der Regel nicht geschält werden. Man benötigt deshalb davon für 2 Personen nur 400 g. Die Garzeit ist wie beim weißen Spargel, man sollte ihn aber 4 Minuten nachziehen lassen.

Varianten: Man kann den gegarten Spargel mit ½ gehackten, hart gekochten Ei, 1 Eßlöffel Petersilie und 1 Eßlöffel geriebenem Brot bestreuen und mit 40 g Butter 1 (1¼) Minute bei 600 (500) Watt erhitzen. Für Spargelsalat (im Bild hinten) die gegarten Spargelstangen in 3 cm lange Stücke schneiden. Wenig Salz mit 1 Eßlöffel Zitronensaft und ½ Teelöffel Senf gut mischen. 4 Eßlöffel Öl darunterrühren. Mit Sojasauce und Pfeffer abschmecken. Die Sauce mit dem noch lauwarmen Spargel mischen und mit gehacktem Estragon bestreuen. Besonders hübsch sieht der Salat aus, wenn man weißen und grünen Spargel gemischt verwendet.

# Gemüse mit Füllung oder feinen Saucen

Kreative Gemüsezubereitungen

## Gefüllte Champignons

im Bild vorne

| Zutaten für 2 Personen: |
| --- |
| 6 große Champignons |
| 2 schwarze Oliven |
| 1 Eßl. Sahne · 1 Eßl. Cognac |
| Salz, Pfeffer · 1 Teel. Butter |

**Gelingt leicht • Preiswert**

Pro Person 350 kJ/85 kcal
Vorbereitungszeit: 10 Minuten
Garzeit:
360 (330) Watt     2 (2¼) Minuten

**D**ie Champignons putzen und waschen. Die Stiele sorgfältig aus den Köpfen drehen und feinhacken. Die Oliven entsteinen und ebenfalls hacken. Beides mit der Sahne und dem Cognac mischen. Mit Salz und Pfeffer abschmecken. • Die Masse in die Pilzhüte füllen. Diese mit der gewölbten Seite nach unten in eine mit der Butter ausgestrichene Schale legen. Die Pilze 2 (2¼) Minuten bei 360 (330) Watt zugedeckt garen.

**Mein Tip:** Man kann die Champignons vor dem Garen mit frisch gehacktem Majoran oder Petersilie bestreuen. Das gibt dem Gericht mehr Farbe.

## Karotten mit Orangen

im Bild rechts

| Zutaten für 2 Personen: |
| --- |
| 350 g Karotten · 1 Orange |
| Salz, Pfeffer · ½ Teel. Zucker |
| 1 Eßl. Butter |

**Gelingt leicht • Preiswert**

Pro Person 690 kJ/160 kcal
Vorbereitungszeit: 10 Minuten
Garzeit:
490 (500) Watt     8 Minuten

**D**ie Karotten schälen, waschen und in etwa 2 mm dünne Scheiben schneiden. Die Orange heiß waschen, mit Küchenpapier trockentupfen und die Schale fein abreiben. Die Orange dann auspressen. • Die Karotten mit der Orangenscha-le und dem Saft in eine Schale geben. Mit Salz, Pfeffer und dem Zucker bestreuen. Die Butter in Flöckchen darüber verteilen. • Die Karotten zugedeckt bei 490 (500) Watt 8 Minuten garen.

**Mein Tip:** Man kann die Karotten vor dem Servieren mit feingehacktem Kerbel bestreuen.

## Sellerie mit Safransauce

im Bild links

| Zutaten für 2 Personen: |
| --- |
| 250 g Knollensellerie |
| 1 Prise Safranfäden |
| 1 Eßl. Butter |
| 6 Eßl. Fleischbrühe |
| Salz, Pfeffer |

**Besonders schnell**

Pro Person 540 kJ/130 kcal
Vorbereitungszeit: 10 Minuten
Garzeit:
600 (500) Watt     7 (8) Minuten

**D**en Sellerie schälen, waschen und in ½ cm dicke Scheiben, dann in 3 cm lange Stäbchen schneiden. • Den Sellerie in eine Schale legen. Den Safran, die Butter und die Fleischbrühe dazufügen und alles mit wenig Salz und Pfeffer bestreuen. • Den Sellerie 7 (8) Minuten zugedeckt bei 600 (500) Watt garen. Den Garprozeß dabei 3mal unterbrechen und den Sellerie durchrühren.

**Mein Tip:** Nicht zuviel Safran dazugeben, damit man den Selleriegeschmack noch wahrnehmen kann und sparsam salzen, da die Fleischbrühe bereits Salz enthält.

# Blattspinat und grüne Erbsen

Die beste Art, das feine Gemüse zu genießen

## Blattspinat mit Tomaten

im Bild vorne

Zutaten für 2 Personen:

1 Zwiebel · 100 g Blattspinat

1 Eßl. Butter · Salz, Pfeffer
geriebene Muskatnuß

1 Teel. Butter · 5 Cherry-
Tomaten · ½ Teel. Basilikum,
frisch gehackt

### Gelingt leicht

Pro Person 570 kJ/140 kcal
Vorbereitungszeit: 15 Minuten
Garzeit:

| | |
|---|---|
| 600 (500) Watt | 1 (1¼) Minute |
| 600 (500) Watt | 2 (2½) Minuten |
| 360 (330) Watt | 1 (1¼) Minute |
| Gesamtgarzeit: | 4 (5)  Minuten |

**D**ie Zwiebel schälen und hacken. Den Spinat verlesen, gründlich waschen, abtropfen lassen und in Streifen schneiden. • Die Zwiebel mit der Butter 1 (1¼) Minute bei 600 (500) Watt dünsten. • Den Spinat dazugeben, mit Salz, Pfeffer und Muskat würzen.

2 (2½) Minuten bei 600 (500) Watt zugedeckt garen. • Eine kleine flache Schale mit der Butter bestreichen. Die Tomaten waschen, halbieren und mit der gewölbten Seite nach unten in die Schale geben. Mit Salz, Pfeffer und dem Basilikum bestreuen und 1 (1¼) Minute bei 360 (330) Watt erwärmen. • Den Spinat anrichten und die Tomaten darauflegen.

Mein Tip: Anstelle der Cherry-Tomaten kann man auch Tomatenschnitze verwenden.

## Grüne Erbsen in Butter

im Bild hinten

Zutaten für 2 Personen:

½ Lauchstange

3 Eßl. Butter · 1 Eßl. Wasser

200 g grüne enthülste Erbsen

Salz, Pfeffer

### Besonders schnell

Pro Person 1400 kJ/330 kcal
Vorbereitungszeit: 10 Minuten
Garzeit:

| | |
|---|---|
| 600 (500) Watt | 1 (1¼) Minute |
| 600 (500) Watt | 2 (2½) Minuten |
| Gesamtgarzeit: | 3 (3¾) Minuten |

**D**en Lauch putzen, waschen und den weißen Teil hacken. Mit 1 Eßlöffel Butter und dem Wasser in eine Schale geben. • Den Lauch zugedeckt 1 (1¼) Minute bei 600 (500) Watt garen. • Die Erbsen hinzufügen und zugedeckt 2 (2½) Minuten bei 600 (500) Watt weitergaren. • Die restliche Butter in Flocken teilen und unter die Erbsen mischen. Mit Salz und Pfeffer abschmecken.

Mein Tip: Bei Verwendung von tiefgefrorenen Erbsen diese gefroren dazufügen und die Garzeit um 1 (1¼) Minute verlängern.

Varianten: Zur Abwechslung kann man gleich zu Beginn 50 g feingehackten Schinken dazugeben. Oder die Erbsen mit Perlzwiebeln garen und mit 1 Eßlöffel frisch gehackten Pfefferminzblättern bestreuen.

# Gemüsecurry

Für Freunde exotischer Gerichte

## Zutaten für 2 Personen:

70 g Blumenkohl · 70 g grüne
Bohnen · 70 g Knollensellerie
70 g Karotten · 1 kleine Zwiebel
3 Eßl. Weißwein
1−2 Teel. Currypulver (Madras)
1 mittelgroße Kartoffel
3 Eßl. Fleischbrühe
Salz, Pfeffer · 1 Teel. Butter

### Gelingt leicht

Pro Person 520 kJ/120 kcal
Vorbereitungszeit: 20 Minuten
Garzeit:

| | | | |
|---|---|---|---|
| 600 (500) Watt | 5 | (5½) | Minuten |
| 600 (500) Watt | 6 | (6½) | Minuten |
| Gesamtgarzeit: | 11 | (12) | Minuten |

**D**en Blumenkohl in kleine
Röschen teilen (den Strunk
entfernen und für eine Suppe
verwenden). Die Bohnen
halbieren. Den Sellerie und die
Karotten schälen. Das Gemüse
waschen und in kleine Würfel
schneiden. Die Zwiebel schälen
und hacken. • Das Gemüse außer dem Blumenkohl und die

Zwiebel mit dem Weißwein und
dem Currypulver in einer Schale
5 (5½) Minuten zugedeckt bei
600 (500) Watt garen. • Die
Kartoffel schälen, waschen und
kleinwürfeln. Mit den Blumenkohlröschen unter das Gemüse
mischen und mit der Fleischbrühe begießen. • Alles 6 (6½) Minuten bei 600 (500) Watt zugedeckt weitergaren. • Das
Gemüse mit Salz, Pfeffer und
eventuell noch etwas Curry
abschmecken. Die Butter unter
das Gemüse mischen.

Mein Tip: Man kann 1 Eßlöffel
Mango-Chutney durch ein Sieb
streichen und unter das Gemüse mischen. Oder die Fleischbrühe durch Sahne ersetzen.
Oder die Kartoffel weglassen
und das Gericht zuletzt mit ge-
gartem Reis mischen.

# Gemüsepastetchen

Als feine Vorspeise geeignet

## Zutaten für 2 Personen:

100 g Champignons
150 g Spargel · 1 Schalotte
100 g Blumenkohl- oder
Broccoliröschen
1 Teel. Kerbel, frisch gehackt
1 Eßl. Butter
Salz, Pfeffer · 3 Eßl. Fleischbrühe · 5 Eßl. Weißwein
1 Teel. Speisestärke
⅛ l Sahne · 2 Blätterteig-
pasteten (fertig gekauft)

### Anspruchsvoll

Pro Person 2300 kJ/550 kcal
Vorbereitungszeit: 20 Minuten
Garzeit:

| | | | |
|---|---|---|---|
| 600 (500) Watt | 7 | (8) | Minuten |
| 600 (500) Watt | 2 | (2½) | Minuten |
| 600 (500) Watt | 1 | (1¼) | Minute |
| Gesamtgarzeit: | 10 | (11¾) | Minuten |

**D**ie Champignons putzen,
waschen und vierteln. Den
Spargel schälen, waschen und
in kleine Stücke schneiden. Dabei die Spitzen ganzlassen. Die
Schalotte schälen und hacken.

• Die Champignons mit dem
Spargel, dem gewaschenen
Blumenkohl oder Broccoli, der
Schalotte, dem Kerbel und der
Butter in eine Schale geben und
mit Salz und Pfeffer würzen.
• Die Fleischbrühe hinzugießen
und das Gemüse zugedeckt
7 (8) Minuten bei 600 (500)
Watt garen. • Den Weißwein
mit der Speisestärke und der
Sahne gut verrühren. Unter das
Gemüse mischen und 2 (2½)
Minuten bei 600 (500) Watt
kochen. • Die Blätterteigpaste-
ten 1 (1¼) Minute bei 600
(500) Watt erhitzen. • Die Pasteten mit dem Gemüseragout
füllen und sofort servieren.

Mein Tip: Man kann die Gemü-
sefüllung je nach Jahreszeit
oder Lust und Laune zusam-
menstellen.

# Lattich im eigenen Saft

Mit Speck umwickelt wird's zur Hauptmahlzeit

| Zutaten für 2 Personen: |
| --- |
| 4 Lattichköpfe · 1 l Wasser |
| Salz, Pfeffer · geriebene |
| Muskatnuß · 1 kleine Zwiebel |
| 1 Eßl. Butter |
| 100 ccm Fleischbrühe |

## Gelingt leicht • Preiswert

Pro Person 620 kJ/150 kcal
Vorbereitungszeit: 10 Minuten
Garzeit:

| | | |
| --- | --- | --- |
| 600 (500) Watt | 2 (2½) | Minuten |
| 600 (500) Watt | 13 (14) | Minuten |
| Gesamtgarzeit: | 15 (16½) | Minuten |

**D**en Lattich putzen, waschen und in eine flache Schale legen. Mit dem Wasser begießen und mit Salz, Pfeffer und Muskat würzen. • Den Lattich 2 (2½) Minuten zugedeckt bei 600 (500) Watt vorkochen. • Die Zwiebel schälen und hacken. Das Gemüse aus der Form nehmen, gut abtropfen lassen, von den Strünken befreien und zu flachen Bündeln zusammenfalten. • Die Schale ausspülen,

abtrocknen, mit der Butter bestreichen und die Zwiebel daraufstreuen. Die Lattichbündel hineinlegen. • Die Fleischbrühe dazugießen und den Lattich 13 (14) Minuten zugedeckt bei 600 (500) Watt garen.

Mein Tip: Man kann die Lattichbündel vor dem Garen mit 1 dünnen Speckscheibe umwickeln. Anstelle von Lattich kann man auch Chinakohl verwenden.

Varianten: Die Lattichblätter vor dem Zusammenfalten mit gut gewürztem Hackfleisch füllen oder mit einer pikanten Tomatensauce servieren. Oder mit wenig Käsesauce begießen, mit geriebenem Käse bestreuen und nochmals 5 Minuten bei 490 (500) Watt in das Mikrowellengerät geben.

# Gefüllter Lauch

Als besondere Vorspeise geeignet

| Zutaten für 4 Personen: |
| --- |
| 2 Lauchstangen |
| 50 g Bauernbratwurstbrät |
| 1 Eigelb · 3 Eßl. Sahne |
| 1 Eßl. Petersilie, frisch gehackt |
| Salz, Pfeffer · 1 Teel. Butter |
| 3 Eßl. Weißwein |

## Anspruchsvoll

Pro Person 620 kJ/150 kcal
Vorbereitungszeit: 15 Minuten
Garzeit:

| | |
| --- | --- |
| 600 (500) Watt | 3 (3½) Minuten |

**D**en Lauch putzen, waschen, von dem groben Grün befreien und in etwa 10 cm lange Stücke schneiden. Die Lauchstücke längs bis zur Hälfte einschneiden. Etwas vom Inneren herausnehmen und sehr fein hacken. Den gehackten Lauch mit dem Wurstbrät, dem Eigelb, der Sahne und der Petersilie gut mischen. Mit Salz und Pfeffer abschmecken. Die Masse mit Hilfe eines Spritzbeutels oder einem Löffel in die Lauchstücke

füllen. • Die gefüllten Lauchstücke in eine mit der Butter ausgestrichene Schale legen. Mit dem Weißwein begießen und 3 (½) Minuten zugedeckt bei 600 (500) Watt garen. • Den Lauch zugedeckt etwa 5 Minuten stehenlassen, damit er noch etwas nachgaren kann.

Varianten: Man kann das Bratwurstbrät durch Mettwurst ersetzen. Oder Kartoffelpüree und Hackfleisch mit dem gehackten Lauch mischen und in die Stangen füllen. Wie beschrieben garen. Oder 100 g dicke Béchamelsauce (Rezept Seite 38) mit 1 Eßlöffel geriebenem Käse, dem gehackten Lauch und etwas feingehacktem Schinken mischen und in die Lauchstangen füllen.

# Feine Gemüsebeilagen

Nicht alltägliche Spezialitäten

## Karotten à la Vichy

im Bild links

Zutaten für 4 Personen:

400 g zarte Karotten · Salz

1 Teel. Zucker · 3 Eßl. Wasser

1 Eßl. Butter

1 Eßl. Petersilie, frisch gehackt

**Gelingt leicht**

Pro Person 360 kJ/85 kcal
Vorbereitungszeit: 15 Minuten
Garzeit:
600 (500) Watt        8 (9) Minuten

**D**ie Karotten putzen, waschen und in ½ cm dicke Scheiben schneiden. In eine passende Schale legen und mit Salz und dem Zucker bestreuen. Das Wasser und die in Flocken geteilte Butter darübergeben. • Die Karotten zugedeckt 8 (9) Minuten bei 600 (500) Watt garen. Alles gut mischen und eventuell nachwürzen. Mit der Petersilie bestreut servieren.

**Varianten:** Man kann das Wasser durch Madeira ersetzen. In diesem Fall nur ½ Teelöffel Zucker hinzufügen. Es lassen sich auch kleine Frühlingskarotten im ganzen auf diese Art zubereiten (ein Stückchen Grün daranlassen).

## Maiskolben in Butter

im Bild hinten

Zutaten für 2 Personen:

2 Maiskolben

30 g zimmerwarme Butter

Salz, Pfeffer

**Preiswert**

Pro Person 1100 kJ/260 kcal
Vorbereitungszeit: 10 Minuten
Garzeit:
600 (500) Watt        4   (4½) Minuten
600 (500) Watt        5   (5½) Minuten
Gesamtgarzeit:        9 (10)   Minuten

**D**ie Maiskolben schälen und waschen. Die Butter mit etwas Salz und Pfeffer mischen

und die Maiskolben damit bestreichen. • Eine Bräunungsplatte 4 (4½) Minuten bei 600 (500) Watt vorheizen. • Den Mais hineinlegen und offen 5 (5½) Minuten bei 600 (500) Watt braten. Sofort servieren.

**Mein Tip:** Auf diese Art zubereitete Maiskolben schmecken besonders gut. Wer sie lieber gedämpft hat, kann sie mit 2 Eßlöffeln Wasser in eine Schale geben und zugedeckt 10 (11½) Minuten bei 600 (500) Watt garen. In diesem Fall die Butter getrennt dazu servieren und bei Tisch auf den heißen Maiskolben zerfließen lassen. Am besten verwendet man gesalzene Butter.

## Zuckerschoten mit Sojasauce

im Bild vorne

Zutaten für 2 Personen:

1 Zwiebel · 1 Teel. Butter

250 g Zuckerschoten (Kefen)

1 Teel. Sojasauce · ¼ Teel.

Essig · 3 Eßl. Wasser

Salz, Pfeffer · 1 Eßl. Butter

**Etwas teurer**

Pro Person 880 kJ/210 kcal
Vorbereitungszeit: 20 Minuten
Garzeit:
600 (500) Watt        1   (1¼) Minute
490 (500) Watt        15        Minuten
Gesamtgarzeit:        16 (16¼) Minuten

**D**ie Zwiebel schälen, hacken und mit dem Teelöffel Butter in eine Schale geben. • Zugedeckt 1 (1¼) Minute bei 600 (500) Watt dünsten. • Die Zuckerschoten fädeln, waschen und hinzufügen. Die Sojasauce, den Essig und das Wasser mischen. Über dem Gemüse verteilen. Mit wenig Salz und Pfeffer bestreuen. • Das Gemüse 15 Minuten zugedeckt bei 490 (500) Watt garen. Dabei etwa alle 3 Minuten umrühren. • Die Butter vor dem Servieren in Flocken unterrühren.

# Köstliches Wintergemüse

Spezialitäten der kalten Jahreszeit

## Rotkraut in Wein

im Bild vorne

Zutaten für 3 Personen:

500 g Rotkraut · 1 Zwiebel

1 Eßl. Butter · 1 Prise

gemahlener Kümmel · 1 Teel.

Dill, frisch gehackt · Salz, Pfeffer

⅛ l Rotwein

⅛ l Fleischbrühe

### Gelingt leicht

Pro Person 610 kJ/150 kcal
Vorbereitungszeit: 15 Minuten
Garzeit:

| | | |
|---|---|---|
| 600 (500) Watt | 1 | (1¼) Minute |
| 490 (500) Watt | 40 | Minuten |
| Gesamtgarzeit: | 41 (41¼) Minuten | |

**D**en Krautkopf putzen, halbieren, die dicken Rippen und den Strunk entfernen. Die Blätter waschen und in feine Streifen schneiden. Die Zwiebel schälen, hacken und mit der Butter in eine Schale geben. • 1 (1¼) Minute bei 600 (500) Watt zugedeckt dünsten. • Das Rotkraut, den Kümmel und den Dill, wenig Salz und Pfeffer, den Rotwein und die Fleischbrühe hinzufügen. • Das Kraut zugedeckt 40 Minuten bei 490 (500) Watt garen.

## Gedünsteter Rosenkohl

im Bild links

Zutaten für 2 Personen:

300 g Rosenkohl · 1 Zwiebel

Salz, Pfeffer · 3 Eßl. Wasser

oder Fleischbrühe · 20 g Butter

### Besonders schnell

Pro Person 720 kJ/170 kcal
Vorbereitungszeit: 15 Minuten
Garzeit:

| | |
|---|---|
| 600 (500) Watt | 6 (6½) Minuten |

**D**en Rosenkohl putzen und waschen. Die Zwiebel schälen und hacken. • Den Kohl mit der Zwiebel, wenig Salz und Pfeffer, dem Wasser oder der Fleischbrühe in eine Schale geben. • Den Rosenkohl zugedeckt 6 (6½) Minuten bei 600 (500) Watt garen. Das Gemüse abgießen und die Butter in Flöckchen darauf verteilen.

_Mein Tip:_ Mit Fleischbrühe zubereitet, wird das Gemüse im Geschmack kräftiger. Man kann die Rosenkohlröschen vierteln, dann verkürzt sich die Garzeit um etwa 2 Minuten.

## Gedünstete Schwarzwurzeln

im Bild hinten

Zutaten für 2 Personen:

250 g Schwarzwurzeln

1 Eßl. Zitronensaft

1 Eßl. Butter · ⅛ l Fleisch- oder

Gemüsebrühe oder Wasser

Salz, Pfeffer

### Gelingt leicht

Pro Person 740 kJ/180 kcal
Vorbereitungszeit: 15 Minuten
Garzeit:

| | |
|---|---|
| 600 (500) Watt | 15 (17) Minuten |

**D**ie Schwarzwurzeln schälen, waschen und schräg in Scheiben oder Stücke schneiden. Die Schwarzwurzeln in Zitronenwasser legen, damit sie sich nicht verfärben. • Die Schwarzwurzeln abtropfen lassen und mit der Butter und der Brühe oder dem Wasser in eine Schale legen. Mit Salz und Pfeffer bestreuen. • Die Schwarzwurzeln 15 (17) Minuten bei 600 (500) Watt zugedeckt garen. Abtropfen lassen und sofort servieren.

_Mein Tip:_ Zum Schälen der Schwarzwurzeln sollte man Gummihandschuhe tragen, sonst bekommt man braune Finger.

# Chicorée im eigenen Saft

Mit gewürfeltem Ei und Petersilie besonders delikat

## Zutaten für 4 Personen:
4 Stauden Chicorée · Salz
Pfeffer · 3 Eßl. Fleischbrühe
oder Wasser · 2 Eßl. Butter

### Gelingt leicht

Pro Person 420 kJ/100 kcal
Vorbereitungszeit: 10 Minuten
Garzeit:
600 (500) Watt  10 (11½) Minuten

Den Chicorée putzen, waschen und längs halbieren.
Nebeneinander in eine flache
Schale legen. Mit Salz und Pfeffer bestreuen und mit der
Fleischbrühe oder dem Wasser
begießen. Die Butter in Flocken
darüber verteilen. • Den Chicorée zugedeckt 10 (11½) Minuten bei 600 (500) Watt garen.
• Den Chicorée zugedeckt
2 Minuten stehenlassen, dann
aus dem Saft heben und servieren.

Mein Tip: Wer den leicht bitteren Geschmack von Chicorée

nicht schätzt, schneidet vor
dem Garen ein kegelförmiges
Stück des festen Strunks heraus. Der Saft, der beim Garen
entsteht, kann abgegossen und
mit 1 Eßlöffel Portwein oder
Sahne 2 (2½) Minuten bei 600
(500) Watt offen eingekocht
werden. Den Saft dann über
das Gemüse gießen.

Varianten: Den Chicorée vor
dem Garen in je 1 dünne Schinkenscheibe hüllen. Wie oben
beschrieben garen. Oder 1 hart
gekochtes Ei hacken und mit
2 Eßlöffeln gehackter Petersilie
über den Chicorée streuen.
30 g Butter bei 600 (500) Watt
1 (1¼) Minute erhitzen und
darübergießen.

# Fenchel mit Pfefferminze

Originell gewürzt

## Zutaten für 2 Personen:
400 g Fenchel · Salz, Pfeffer
1 Teel. Pfefferminzblätter,
frisch gehackt · 1 Prise Zucker
6 Eßl. Wasser · 1 Limette
2 Eßl. Butter
1 Prise Cayennepfeffer

### Anspruchsvoll

Pro Person 1100 kJ/260 kcal
Vorbereitungszeit: 15 Minuten
Garzeit:
600 (500) Watt  7  (8)  Minuten
600 (500) Watt  2  (2½) Minuten
Gesamtgarzeit:  9 (10½) Minuten

Den Fenchel putzen, waschen und in ½ cm breite
Scheiben schneiden. In eine
Schale legen und mit Salz, Pfeffer, der Pfefferminze und dem
Zucker bestreuen. • Das Wasser
darübergießen und den Fenchel
7 (8) Minuten bei 600 (500)
Watt zugedeckt garen. • Die
Limette heiß waschen, abtrocknen und die Schale abreiben.
Die Limette dann auspressen.

Den Saft und die Schale zum
Fenchel geben. • Alles gut mischen und weitere 2 (2½) Minuten bei 600 (500) Watt zugedeckt garen. • Die Butter in
Flöckchen teilen und vor dem
Servieren unter den Fenchel mischen. Mit dem Cayennepfeffer
abschmecken.

Mein Tip: Anstelle von Butter
kann man dem Gericht auch
saure Sahne hinzufügen. Der
Limettensaft läßt sich durch
frisch gepreßten Grapefruit-
oder Orangensaft ersetzen.
In diesem Fall etwas mehr
Cayennepfeffer verwenden
und die Pfefferminze weglassen
oder durch Zitronenmelisse
ersetzen.

# Zarte Kohlgerichte

Leicht bekömmlich und fein

## Broccoli mit Ingwersauce

im Bild rechts

Zutaten für 2 Personen:

250 g Broccoli · ⅛ l Sahne

1 Eßl. Wasser · Salz, Pfeffer

½ Teel. Ingwerwurzel, frisch gerieben oder Ingwerpulver

### Gelingt leicht • Preiswert

Pro Person 990 kJ/240 kcal
Vorbereitungszeit: 15 Minuten
Garzeit:

| | | |
|---|---|---|
| 490 (500) Watt | 7 | Minuten |
| 600 (500) Watt | 1 (1¼) | Minute |
| Gesamtgarzeit: | 8 (8¼) | Minuten |

**D**ie Broccoliröschen von den Stengeln schneiden. Die Stengel in 1 cm dicke Stücke schneiden. Den Broccoli waschen und in eine Schale legen. Mit etwa 6 Eßlöffeln Sahne und dem Wasser begießen. Mit Salz und Pfeffer würzen. • Den Broccoli 7 Minuten zugedeckt bei 490 (500) Watt garen. Dann aus der Schale nehmen.

• Die restliche Sahne und den Ingwer zur Sauce geben. 1 (1¼) Minute bei 600 (500) Watt aufkochen. Die Sauce über dem Broccoli verteilen.

## Broccoli mit Pinienkernen

im Bild vorne

Zutaten für 2 Personen:

250 g Broccoli · Salz, Pfeffer

4 Eßl. Wasser · 1 Eßl. Butter

1 Eßl. Pinienkerne

### Spezialität aus Italien

Pro Person 700 kJ/170 kcal
Vorbereitungszeit: 15 Minuten
Garzeit:

| | | |
|---|---|---|
| 490 (500) Watt | 7 | Minuten |
| 600 (500) Watt | 1 (1¼) | Minute |
| Gesamtgarzeit: | 8 (8¼) | Minuten |

**D**ie Broccoliröschen von den Stengeln schneiden. Die Stengel in ½ cm dicke Scheiben schneiden. Den Broccoli waschen. • Die Broccolischeiben in

eine Form legen, die Röschen darauf verteilen. Mit Salz und Pfeffer würzen und das Wasser dazugeben. • Den Broccoli zugedeckt 7 Minuten bei 490 (500) Watt garen. • Die Butter mit den Pinienkernen in eine kleine Schale geben. 1 (1¼) Minute bei 600 (500) Watt erhitzen. • Das Wasser von dem Broccoli abgießen. Die Pinienkerne mit der Butter über dem Gemüse verteilen.

## Blumenkohl mit Schinken und Petersilie

im Bild links

Zutaten für 2 Personen:

50 g gekochter Schinken

1 Eßl. Butter · 300 g Blumenkohlröschen · 4 Eßl. Wasser

Salz, Pfeffer · 3 Eßl. Sahne

2 Eßl. Petersilie, frisch gehackt

### Gelingt leicht

Pro Person 1100 kJ/260 kcal
Vorbereitungszeit: 15 Minuten
Garzeit:

| | | |
|---|---|---|
| 600 (500) Watt | 1 (1¼) | Minute |
| 490 (500) Watt | 9 | Minuten |
| 600 (500) Watt | 2 (2½) | Minuten |
| Gesamtgarzeit: | 12 (12¾) | Minuten |

**D**en Schinken kleinwürfeln. Mit der Butter in eine Schale geben und 1 (1¼) Minute bei 600 (500) Watt garen. • Die Blumenkohlröschen waschen, hinzufügen und mit dem Wasser begießen. Mit Salz und Pfeffer würzen. • Den Blumenkohl zugedeckt 9 Minuten bei 490 (500) Watt garen. • Die Sahne und die Petersilie dazugeben und alles 2 (2½) Minuten bei 600 (500) Watt fertiggaren.

Variante: 1 hart gekochtes Ei hacken, mit 1 Eßlöffel gehackter Petersilie, 1 Eßlöffel Semmelbrösel und 30 g Butter mischen und 1 (1¼) Minute bei 600 (500) Watt erhitzen. Über dem Blumenkohl verteilen.

# Mangold und Wirsing für Feinschmecker

Gemüse, das oft in Vergessenheit gerät

## Sahnewirsing mit Estragon

im Bild links

Zutaten für 2 Personen:

500 g Wirsing · 1 Schalotte

1 Eßl. Butter · ½ Teel. Mehl

2 Eßl. Weißwein · 200 g Sahne

Salz, Pfeffer

½ Teel. Estragon, frisch gehackt

**Preiswert**

Pro Person 2000 kJ/480 kcal
Vorbereitungszeit: 15 Minuten
Garzeit:

| | | |
|---|---|---|
| 600 (500) Watt | 2 | (2½) Minuten |
| 490 (500) Watt | 14 | Minuten |
| Gesamtgarzeit: | 16 | (16½) Minuten |

**D**en Wirsing putzen und waschen. Die dicken Rippen entfernen und die Blätter in feine Streifen schneiden. • Die Schalotte schälen, hacken und in der Butter 2 (2½) Minuten bei 600 (500) Watt dünsten. • Den Wirsing hinzufügen, gut mischen, mit dem Mehl bestäuben und mit dem Wein und der

Sahne begießen. Wenig Salz, Pfeffer und den Estragon dazugeben und alles gut mischen. • Den Wirsing zugedeckt 14 Minuten bei 490 (500) Watt garen. Dann nach Bedarf nochmals abschmecken.

Mein Tip: Noch feiner wird dieses Gemüse, wenn man den Wein und die Sahne vor der Zugabe des Wirsings bei 600 (500) Watt 2 (2½) Minuten einkochen läßt. In diesem Fall das Mehl weglassen.

Variante: Sahnelauch
400 g geputzten Lauch in 1 cm dicke Ringe schneiden und in 1 Eßlöffel Butter 2 (2½) Minuten bei 600 (500) Watt dünsten. Dann weitere 8 Minuten bei 490 (500) Watt zugedeckt dünsten.

## Gefüllte Mangoldblätter

im Bild rechts

Zutaten für 4 Personen:

800 g Mangold · Salz, Pfeffer

⅛ l Gemüsebrühe · 20 g Butter

**Gelingt leicht**

Pro Person 350 kJ/85 kcal
Vorbereitungszeit: 25 Minuten
Garzeit:

| | | |
|---|---|---|
| 490 (500) Watt | 8 | Minuten |
| 600 (500) Watt | 1 | (1¼) Minute |
| Gesamtgarzeit: | 9 | (9¼) Minuten |

**D**ie Mangoldblätter vorsichtig von den Stielen lösen, waschen, abtropfen lassen und auf der Arbeitsfläche ausbreiten. Die Mangoldstiele putzen, ebenfalls waschen und in 2 cm breite Streifen schneiden. Die Stücke auf die Mangoldblätter legen. Mit Salz und Pfeffer bestreuen. Die Blätter zusammenrollen und mit den Enden nach unten in eine breite Schüssel legen. Die Pakete mit der Gemüsebrühe begießen. • Zugedeckt

bei 490 (500) Watt 8 Minuten garen. Das Gemüse herausnehmen und gut abtropfen lassen. • Die Butter in eine kleine Schale geben und 1 (1¼) Minute bei 600 (500) Watt schmelzen lassen. Das Gemüse damit beträufeln.

Mein Tip: Man kann die Gemüsebrühe durch Sahne ersetzen und die Sauce nach dem Garen mit ½ Teelöffel Speisestärke binden. Die Mangoldblätter können auch wie Spinat zubereitet werden. Dazu werden sie gehackt und mit Schalotten gedünstet.

Varianten: Man kann auch frische oder tiefgefrorene Erbsen mit den Krautstielen mischen. Oder 1 geschälte Tomate entkernen, kleinschneiden, mit den Krautstielen in die Blätter wickeln und mit einer pikanten Tomatensauce servieren.

# Apfelsauerkraut

Mit Speck besonders herzhaft

# Sellerie mit Apfelweinsauce

Originell und köstlich

| Zutaten für 3 Personen: |
|---|
| 1 Zwiebel · 1 Eßl. Butter |
| 1 Apfel · 500 g Sauerkraut |
| 1 Lorbeerblatt |
| 4–5 Wacholderbeeren |
| 400 ccm Fleischbrühe |
| ⅛ l Weißwein · Pfeffer |

**Preiswert**

Pro Person 730 kJ/170 kcal
Vorbereitungszeit: 10 Minuten
Garzeit:

| | | | |
|---|---|---|---|
| 600 (500) Watt | 1 | (1¼) | Minute |
| 600 (500) Watt | 50 | (58) | Minuten |
| Gesamtgarzeit: | 51 | (59¼) | Minuten |

**D**ie Zwiebel schälen, hacken und mit der Butter in eine Schale geben. 1 (1¼) Minute bei 600 (500) Watt zugedeckt dünsten. • Den Apfel schälen und auf der groben Seite der Gemüseraffel reiben. Mit dem Sauerkraut, dem Lorbeerblatt, den leicht zerdrückten Wacholderbeeren, der Fleischbrühe und dem Weißwein zu der Zwiebel geben. • Alles gut mischen und zugedeckt bei 600 (500) Watt 50 (58) Minuten garen. Dabei etwa alle 10 Minuten umrühren. • Das Kraut mit Pfeffer würzen. Sollte beim Anrichten zuviel Saft vorhanden sein, etwas davon abgießen.

Varianten: Man kann zusätzlich 1 Kartoffel feinreiben und unter das Kraut geben. Dadurch wird der Saft teilweise gebunden, und das Kraut wird milder im Geschmack. Oder etwas feingewürfelten Speck mit der Zwiebel dünsten. Oder gepökeltes beziehungsweise geräuchertes Schweinefleisch mitgaren oder im Kraut erwärmen. In diesem Fall muß die Garzeit verlängert werden (je nach Größe und Dicke des Fleischstückes).

| Zutaten für 2 Personen: |
|---|
| 1 Zwiebel · 1 Eßl. Butter |
| 400 g Stangensellerie |
| 1 Teel. Mehl · Salz, Pfeffer |
| ½ Teel. Paprikapulver |
| 3 Eßl. Apfelwein · 4 Eßl. Milch |
| ⅛ l Sahne · ½ Eßl. Petersilie, frisch gehackt |

**Anspruchsvoll**

Pro Person 1500 kJ/360 kcal
Vorbereitungszeit: 10 Minuten
Garzeit:

| | | | |
|---|---|---|---|
| 600 (500) Watt | 2 | (2½) | Minuten |
| 600 (500) Watt | 2 | (2½) | Minuten |
| 490 (500) Watt | 1 | | Minute |
| 490 (500) Watt | 5 | | Minuten |
| 490 (500) Watt | 4 | | Minuten |
| Gesamtgarzeit: | 14 | (15) | Minuten |

**E**ine Bräunungsschale 2 (2½) Minuten bei 600 (500) Watt vorheizen. • Die Zwiebel schälen, hacken und mit der Butter hineingeben. 2 (2½) Minuten bei 600 (500) Watt dünsten. • Den Sellerie putzen, waschen und in 2 cm lange Stücke schneiden. Hinzufügen und mit der Zwiebel mischen. • 1 Minute zugedeckt bei 490 (500) Watt weich dünsten. Mit dem Mehl, wenig Salz, Pfeffer und dem Paprika bestreuen. Den Apfelwein, die Milch und die Sahne dazugießen. • Das Gemüse 5 Minuten zugedeckt bei 490 (500) Watt garen. Dann den Deckel abnehmen und das Gemüse nochmals 4 Minuten bei 490 (500) Watt garen und mit der Petersilie bestreuen.

Varianten: Mangold kann man auf dieselbe Art zubereiten. Oder den Apfelwein durch Weißwein ersetzen und das Paprikapulver weglassen. Oder Kohlrabi schälen, halbieren und in ½ cm dicke Scheiben schneiden. 8 Minuten bei 490 (500) Watt garen.

# Pikant gefülltes Gemüse

Feine Vorspeisen für besondere Gelegenheiten

## Gefüllte Tomaten mit Spinat und Quark

im Bild vorne

Zutaten für 2 Personen:

1 Schalotte · 1 Knoblauchzehe

50 g Blattspinat

2 Eßl. Walnußkerne, feingehackt

1 Teel. Butter

2 Eßl. Sahnequark

1 Eigelb · 1 Eßl. Greyerzer, frisch gerieben · Salz, Pfeffer

2 große, feste Tomaten

### Gelingt leicht

Pro Person 1200 kJ/290 kcal
Vorbereitungszeit: 20 Minuten
Garzeit:

| | |
|---|---|
| 490 (500) Watt | 2 Minuten |
| 490 (500) Watt | 1 Minute |
| Gesamtgarzeit: | 3 Minuten |

**D**ie Schalotte schälen und hacken. Den Knoblauch schälen und durch die Presse drücken. Den Spinat verlesen, gründlich waschen und grob-

hacken. • Die Schalotte, den Knoblauch, den Spinat und die Walnüsse mit der Butter in eine Schale geben. 2 Minuten bei 490 (500) Watt garen. • Den Quark mit dem Eigelb und dem Käse mischen. Unter die vorgegarte Mischung ziehen und mit Salz und Pfeffer abschmecken. Die Tomaten waschen, quer halbieren und etwas aushöhlen. Mit der Masse füllen. • Die Tomaten in die Schale setzen und 1 Minute bei 490 (500) Watt zugedeckt garen.

Mein Tip: Man kann die Tomaten nach Belieben vor dem Füllen schälen.

Variante: 1 gehackte Schalotte mit 100 g gewürfelten Roten Beten, 2 Eßlöffeln Salamiwürfeln und kleinen Toastbrotwürfeln, 1 Teelöffel gehacktem Thymian und 1 Teelöffel Butter 2 (2½) Minuten zugedeckt bei 600 (500) Watt dünsten. Die Masse mit Salz und Pfeffer ab-

schmecken und in die vorbereiteten Tomaten füllen. Die Tomaten 1 Minute bei 490 (500) Watt garen.

## Gefüllte Zwiebeln mit Hackfleisch

im Bild hinten

Zutaten für 4 Personen:

4 große Zwiebeln

200 g gemischtes Hackfleisch

½ Teel. getrockneter Thymian

½ Teel. getrockneter Majoran

2 Eßl. altbackenes Weißbrot, feingerieben · 1 Eigelb

Salz, Pfeffer

3 Eßl. Fleischbrühe

### Anspruchsvoll

Pro Person 900 kJ/210 kcal
Vorbereitungszeit: 20 Minuten
Garzeit:

| | | |
|---|---|---|
| 600 (500) Watt | 2 | (2½) Minuten |
| 490 (500) Watt | 10 | Minuten |
| Gesamtgarzeit: | 12 (12½) Minuten | |

**D**ie Zwiebeln schälen. Das obere Drittel der Zwiebeln abschneiden und beiseite legen. Die Zwiebeln so aushöhlen, daß noch zwei Schichten stehenbleiben. Die Hälfte des ausgehöhlten Zwiebelfleisches feinhacken (den Rest für eine Suppe oder ein anderes Gericht verwenden). • Das Hackfleisch ungewürzt in eine flache Schale geben und bei 600 (500) Watt 2 (2½) Minuten garen. Die gehackten Zwiebeln, die Kräuter, das Brot und das Eigelb mit dem Fleisch mischen. Mit Salz und Pfeffer abschmecken und die Masse in die Zwiebeln füllen. Die abgeschnittenen Deckel der Zwiebeln wieder daraufsetzen. • Die gefüllten Zwiebeln in eine Schale stellen. Die Fleischbrühe dazugießen und die Zwiebeln zugedeckt 10 Minuten bei 490 (500) Watt garen.

Mein Tip: Besonders gut wird dieses Gericht mit violetten milden Zwiebeln.

# Auberginen mit Tomaten

Eine reizvolle Kombination

## Paprikaschoten mit Mais

Gut als Vorspeise geeignet

Zutaten für 2 Personen:
1½ Eßl. Butter · 1 mittelgroße
Aubergine · 2 große, reife
Tomaten · Salz, Pfeffer
2 Eßl. Haselnüsse, feingemahlen
1 Teel. Thymianblättchen
1 Knoblauchzehe
1 Eßl. Petersilie, frisch gehackt

**Gelingt leicht • Preiswert**

Pro Person 1100 kJ/260 kcal
Vorbereitungszeit: 15 Minuten
Garzeit:
600 (500) Watt       5 (5½) Minuten

Eine runde flache Form mit wenig Butter bestreichen. Die Aubergine und die Tomaten waschen, vom Stielansatz befreien und in sehr dünne Scheiben schneiden. • Die Scheiben abwechselnd kreisförmig in der Form anordnen. Das Gemüse mit Salz, Pfeffer, den Haselnüssen und dem Thymian bestreuen. Den Knoblauch schälen und durch die Presse darüberpressen. Mit der Peter-silie bestreuen und die restliche Butter in Flöckchen über dem Gemüse verteilen. • Das Gemüse zugedeckt bei 600 (500) Watt 5 (5½) Minuten dünsten.

Mein Tip: Dieses Gericht ist eine leichte Beilage zu Risotto oder Fleisch ohne Sauce.

Varianten: Die Aubergine durch Zucchini oder hauchdünn geschnittene Kartoffeln ersetzen. Oder die Haselnüsse, den Thymian und die Petersilie weglassen und das Gericht vor dem Servieren mit viel Basilikum und etwas mehr Knoblauch bestreuen. Oder die Scheiben etwas dicker schneiden und die Garzeit um 1 Minute verlängern. Das Gericht mit dünnen, gut schmelzenden Käsescheiben belegen und nochmals 1 Minute bei 490 (500) Watt garen. Mit viel Pfeffer bestreuen.

Zutaten für 2 Personen:
1 rote oder grüne
Paprikaschote
Salz, Pfeffer · 1 Zwiebel
200 g Zuckermais (Dose)
1 Eßl. Butter

**Gelingt leicht • Preiswert**

Pro Person 920 kJ/220 kcal
Vorbereitungszeit: 15 Minuten
Garzeit:
600 (500) Watt       5 (5½) Minuten
490 (500) Watt       2       Minuten
Gesamtgarzeit:       7 (7½) Minuten

Die Paprikaschote waschen, längs halbieren, entkernen und mit Salz und Pfeffer bestreuen. Die Zwiebel schälen, hacken und auf den Hälften verteilen. Die beiden Hälften so wieder zusammenlegen, daß die ursprüngliche Form entsteht und mit Küchengarn zusammenbinden. • Die Schote in eine tiefe Schale legen und bei 600 (500) Watt 5 (5½) Minuten zugedeckt garen. • Das Küchen-garn entfernen und die Schotenhälften wieder in die Schale legen. Den Mais mit der in Flöckchen geteilten Butter, den Zwiebeln aus den Schotenhälften sowie Salz und Pfeffer mischen. • Die Masse in die Schotenhälften füllen und zugedeckt 2 Minuten bei 490 (500) Watt garen.

Mein Tip: Die Füllung sieht noch attraktiver aus, wenn man etwas kleingewürfelte rote Paprikaschote und grüne Erbsen unter den Mais mischt.

# Ratatouille

Erinnerung an Südfrankreich

Zutaten für 4 Personen:

1 mittelgroße Aubergine

1 mittelgroßer Zucchino

3 Eßl. Olivenöl · 1 große

Zwiebel · 1 rote Paprikaschote

2 reife Tomaten · Salz, Pfeffer

1 Zweig Petersilie · 1 Zweig

Thymian · 1 Zweig Basilikum

1 Lorbeerblatt

3 Knoblauchzehen

6 Eßl. Rotwein

## Spezialität aus Nizza

Pro Person 740 kJ/180 kcal
Vorbereitungszeit: 15 Minuten
Garzeit:

| | | |
|---|---|---|
| 600 (500) Watt | ½ | (¾) Minute |
| 600 (500) Watt | 1 | (1¼) Minute |
| 600 (500) Watt | 5 | (5½) Minuten |
| 600 (500) Watt | 1 | (1¼) Minute |
| Gesamtgarzeit: | 7½ | (8¾) Minuten |

Die Aubergine und den Zucchino waschen, von Stiel- und Blütenansatz befreien und in Scheiben schneiden. Das Olivenöl in eine große Schale geben und ½ (¾) Minute bei 600 (500) Watt erhitzen. • Die Auberginenscheiben hineinlegen. Zugedeckt 1 (1¼) Minute bei 600 (500) Watt dünsten. • Die Zwiebel schälen, halbieren und in Streifen schneiden. Die Paprikaschote halbieren, entkernen, waschen und in etwa 2 cm breite Streifen teilen. Die Tomaten waschen, vom Stielansatz befreien, achteln und leicht auspressen. • Das vorbereitete Gemüse zu den Auberginen geben. Mit wenig Salz und viel Pfeffer bestreuen. Die Petersilie, den Thymian, das Basilikum und das Lorbeerblatt mit einem Faden zusammenbinden. Die Knoblauchzehen schälen und mit dem Kräutersträußchen unter das Gemüse mischen. Mit dem Rotwein begießen. • Die Ratatouille zugedeckt 5 (5½) Minuten bei 600 (500) Watt dünsten. Das Gemüse in ein Sieb geben und den Saft wieder in die Schale gießen. 1 (1¼) Minute bei 600 (500) Watt einkochen lassen. • Das Kräutersträußchen und die Knoblauchzehen aus dem Gemüse entfernen. Die Sauce nach Bedarf nachwürzen und über das Gemüse gießen.

# Köstliche Zucchinigerichte

Besonders feine Beilagen

## Zucchiniflan

im Bild vorne

| Zutaten für 4 Personen: |
| --- |
| 300 g kleine Zucchini |
| 2 Eßl. Wasser · 1 Teel. Butter |
| 50 g Camembert · 2 Eier |
| 2 Eigelbe · 3 Eßl. Sahne |
| 1 Knoblauchzehe · Salz, Pfeffer |
| 1 Teel. Thymianblättchen |

### Anspruchsvoll • Preiswert

Pro Person 730 kJ/170 kcal
Vorbereitungszeit: 15 Minuten
Garzeit:

| | |
| --- | --- |
| 600 (500) Watt | 3 (3½) Minuten |
| 180 (150) Watt | 2 (2¼) Minuten |
| 180 (150) Watt | 2 (2¼) Minuten |
| Gesamtgarzeit: | 7 (8) Minuten |

**D**ie Zucchini waschen und von Stiel- und Blütenansätzen befreien. Mit einem scharfen Messer oder einem Spargelschäler von den Zucchini längs einige sehr dünne Streifen abschälen. Die restlichen Zucchini kleinschneiden. • Die Zucchinistücke mit dem Wasser in eine flache Schale geben. Die Streifen darauflegen. Zugedeckt 3 (3½) Minuten bei 600 (500) Watt garen. • 4 kleine Auflaufförmchen von etwa 7 cm Durchmesser mit der Butter ausstreichen und mit den Zucchinistreifen kreuzweise auslegen. • Den Camembert mit den Eiern, den Eigelben, der Sahne und den gedünsteten Zucchini im Mixer pürieren. Den Knoblauch schälen, durch die Presse drücken und mit Salz, Pfeffer und dem Thymian unter das Püree mischen. • Das Püree in eine Schale geben und 2 (2¼) Minuten bei 180 (150) Watt eindicken lassen. • Die Masse in die Förmchen füllen. Die Flans nacheinander 2 (2¼) Minuten bei 180 (150) Watt fest werden lassen.

Mein Tip: Es geht am schnellsten, wenn man die Flans einzeln gart. Stellt man 2 Förmchen auf einmal in das Gerät, dauert die Endgarzeit 6 Minuten.

## Zucchini mit Sesam

im Bild hinten

| Zutaten für 2 Personen: |
| --- |
| 1 mittelgroßer Zucchino |
| 1 Teel. Sesamöl |
| 1 Knoblauchzehe |
| 1 Zwiebel · Salz, Pfeffer |
| 1 Teel. Sesamsamen |

### Gelingt leicht • Preiswert

Pro Person 320 kJ/75 kcal
Vorbereitungszeit: 15 Minuten
Garzeit:

| | |
| --- | --- |
| 490 (500) Watt | 3 Minuten |
| 490 (500) Watt | 1 Minute |
| Gesamtgarzeit: | 4 Minuten |

**D**en Zucchino waschen und mit Küchenpapier abtrocknen. Die Blüten- und Stielansätze wegschneiden, dann den Zucchino schräg in 1½ cm dikke Scheiben schneiden. Diese Stücke so einschneiden, daß die Scheiben an einem Ende noch zusammenhängen. Die Stücke etwas flachdrücken, damit kleine Fächer entstehen. • Eine flache Schale mit dem Sesamöl ausstreichen. Den Knoblauch schälen, halbieren und die Schale damit ausstreichen. Die Zwiebel schälen, feinhacken und in der Form verteilen. Mit Salz und Pfeffer bestreuen und die Zucchinifächer darauf anordnen. Diese ebenfalls salzen und pfeffern. • Die Zucchinifächer zugedeckt 3 Minuten bei 490 (500) Watt garen. Den Deckel entfernen, die Zucchini mit dem Sesam bestreuen und 1 Minute bei 490 (500) Watt nachgaren.

Mein Tip: Wer dieses Gericht pikant würzen möchte, kann die Zucchini mit wenig Sojasauce beträufeln. Dabei daran denken, daß Sojasauce gesalzen ist.

# Lauch-Kartoffel-Gemüse

Ausgesprochen gehaltvoll mit Speckwürfeln

Zutaten für 2 Personen:
400 g Lauch · 450 g Kartoffeln
1 mittelgroße Zwiebel
1 Knoblauchzehe
3 Eßl. Weißwein
½ Teel. Mais- oder Kartoffelstärke · 6 Eßl. Sahne
6 Eßl. Milch · 1 Eßl. Butter
Salz, Pfeffer

**Gelingt leicht • Preiswert**

Pro Person 2200 kJ/520 kcal
Vorbereitungszeit: 20 Minuten
Garzeit:
600 (500) Watt     10 (11½) Minuten
600 (500) Watt      5  (5½) Minuten
Gesamtgarzeit:    15 (17)   Minuten

Den Lauch putzen, waschen und in 1 cm breite Ringe schneiden. Die Kartoffeln schälen, waschen und in ½ cm gro-ße Würfel teilen. Die Zwiebel schälen und hacken. Den Knob-lauch schälen und durch die Presse drücken. • Den Lauch, die Kartoffeln, die Zwiebel und den Knoblauch in eine Schale geben. Mit 2 Eßlöffeln Weiß-wein begießen und 10 (11½) Minuten bei 600 (500) Watt zugedeckt garen. • Die Mais- oder Kartoffelstärke mit der Sahne und der Milch verrühren. Über das Gemüse gießen und alles nochmals 5 (5½) Minuten bei 600 (500) Watt weiterko-chen. • Die Butter und den rest-lichen Weißwein mit dem Ge-müse mischen und dieses mit Salz und Pfeffer abschmecken.

Mein Tip: Ganz besonders fein wird dieses Gemüse, wenn man nur Sahne dazu verwendet. Al-lerdings ist das Gericht dann auch etwas üppiger. Man kann jedoch dann die Stärke weg-lassen.
Man kann mit dem Lauch und den Kartoffeln auch kleine Speckwürfel garen.

# Käsekartoffeln

Ideale Beilage zu kurzgebratenem Fleisch

Zutaten für 4 Personen:
500 g Kartoffeln · 1 Eßl. Butter
Salz, Pfeffer · geriebene
Muskatnuß · 2 Knoblauchzehen
6 Eßl. Fleischbrühe · ⅛ l Sahne
80 g Emmentaler, frisch
gerieben · 1 Eßl. Petersilie,
frisch gehackt

**Gelingt leicht • Preiswert**

Pro Person 1300 kJ/310 kcal
Vorbereitungszeit: 15 Minuten
Garzeit:
360 (330) Watt    10 (10½) Minuten
600 (500) Watt      5  (5½) Minuten
Gesamtgarzeit:    15 (16)    Minuten

Die Kartoffeln schälen, wa-schen und in sehr dünne Scheiben schneiden. Eine flache Auflaufform mit der Butter aus-streichen. • Die Kartoffeln dachziegelartig einschichten. Mit Salz, Pfeffer und Muskat würzen. Den Knoblauch schä-len, durch die Presse drücken und darüber verteilen. • Die Kartoffeln mit der Fleischbrühe und der Sahne begießen und 10 (10½) Minuten zugedeckt bei 360 (330) Watt garen. • Die Kartoffeln mit dem Käse bestreuen und 5 (5½) Minuten bei 600 (500) Watt offen wei-tergaren. Mit der Petersilie be-streuen.

Mein Tip: Für dieses Gericht können auch Käsereste ver-wendet werden.

Varianten: Man kann dünne Lauchringe mit den Kartoffeln einschichten. Oder den Käse weglassen und dünne Apfel-schnitze mit den Kartoffeln in die Form geben. Oder die Kar-toffeln statt mit Käse mit dün-nen Speckscheiben belegen. Oder den Käse mit Kümmel und Paprikapulver bestreuen. Oder eine Lage vorgegartes Hackfleisch und gehackte Zwie-beln mit den Kartoffeln ein-schichten.

# Gefüllte Kartoffeln

Schmeckt mit Käse oder Fleisch

## Zutaten für 2 Personen:

| | |
|---|---|
| 6 mittelgroße Kartoffeln | |
| 6 Eßl. Salzwasser | |
| 1 Eßl. saure Sahne | |
| 2 Eßl. Sahne · 1 Eigelb | |
| 4 Eßl. Hartkäse, frisch gerieben | |
| 1 Prise Paprikapulver | |
| 1 Eßl. Butter | |
| 1 Teel. Basilikum, frisch gehackt | |
| Salz, Pfeffer | |

### Preiswert

Pro Person 1900 kJ/450 kcal
Vorbereitungszeit: 20 Minuten
Garzeit:

| | | |
|---|---|---|
| 600 (500) Watt | 12 (13½) | Minuten |
| 600 (500) Watt | 2 (2½) | Minuten |
| Gesamtgarzeit: | 14 (16) | Minuten |

**D**ie Kartoffeln schälen, waschen und mit dem Salzwasser zugedeckt 12 (13½) Minuten bei 600 (500) Watt garen. • Die Kartoffeln dann mit einem scharfkantigen Löffel aushöhlen. Das Innere mit einer Gabel fein zerdrücken und mit der sauren Sahne, der süßen Sahne, dem Eigelb, dem Käse, dem Paprikapulver und der Butter gut vermischen. Das Basilikum darunterrühren und die Masse mit Salz und Pfeffer abschmecken. Die Mischung in die Kartoffeln füllen. • Die Kartoffeln auf Tellern anrichten und zugedeckt 2 (2½) Minuten bei 600 (500) Watt erhitzen.

Variante:
Kartoffeln mit Fleischfüllung
150 g gehacktes Geflügelfleisch mit 1 kleinen gehackten Zwiebel und 1 Teelöffel Butter 2 (2½) Minuten bei 600 (500) Watt garen. Mit Salz, Pfeffer und ½ Teelöffel gehacktem Majoran abschmecken. Die Masse in die vorgegarten, ausgehöhlten Kartoffeln füllen und wie oben beschrieben noch einmal erhitzen. Das ausgehöhlte Kartoffelfleisch für ein anderes Gericht verwenden.

# Kartoffeln mit Apfelscheiben

Ein nicht alltägliches Gratin

## Zutaten für 2 Personen:

| | |
|---|---|
| 2 große Kartoffeln · 1 Apfel | |
| 10 g Butter · 1 Teel. Mehl | |
| 6 Eßl. Sahne · 6 Eßl. Milch | |
| Salz, Pfeffer · geriebene | |
| Muskatnuß | |

### Gelingt leicht

Pro Person 1500 kJ/360 kcal
Vorbereitungszeit: 20 Minuten
Garzeit:

| | | | |
|---|---|---|---|
| 600 (500) Watt | ½ | (¾) | Minute |
| 490 (500) Watt | 3 | | Minuten |
| 600 (500) Watt | 12 | (13½) | Minuten |
| Gesamtgarzeit: | 15½ | (17¼) | Minuten |

**D**ie Kartoffeln schälen, waschen und mit einem Ausstrechring in der Größe der Auflaufförmchen (etwa 7 cm ∅) ausstechen. Dann in 1–2 mm dünne Scheiben schneiden. Den Apfel schälen, mit einem Apfelausstecher vom Kerngehäuse befreien und ebenfalls in dünne Scheiben schneiden. • Die Hälfte der Butter in eine kleine Schale geben und ½ (¾) Minute bei 600 (500) Watt zerlaufen lassen. • Das Mehl einrühren. Die Sahne und die Milch untermischen und alles mit etwas Salz, Pfeffer und Muskat würzen. • Die Sauce 3 Minuten bei 490 (500) Watt aufkochen. Dabei 2mal den Kochprozeß unterbrechen und die Sauce durchrühren. • Die Förmchen mit der restlichen Butter ausstreichen. • Die Kartoffelscheiben mit einem Teil der Sauce mischen. Dann abwechselnd mit den Apfelscheiben in die Förmchen schichten. Die restliche Sauce darübergeben. • Die Förmchen mit Klarsichtfolie abdecken und die Kartoffeln 12 (13½) Minuten bei 600 (500) Watt garen. Die Kartoffeln mit einem Messer leicht vom Rand der Förmchen lösen und auf Teller stürzen.

Mein Tip: Wenn Sie keinen Ausstechring besitzen, können Sie die Kartoffeln auch mit Plätzchenformen einzeln ausstechen.

# Pikante Linsengerichte

Hülsenfrüchte sind wieder im Kommen

## Schnelles Linsengericht

im Bild links

Zutaten für 4 Personen:

120 g braune Linsen

150 g Kartoffeln

2–3 Schalotten

1 Knoblauchzehe

½ Lauchstange

1 kleine Karotte

1 Stück Knollensellerie

½ l Fleischbrühe

1 Messerspitze Harissa (scharfe, rote Pfefferpaste)

2 Eßl. Butter · Salz, Pfeffer

### Gelingt leicht

Pro Person 990 kJ/240 kcal
Quellzeit: 5 Stunden
Vorbereitungszeit: 25 Minuten
Garzeit:

| | | | |
|---|---|---|---|
| 600 (500) Watt | 7 | (8) | Minuten |
| 600 (500) Watt | 3 | (3½) | Minuten |
| Gesamtgarzeit: | 10 | (11½) | Minuten |

Die Linsen mit lauwarmem Wasser bedecken und darin 5 Stunden quellen lassen.

• Dann die Kartoffeln schälen und in kleine Würfel schneiden. Die Schalotten schälen und hacken, den Knoblauch schälen und durch die Presse drücken. Den Lauch, die Karotte und den Sellerie putzen, waschen und in sehr feine Streifen schneiden. • Die Linsen gut abtropfen lassen und mit den Schalotten, dem Knoblauch und der Fleischbrühe 7 (8) Minuten zugedeckt bei 600 (500) Watt garen. • Ein Viertel der Linsen mit etwas Flüssigkeit im Mixer pürieren. • Die restlichen Linsen mit dem Gemüse und dem Harissa mischen und zugedeckt 3 (3½) Minuten bei 600 (500) Watt weitergaren. • Das Linsenpüree und die Butter hinzufügen und das Linsengericht mit Salz und Pfeffer abschmecken.

## Dreifarbige Linsen

im Bild rechts

Zutaten für 2 Personen:

je 50 g braune, grüne und rote Linsen · 1 Zwiebel

1 Knoblauchzehe · 1 Eßl. Butter

1 Lorbeerblatt

325 ccm Fleischbrühe

Salz, Pfeffer · 1 Teel. Butter

### Anspruchsvoll • Preiswert

Pro Person 1600 kJ/380 kcal
Quellzeit: über Nacht
Vorbereitungszeit: 10 Minuten
Garzeit:

| | | | |
|---|---|---|---|
| 600 (500) Watt | 3 | (3½) | Minuten |
| 600 (500) Watt | 3 | (3½) | Minuten |
| 600 (500) Watt | 4 | (4½) | Minuten |
| Gesamtgarzeit: | 10 | (11½) | Minuten |

Die Linsen nach Sorten getrennt in kaltes Wasser legen und über Nacht quellen lassen. • Am nächsten Tag die Zwiebel und den Knoblauch schälen. Die Zwiebel hacken, den Knoblauch durch die Presse drücken. Beides mit den abge-

tropften braunen Linsen, dem Eßlöffel Butter, dem Lorbeerblatt und etwa 200 ccm Fleischbrühe in einer Schale zugedeckt 3 (3½) Minuten bei 600 (500) Watt garen. • Die abgetropften grünen Linsen dazugeben und alles bei 600 (500) Watt 3 (3½) Minuten weitergaren. • Dann die abgetropften roten Linsen mit der restlichen Fleischbrühe dazugeben und weitere 4 (4½) Minuten bei 600 (500) Watt garen. • Die Linsen mit Salz und Pfeffer abschmecken und die Butter in Flöckchen darunterziehen.

Mein Tip: Die Linsen haben sehr unterschiedliche Garzeiten. Dies erklärt sich allerdings nicht nur durch die verschiedenen Sorten, sondern hängt oft auch davon ab, wie lange die Linsen gelagert wurden. Dies weiß man leider nie genau, deshalb sollte man die Linsen nach jedem Garvorgang versuchen und eventuell noch etwas länger garen.

106

# Würzige Gerichte mit getrockneten Bohnen

Inspiriert von Südamerika und Asien

## Chili con carne

im Bild hinten

Zutaten für 2 Personen:

100 g Borlottibohnen oder
weiße Bohnen · 1 große Zwiebel

2 Knoblauchzehen · ½ Dose
geschälte Tomaten (240 g)

1 Eßl. Olivenöl oder Butter

200 g Rinderschulter oder
-hüfte · 1 mittelgroße Karotte

1 Stück Knollensellerie

1 kleine grüne Paprikaschote

¼ l Rotwein · ¼ l Fleischbrühe

1 Zweiglein frischer Thymian

1 Lorbeerblatt

1 Teel. Chilipaste oder -pulver

1 Eßl. Tomatenmark

**Gelingt leicht**

Pro Person 2800 kJ/670 kcal
Quellzeit: über Nacht
Vorbereitungszeit: 30 Minuten
Garzeit:

| | | |
|---|---|---|
| 600 (500) Watt | 2 (2½) | Minuten |
| 490 (500) Watt | 70 | Minuten |
| Gesamtgarzeit: | 72 (72½) | Minuten |

**D**ie Bohnen mit kaltem Wasser bedecken und über Nacht quellen lassen. • Dann die Zwiebeln und den Knoblauch schälen und feinhacken. Die Tomaten abtropfen lassen, kleinschneiden und mit den Zwiebeln, dem Knoblauch und dem Öl oder der Butter in eine Schale geben. • 2 (2½) Minuten bei 600 (500) Watt dünsten. • Das Fleisch sehr klein würfeln. Die Karotte, den Sellerie und die Paprikaschote putzen, waschen und in sehr kleine Würfel schneiden. Das Gemüse, das Fleisch, den Rotwein, die Fleischbrühe, die abgetropften Bohnen, den Thymian, das Lorbeerblatt, die Hälfte des Chilis und das Tomatenmark in die Schale zu den Zwiebeln geben. • Alles gut mischen und zugedeckt 70 Minuten bei 490 (500) Watt garen. Dabei alle 20 Minuten umrühren und kontrollieren, ob noch genügend Flüssigkeit vorhanden ist. Wenn nötig, etwas Fleischbrühe nach-

gießen. • Das Chili mit Salz, Pfeffer und Chilipaste oder -pulver abschmecken und servieren.

<u>Mein Tip:</u> Am besten schmeckt dieses Gericht, wenn man es nach dem Garen einige Minuten im geschlossenen Topf nachgaren läßt. Man kann auch Bohnen aus der Dose verwenden, dann verkürzt sich die Garzeit um etwa 30 Minuten, und man benötigt nur je ⅛ l Rotwein und Fleischbrühe.

## Schwarze Bohnen mit Sprossen

im Bild vorne

Zutaten für 2 Personen:

60 g schwarze Bohnen

1 Eßl. Butter · 600 ccm Wasser

Salz · 150 g Sojasprossen

½ Teel. Sojasauce · 1 Eßl. Sherry

½ Teel. Sesamöl · Pfeffer

8 Blätter Radicchio

**Gelingt leicht • Preiswert**

Pro Person 970 kJ/230 kcal
Quellzeit: über Nacht
Vobereitungszeit: 5 Minuten
Garzeit:

| | | |
|---|---|---|
| 490 (500) Watt | 40 | Minuten |
| 600 (500) Watt | 3 (3½) | Minuten |
| Gesamtgarzeit: | 43 (43½) | Minuten |

**D**ie schwarzen Bohnen mit kaltem Wasser bedeckt über Nacht quellen lassen. • Die Bohnen dann abtropfen lassen und mit der Butter, dem Wasser und 1 Prise Salz 40 Minuten zugedeckt bei 490 (500) Watt garen. • Die Sojasprossen mit der Sojasauce, dem Sherry und dem Sesamöl 3 (3½) Minuten bei 600 (500) Watt zugedeckt dünsten. Mit Salz und Pfeffer abschmecken. • Die Radicchioblätter waschen, abtropfen lassen und auf einem Teller anrichten. Die Bohnen mit den Sojasprossen mischen und daraufgeben.

# Desserts und Getränke

Auch für die Zubereitung von feinen Nachspeisen ist das Mikrowellengerät geradezu ideal. Besonders Desserts, die man auf herkömmliche Art oft nur mit viel Zeit und einer Portion Geschick herstellen kann, wie zum Beispiel eine Schokoladenmousse, gelingen in der Mikrowelle problemlos und in wenigen Minuten. Selbst das aufwendige Garen im Wasserbad entfällt im Mikrowellengerät. Ein Pudding ist jetzt schnell und einfach zubereitet.

Und wenn Sie einmal überraschend Besuch zum Nachmittagskaffee oder -tee bekommen, sind die Zutaten für einen Mandelkuchen oder eine feine Biskuitroulade schnell gerührt und in kurzer Zeit in der Mikrowelle »gebacken«.
Wenn Sie zwischendurch einmal ein heißes Getränk genießen möchten, brauchen Sie alle Zutaten in einem hitzebeständigen Glas nur zu verrühren und haben in Minutenschnelle eine heiße Schokolade, einen Glühwein oder einen Tee.

# Aprikosen in Gelee

Auch mit Rhabarber, Zwetschgen oder Zitrusfrüchten delikat

# Birnen in Rotwein

Je besser der Wein, desto besser die Sauce

## Zutaten für 4 Personen:

| | |
|---|---|
| 500 g Aprikosen · 120 g Zucker | |
| ⅛ l Wasser · 3 Eßl. Weißwein | |
| 20 g Speisestärke | |
| 1 Eßl. Aprikosenbranntwein | |

### Gelingt leicht

Pro Person 920 kJ/220 kcal
Vorbereitungszeit: 15 Minuten
Garzeit:

| | | |
|---|---|---|
| 600 (500) Watt | 5 | (5½) Minuten |
| 600 (500) Watt | 5 | (5½) Minuten |
| 600 (500) Watt | 2 | (2½) Minuten |
| Gesamtgarzeit: | 12 | (13½) Minuten |

**D**ie Aprikosen waschen, abtrocknen, halbieren und entsteinen. Die Aprikosenhälften in eine hohe Form geben.
• Den Zucker, das Wasser und den Weißwein hinzufügen und alles 5 (5½) Minuten bei 600 (500) Watt aufkochen. • Die Hälfte der Aprikosen (am besten solche, die fest geblieben sind) herausnehmen und in Schnitze schneiden. Die restlichen Aprikosen 5 (5½) Minuten bei 600 (500) Watt weiter-

garen, dann durch ein feines Sieb passieren. • Das Püree mit der Speisestärke und dem Aprikosenbranntwein verrühren. 2 (2½) Minuten bei 600 (500) Watt kochen. • Die Aprikosenschnitze unterrühren. • Die Creme in schöne Gläser füllen und einige Stunden in den Kühlschrank stellen. • Zum Servieren nach Belieben mit geschlagener kühler Sahne begießen.

_Mein Tip:_ Dieses Dessert läßt sich auch mit Rhabarber, Zwetschgen oder Zitrusfrüchten zubereiten. Bei Verwendung von Rhabarber muß man etwas mehr Zucker und wenig Zitronensaft hinzufügen. Den Branntwein weglassen. Bei Zwetschgen eignet sich Zwetschgenbranntwein als aromatische Zutat und bei Zitrusfrüchten etwas Gin oder Orangenlikör.

## Zutaten für 2 Personen:

| | |
|---|---|
| 4 Eßl. Zucker · 2 Eßl. Wasser | |
| ¼ l guter, trockener Rotwein | |
| 3 Eßl. Cassis-Likör | |
| ½ Zimtstange · 1 Gewürznelke | |
| 4 feste Birnen (zum Beispiel | |
| Alexandra) | |

### Etwas teurer

Pro Person 1700 kJ/400 kcal
Vorbereitungszeit: 10 Minuten
Garzeit:

| | | |
|---|---|---|
| 600 (500) Watt | 4 | (4½) Minuten |
| 600 (500) Watt | 4 | (4½) Minuten |
| 600 (500) Watt | 5 | (5½) Minuten |
| Gesamtgarzeit: | 13 | (14½) Minuten |

**D**en Zucker mit dem Wasser 4 (4½) Minuten bei 600 (500) Watt karamelisieren.
• Den Wein, den Likör, die Zimtstange und die Nelke dazugeben und 4 (4½) Minuten bei 600 (500) Watt kochen. • Die Birnen schälen, den Blütenansatz entfernen und den Stiel belassen. • Die Birnen in den Rotwein setzen und zugedeckt bei

600 (500) Watt 5 (5½) Minuten garen. • Die Birnen lauwarm oder abgekühlt servieren.

_Mein Tip:_ Für die Zubereitung dieser Birnen möglichst ein hohes Gefäß mit schmalem Durchmesser wählen, damit die Birnen vom Wein bedeckt sind. Dadurch nehmen sie die rote Farbe gleichmäßig an.
Man kann auch Äpfel auf diese Art zubereiten. Dabei muß die Garzeit je nach Sorte etwas verlängert werden. Die Äpfel sollen weich werden, dürfen aber nicht zerfallen.
Birnen oder Äpfel in Rotwein kann man mit gehackten Pistazien garnieren. Oder auf Vanille- oder Nußeis servieren und mit lauwarm erhitztem Weinsirup übergießen. Oder auf steif geschlagene Sahne setzen, mit gerösteten Mandelblättchen bestreuen und die Sauce getrennt dazu servieren.

# Köstliche Desserts mit Früchten

Nachspeisen für jeden Geschmack

## Apfelkompott nach Großmutterart

im Bild vorne

| Zutaten für 2 Personen: |
| --- |
| 300 ccm Apfelsaft |
| 1 Eßl. Rosinen |
| 2 große Äpfel (feste Sorte) |
| 40 g Butter · 1 Eßl. Zucker |
| 1 Prise Zimtpulver |

### Gelingt leicht

Pro Person 2100 kJ/500 kcal
Vorbereitungszeit: 15 Minuten
Garzeit:

| | | |
| --- | --- | --- |
| 600 (500) Watt | 2 | (2½) Minuten |
| 360 (330) Watt | 6 | (6½) Minuten |
| 600 (500) Watt | 4 | (4½) Minuten |
| Gesamtgarzeit: | 12 | (13½) Minuten |

**D**en Apfelsaft bei 600 (500) Watt 2 (2½) Minuten zugedeckt kochen. Die Rosinen waschen und in dem heißen Saft einweichen. • Die Äpfel schälen, vom Kerngehäuse befreien und in Schnitze schneiden. • Den Saft der Rosinen ab- gießen und mit den Apfel- schnitzen, der Hälfte der Butter, dem Zucker und dem Zimt in eine Form geben. Bei 360 (330) Watt 6 (6½) Minuten zuge- deckt garen. Dabei ab und zu wenden, damit die Äpfel gleich- mäßig weich werden. • Das Kompott lauwarm servieren.

## Kirschauflauf französische Art

im Bild links

| Zutaten für 2 Personen: |
| --- |
| 10 g Butter · 2 Eier |
| 40 g Zucker · 1 Vanilleschote |
| ⅛ l Milch · 1 Prise Salz |
| 1 Eßl. Rum · 100 g Mehl |
| 300 g Sauerkirschen |
| Puderzucker zum Bestäuben |

### Spezialität aus Frankreich

Pro Person 2000 kJ/480 kcal
Vorbereitungszeit: 20 Minuten
Garzeit:

| | |
| --- | --- |
| 490 (500) Watt | 8 Minuten |

**E**ine flache Form mit der But- ter ausstreichen. • Die Eier mit dem Zucker schaumig schlagen. Die Vanilleschote längs aufschlitzen, das Mark herauskratzen und mit der Milch, dem Salz und dem Rum unter die Eiermasse rühren. Das Mehl darübersieben und unter- mischen. • Die Hälfte des Teiges in die Form geben. Die Kirschen waschen, darauf verteilen und mit dem restlichen Teig bedek- ken. • Den Auflauf 8 Minuten bei 490 (500) Watt garen. Lau- warm servieren und mit Puder- zucker bestäuben.

## Aromatische Teepflaumen

im Bild hinten

| Zutaten für 3 Personen: |
| --- |
| ¼ l Wasser · 1 Eßl. schwarze |
| Teeblätter · 3 Eßl. Zucker |
| 250 g entsteinte Dörrpflaumen |
| 1 Eßl. Rotwein |
| 2 Teel. Speisestärke |

### Besonders schnell

Pro Person 1300 kJ/310 kcal
Vorbereitungszeit: 15 Minuten
Garzeit:

| | | |
| --- | --- | --- |
| 600 (500) Watt | 3 | (3½) Minuten |
| 600 (500) Watt | 3 | (3½) Minuten |
| 600 (500) Watt | 2 | (2½) Minuten |
| Gesamtgarzeit: | 8 | (9½) Minuten |

**D**as Wasser in einer Form 3 (3½) Minuten bei 600 (500) Watt zugedeckt erhitzen. • Über den Tee gießen und die- sen 3 Minuten ziehen lassen. Dann abgießen und mit dem Zucker und den Pflaumen mi- schen. 3 (3½) Minuten bei 600 (500) Watt kochen. Die Pflau- men abgießen und den Saft auffangen. Den Saft mit dem Rotwein und der Speisestärke verrühren. 2 (2½) Minuten bei 600 (500) Watt aufkochen. • Den Sirup über die Pflaumen gießen und diese lauwarm oder abgekühlt servieren.

# Obstvariationen

Besonders leichte Obstdesserts

## Birnen mit Ingwer

im Bild vorne

Zutaten für 4 Personen:

4 Birnen (feste Sorte)

4 Stück kandierter Ingwer

¼ l Weißwein · 100 g Zucker

4 Eßl. Preiselbeerkonfitüre

### Gelingt leicht

Pro Person 1300 kJ/310 kcal
Vorbereitungszeit: 15 Minuten
Garzeit:
600 (500) Watt    10 (11½) Minuten

**D**ie Birnen schälen, längs halbieren und das Kerngehäuse herauslösen. Die Birnen auf der gewölbten Seite etwas flachschneiden, damit sie beim Füllen gut stehen. Die Birnen mit der Schnittfläche nach unten in eine passende Schale legen. Den Ingwer in kleine Stükke schneiden. Mit dem Wein über den Birnen verteilen und mit dem Zucker bestreuen. • Die Birnen zugedeckt bei 600 (500) Watt 10 (11½) Minuten garen. • Noch warm mit der Preiselbeerkonfitüre füllen.

*Mein Tip:* Diese Birnen eignen sich nicht nur als Dessert, sondern auch als Beilage zu Wildgerichten.

## Aprikosenkompott

im Bild hinten rechts

Zutaten für 4 Personen:

250 g Dörraprikosen

50 g Zucker · eventuell 2 Eßl. Aprikosenbranntwein

### Preiswert

Pro Person 1000 kJ/240 kcal
Quellzeit: über Nacht
Vorbereitungszeit: 5 Minuten
Garzeit:
600 (500) Watt    4 (4½) Minuten

**D**ie Dörraprikosen am Vorabend mit kaltem Wasser bedecken und zugedeckt quellen lassen. • Die Aprikosen dann mit dem Einweichwasser und dem Zucker in eine Schale geben. • Das Kompott 4 (4½) Minuten zugedeckt bei 600 (500) Watt garen. Nach Belieben den Branntwein dazugeben.

*Mein Tip:* Man kann auch Dörrpflaumen auf diese Art zubereiten. Nach Belieben mit Zwetschgenwasser aromatisieren.

## Feigen
## in Weißweinsauce

im Bild hinten links

Zutaten für 4 Personen:

6 Eßl. Weißwein · 100 g Zucker

1 Zimtstange

2−3 Gewürznelken

6 Eßl. Orangensaft

3 Eßl. Zitronensaft

8 blaue, große Feigen

### Etwas teurer

Pro Person 900 kJ/210 kcal
Vorbereitungszeit: 15 Minuten
Garzeit:
600 (500) Watt    4    (4½) Minuten
600 (500) Watt    8    (9)   Minuten
Gesamtgarzeit:    12 (13½) Minuten

**D**en Wein mit dem Zucker, der zerbrochenen Zimtstange, den Gewürznelken und dem Orangen- und Zitronensaft in eine Schale geben. Zugedeckt 4 (4½) Minuten bei 600 (500) Watt garen. • Den Deckel entfernen, den Zimt und die Nelken herausnehmen und die Sauce offen 8 (9) Minuten bei 600 (500) Watt einkochen lassen. • Inzwischen die Feigen waschen, abtropfen lassen und mit Küchenpapier trockentupfen. 2 Minuten in die noch heiße Sauce geben, damit sie etwas erwärmt werden. Die Feigen auf Tellern verteilen und mit der Sauce umgießen.

# Preiswerte Kompotte

Auch »übliche« Früchte schmecken gut

## Drei-Früchte-Kompott

im Bild hinten rechts

Zutaten für 4 Personen:
2 Birnen (feste Sorte)
2 Äpfel · Schale von ½ Zitrone
1 Zimtstange · 3 Eßl. Zucker
400 g Zwetschgen

### Gelingt leicht

Pro Person 880 kJ/210 kcal
Vorbereitungszeit: 15 Minuten
Garzeit:
| | | |
|---|---|---|
| 600 (500) Watt | 5 | (5½) Minuten |
| 360 (330) Watt | 8 | (8½) Minuten |
| Gesamtgarzeit: | 13 (14) | Minuten |

**D**ie Birnen und die Äpfel schälen, achteln und vom Kerngehäuse befreien. In eine passende Schale legen und mit 2–3 Eßlöffeln Wasser begießen. • Das Obst zugedeckt 5 (5½) Minuten bei 600 (500) Watt garen. Die Zitronenschale in feine Streifen schneiden und mit der Zimtstange und dem Zucker zum Obst geben. • Die Zwetschgen waschen, halbie-

ren, entsteinen und daruntermischen. • Alles zugedeckt 8 (8½) Minuten bei 360 (330) Watt weitergaren. Sollte dabei zuwenig Flüssigkeit entstehen, nach der Hälfte der Zeit noch 1–2 Eßlöffel Wasser dazugeben.

Mein Tip: Im Winter kann man die frischen Zwetschgen durch eingeweichte Dörrzwetschgen ersetzen.

## Birnen mit Karamel

im Bild hinten links

Zutaten für 2 Personen:
2 große Birnen · 2 Eßl. Zucker
½ Eßl. Butter · 3 Eßl. Apfelsaft

### Preiswert

Pro Person 870 kJ/210 kcal
Vorbereitungszeit: 10 Minuten
Garzeit:
| | | |
|---|---|---|
| 600 (500) Watt | 4 (4½) | Minuten |
| 600 (500) Watt | 1 (1¼) | Minute |
| Gesamtgarzeit: | 5 (5¾) | Minuten |

**D**ie Birnen waschen und ungeschält in Achtel schneiden. Das Kerngehäuse herausschneiden und die Birnenachtel mit dem Zucker und der Butter in eine Schale geben. • Die Birnen 4 (4½) Minuten bei 600 (500) Watt karamelisieren, bis sie Farbe bekommen. • Den Apfelsaft darübergießen und die Birnen zugedeckt 1 (1¼) Minute bei 600 (500) Watt weitergaren.

Mein Tip: In einer Bräunungsschale nehmen die Birnen rascher Farbe an und schmecken deshalb intensiver nach Karamel.
Man kann auch rote Äpfel auf diese Art zubereiten. Oder Zwetschgen halbieren, kurz karamelisieren und mit Rotwein anstelle von a und mit Rotwein anstelle von Apfelsaft ablöschen. Nur 3 (3½) Minuten karamelisieren und ½ (¾) Minute garen.

## Rhabarberkompott

im Bild vorne

Zutaten für 2 Personen:
500 g Rhabarber
⅛ l Weißwein
150 g Zucker · ½ Zimtstange

### Besonders schnell

Pro Person 1700 kJ/400 kcal
Vorbereitungszeit: 10 Minuten
Garzeit:
| | |
|---|---|
| 490 (500) Watt | 5 Minuten |

**D**en Rhabarber schälen, waschen und in etwa 3 cm lange Stücke schneiden. Die Stücke mit dem Weißwein, dem Zucker und der Zimtstange in einer passenden Schale mischen. • Das Kompott zugedeckt 5 Minuten bei 490 (500) Watt garen. • Das Kompott erkalten lassen und die Zimtstange entfernen.

# Grießpudding mit Himbeeren

Beliebt bei groß und klein

# Schaumige Weincreme

Köstlich und leicht

## Zutaten für 4 Personen:

½ l Milch · 2 Eßl. Zucker

1 Prise Salz

1 Teel. abgeriebene Zitronenschale · 1 Teel. Zitronensaft

40 g Butter · 60 g Grieß

1 Eigelb · 1 Eiweiß

250 g tiefgefrorene Himbeeren

### Gelingt leicht

Pro Person 1200 kJ/290 kcal
Vorbereitungszeit: 10 Minuten
Garzeit:

| | | |
|---|---|---|
| 600 (500) Watt | 6 | (6½) Minuten |
| 490 (500) Watt | 7 | Minuten |
| Auftaustufe | 4 | Minuten |
| Gesamtgarzeit: | 17 | (17½) Minuten |

**D**ie Milch mit dem Zucker, dem Salz, der Zitronen-schale, dem Zitronensaft und 30 g Butter in eine Schale geben und 6 (6½) Minuten bei 600 (500) Watt zugedeckt aufko-chen. • Den Grieß und das ver-quirlte Eigelb hinzufügen und alles gut mischen. 7 Minuten bei 490 (500) Watt zugedeckt garen lassen. • Das Eiweiß steif schlagen und unter die leicht abgekühlte Masse ziehen.
• 4 Puddingförmchen mit der restlichen Butter ausstreichen. Die Grießmasse hineinfüllen und im Kühlschrank fest wer-den lassen. Dann auf Teller stürzen. • Die Himbeeren vor dem Servieren im Mikrowellen-gerät 4 Minuten bei der Auf-taustufe auftauen lassen. 150 g davon im Mixer pürieren und durch ein feines Sieb streichen. Die Puddings mit der Himbeer-sauce umgießen und mit den ganzen Himbeeren garnieren.

Mein Tip: Diese Puddings kann man auch ganz einfach mit leicht verdünntem Himbeersi-rup begießen oder mit beliebi-gen anderen Beeren zubereiten. Auch mit einem Püree aus Pas-sionsfrüchten schmecken die Grießpuddings ausgezeichnet.

## Zutaten für 4 Personen:

6 Eßl. Zucker · ¼ l Weißwein

Saft von ½ Zitrone · ½ Teel.
abgeriebene Zitronenschale

3 Eier · 100 g Sahne

### Besonders schnell

Pro Person 1300 kJ/310 kcal
Vorbereitungszeit: 10 Minuten
Garzeit:
490 (500) Watt          5 Minuten

**D**en Zucker mit dem Weiß-wein, dem Zitronensaft, der Zitronenschale und den Eiern verquirlen, bis eine schau-mige Masse entsteht. • Die Masse in eine Schale geben und zugedeckt 5 Minuten bei 490 (500) Watt garen. • Die Masse mit einem Schneebesen oder dem elektrischen Rührgerät 2 Minuten aufschlagen, dann kurz kühl stellen. • Die Sahne steif schlagen und unter die kühle Weinschaumcreme he-ben. • In vorgekühlte Gläser fül-len und bis zum Servieren im Kühlschrank ruhen lassen.

Mein Tip: Die Weincreme beim Kühlen mit Folie abdecken, da-mit sie keine fremden Gerüche annimmt.

Varianten: Man kann zusätzlich geschälte und entkernte Wein-trauben als Einlage in die Creme geben. Oder Sahneeis in die Gläser verteilen. Kleingeschnit-tene Früchte oder Beeren dar-übergeben und mit der Creme übergießen. Nach Belieben kann man das Dessert noch kurz im heißen Grill über-backen.

# Pralinencreme

Schnell gemacht und besonders fein

| Zutaten für 4 Personen: |
| --- |
| ½ Vanilleschote · ¼ l Sahne |
| 1 Prise Zimtpulver |
| 80 g Zucker |
| 3 Eigelbe |
| 2 Spritzer Zitronensaft |
| 4 Eßl. steif geschlagene Sahne |

### Anspruchsvoll

Pro Person 1400 kJ/330 kcal
Vorbereitungszeit: 30 Minuten
Garzeit:

| 600 (500) Watt | 3 | (3½) Minuten |
| --- | --- | --- |
| 490 (500) Watt | 3 | Minuten |
| 600 (500) Watt | 3 | (3½) Minuten |
| Gesamtgarzeit: | 9 (10) | Minuten |

Die Vanilleschote der Länge nach aufschlitzen. Mit der Sahne und dem Zimt in eine Schale geben und 3 (3½) Minuten bei 600 (500) Watt erhitzen. • 50 g Zucker mit den Eigelben zu einer sämigen, weißschaumigen Creme schlagen. Die Eicreme unter die heiße Sahne rühren und 3 Minuten bei 490 (500) Watt erwärmen.

• Den Kochprozeß dabei 2–3mal unterbrechen und die Creme mit einem Schneebesen leicht aufschlagen. • Sobald die Creme gebunden ist, diese aus dem Gerät nehmen. • Den restlichen Zucker in eine Bräunungsschale geben und 1 Eßlöffel Wasser sowie den Zitronensaft dazugeben. Bei 600 (500) Watt etwa 3 (3½) Minuten erhitzen, bis der Zucker hellbraun wird. • Dieser Prozeß muß genau überwacht werden, weil der Zucker sehr plötzlich dunkel wird. Sobald der Zucker karamelisiert ist, aus dem Gerät nehmen. • Die noch warme Creme daraufgießen und den karamelisierten Zucker unter Rühren darin auflösen. Die Creme erkalten lassen, dabei gelegentlich umrühren. Die Vanilleschote entfernen. • Die Creme in Schalen füllen und mit der steif geschlagenen Sahne in Form von Rosetten garnieren.

# Schokoladenmousse

Das beliebteste Dessert überhaupt

| Zutaten für 4 Personen: |
| --- |
| 150g Zartbitter-Schokolade |
| ⅛ l Sahne · 2 Eigelbe |
| 1 Eiweiß · 1 Eßl. Zucker |
| ¼ l Sahne, steif geschlagen |

### Spezialität aus Frankreich

Pro Person 2200 kJ/520 kcal
Vorbereitungszeit: 10 Minuten
Garzeit:

| 490 (500) Watt | 3 Minuten |
| --- | --- |

Die Schokolade in Stücke brechen. Mit der flüssigen Sahne in eine Schale geben und zugedeckt 3 Minuten bei 490 (500) Watt schmelzen lassen. • Die Eigelbe verquirlen und untermischen. Das Eiweiß mit dem Zucker steif schlagen und unter die leicht abgekühlte Creme ziehen. Die steif geschlagene Sahne ebenfalls unterheben. Die Mousse einige Stunden im Kühlschrank fest werden lassen.

Mein Tip: Man kann die Mousse in einer Schüssel festwerden lassen. Zum Servieren dann 1 Eßlöffel in heißes Wasser tauchen und eiförmige Kugeln abstechen. Einfacher ist es, wenn man die Mousse vor dem Erstarren in schöne Dessertgläser füllt und diese in den Kühlschrank stellt.

# Äpfel mit feinen Füllungen

Festfleischige Apfelsorten sind wichtig

## Burgunderäpfel mit Füllung

im Bild rechts

Zutaten für 4 Personen:

4 Äpfel (feste Sorte)

300 ccm Burgunder Rotwein

100 g Zucker · ½ Zimtstange

2 Gewürznelken

Für die Füllung:

100 g Sahnequark · 2 Eßl. Zucker

½ Teel. abgeriebene Zitronenschale · 1 Teel. Pistazienkerne, feingehackt

### Gelingt leicht

Pro Person 1400 kJ/330 kcal
Vorbereitungszeit: 15 Minuten
Garzeit:
600 (500) Watt          6 (6½) Minuten

**D**ie Äpfel schälen, quer halbieren und das Kerngehäuse herausschneiden. Die Äpfel mit der Schnittfläche nach unten in eine Schale legen. Den Wein mit dem Zucker mischen und darübergießen. Die Zimtstange und die Nelken hinzufügen. • Die Äpfel zugedeckt 6 (6½) Minuten bei 600 (500) Watt garen lassen. • Die Äpfel dann erkalten lassen. Für die Füllung den Quark mit dem Zucker und der Zitronenschale mischen. In die erkalteten Äpfel füllen und mit den Pistazien bestreuen.

Mein Tip: Damit die Äpfel gleichmäßig rot werden, sollte man sie nach der Hälfte der Garzeit wenden.

## Gefüllte Äpfel mit Vanillesauce

im Bild links

Zutaten für 2 Personen:

2 große feste Äpfel (zum Beispiel Golden Delicious)

3 Eßl. Rosinen

2 Eßl. Orangenlikör

1 Teel. Zucker

1 Eßl. Crème fraîche

Für die Sauce:

¼ l Milch

2 Eßl. Vanille-Puddingpulver

1 Eßl. Zucker

### Preiswert

Pro Person 2000 kJ/480 kcal
Vorbereitungszeit: 45 Minuten
Garzeit:

| | |
|---|---|
| 490 (500) Watt | 7 Minuten |
| 490 (500) Watt | 3 Minuten |
| Gesamtgarzeit: | 10 Minuten |

**D**ie Äpfel waschen und das Kerngehäuse mit einem Apfelausstecher entfernen. Dabei jedoch darauf achten, daß die Äpfel auf der Unterseite geschlossen bleiben. Die Rosinen waschen, abtropfen lassen und mit dem Orangenlikör, dem Zucker und der Crème fraîche mischen. Diese Mischung 30 Minuten ruhen lassen. • Die Äpfel in eine Schale stellen, mit der Rosinenmischung füllen und 7 Minuten bei 490 (500) Watt zugedeckt garen. • Die Äpfel auf Tellern anrichten und mit dem Garsaft begießen. • Für die Sauce die Milch, das Puddingpulver und den Zucker verrühren. 3 Minuten bei 490 (500) Watt kochen. Dann nochmals gut durchrühren und getrennt zu den Äpfeln servieren.

Mein Tip: Es ist wichtig, daß man eine Apfelsorte wählt, die fest bleibt, sonst ist das Ergebnis ein Apfelmus. Boskopäpfel eignen sich zum Beispiel nicht.

Varianten: Man kann auch 1 Eßlöffel Himbeerkonfitüre mit 2 Eßlöffeln gemahlenen Haselnüssen oder Mandeln mischen und die Äpfel damit füllen. Oder die Vanillesauce durch eine Beerensauce, zum Beispiel aus Brombeeren ersetzen. Dazu 250 g Brombeeren mit 2 Eßlöffeln Gelierzucker und 3 Eßlöffeln Wasser 2 (2½) Minuten bei 600 (500) Watt aufkochen. Die Beeren durch ein Sieb streichen und die Sauce warm zu den Äpfeln servieren.

# Bekannte Desserts

Süßspeisen, die immer Erfolg haben

## Rote Grütze

im Bild hinten

Zutaten für 6 Personen:

| |
|---|
| 250 g Himbeeren |
| 250 g Erdbeeren |
| 150 g Brombeeren |
| 150 g Heidelbeeren |
| 150 g entsteinte Sauerkirschen |
| 140 g Zucker |
| ½ Eßl. Speisestärke |
| 6 Eßl. Wasser |

### Etwas teurer

Pro Person 740 kJ/180 kcal
Vorbereitungszeit: 20 Minuten
Garzeit:
360 (330) Watt     15 (15¾) Minuten

**D**ie Beeren und die Kirschen waschen, abtropfen lassen, mit dem Zucker mischen und 5−10 Minuten ziehen lassen. Die Speisestärke mit dem Wasser verrühren. • Mit den Beeren und den Kirschen in eine passende Schale geben und 15 (15¾) Minuten zugedeckt bei 360 (330) Watt garen.
• Dann zwei Drittel der Früchte durch ein feines Sieb streichen. Die restlichen Früchte eventuell halbieren oder vierteln und unter das Püree mischen. • Die rote Grütze in schöne Gläser füllen und einige Stunden im Kühlschrank fest werden lassen. • Die Grütze nach Belieben mit flüssiger gekühlter Sahne servieren.

Mein Tip: Man kann für die Grütze auch tiefgefrorene Früchte verwenden. Diese vor dem Mischen mit dem Zucker zuerst 5 (5½) Minuten zugedeckt bei 600 (500) Watt auftauen. Tiefgefrorene Beeren sind manchmal bereits leicht gezuckert. Deshalb die Zuckermenge etwas reduzieren. Eine ausgezeichnete Grütze kann man auch aus Rhabarber und Erdbeeren herstellen: Rhabarber in 1 cm lange Stücke schneiden und mit kleingeschnittenen Erdbeeren wie beschrieben garen. Die Speisestärke jedoch nicht mit Wasser, sondern mit dem sich bildenden Rhabarbersaft verrühren.

## Birnen mit Schokoladenschaum

im Bild vorne

Zutaten für 4 Personen:

| |
|---|
| 2 große Birnen (feste Sorte) |
| 1½ Eßl. Zucker |
| 80 g Zartbitter-Schokolade |
| 3 Eßl. Sahne |
| 1 Eßl. Cognac |
| 1 Eiweiß |
| 1 Prise Salz |
| 4 Pfefferminzblätter |

### Anspruchsvoll

Pro Person 960 kJ/230 kcal
Vorbereitungszeit: 15 Minuten
Garzeit:

| | | |
|---|---|---|
| 600 (500) Watt | 2½ (3) | Minuten |
| 600 (500) Watt | 1 (1¼) | Minute |
| 600 (500) Watt | 2 (2½) | Minuten |
| Gesamtgarzeit: | 5½ (6¾) | Minuten |

**D**ie Birnen schälen, halbieren und das Kerngehäuse herausschneiden. Jede Hälfte auf der gewölbten Seite fächerförmig einschneiden und mit der Wölbung nach oben in eine Schale setzen. • Die Birnen bei 600 (500) Watt zugedeckt 2½ (3) Minuten garen. Die Birnen mit 1 Eßlöffel Zucker bestreuen und nochmals zugedeckt 1 (1¼) Minute bei 600 (500) Watt fertiggaren. • Die Schokolade in Stücke brechen und mit der Sahne in eine Schale geben. Bei 600 (500) Watt in 2 (2½) Minuten schmelzen lassen. Mit einem Schneebesen gut durchrühren und den Cognac untermischen. Das Eiweiß mit dem restlichen Zucker und dem Salz halb steif schlagen und unter die Schokolade ziehen. • Je 1 Birnenhälfte mit der gefächerten Seite nach oben auf einem Teller anrichten. Den Schokoladenschaum darüber oder daneben verteilen. Mit je 1 Pfefferminzblatt garnieren.

# Gefüllte Crêpes

Lassen sich auch mit anderen Beeren zubereiten

## Zutaten für 4 Personen:

| | |
|---|---|
| 40 g Mehl · 6 Eßl. Milch | |
| 1 Ei · 1 Prise Salz | |
| 20 g Zucker · 20 g Butter | |

Für die Füllung:

| | |
|---|---|
| 250 g Erdbeeren | |
| 2 Eßl. Erdbeerkonfitüre | |
| 3 Eßl. Sahne · 1 Eßl. Zucker | |

Für die Sauce:

| | |
|---|---|
| 200 g Erdbeeren · 1 Eßl. Zucker | |
| 1 Eßl. Wasser | |

### Anspruchsvoll

Pro Person 1200 kJ/290 kcal
Ruhezeit: 1 Stunde
Vorbereitungszeit: 25 Minuten
Garzeit:

| | |
|---|---|
| 490 (500) Watt | 1 Minute |
| 490 (500) Watt | 1 Minute |
| 490 (500) Watt | 1 Minute |
| 490 (500) Watt | 1 Minute |
| 490 (500) Watt | 3 Minuten |
| Gesamtgarzeit: | 7 Minuten |

**D**as Mehl mit der Milch, dem Ei, dem Salz und dem Zucker gut verrühren. Den Teig 1 Stunde ruhen lassen. • Für die Füllung die Erdbeeren waschen, entstielen, kleinschneiden und mit der Konfitüre mischen. Die Sahne mit dem Zucker steif schlagen und in den Kühlschrank stellen. • Für die Sauce die Erdbeeren waschen, entstielen und mit dem Zucker im Mixer pürieren. • Den runden Deckel einer feuerfesten Glasschüssel von 16 cm Ø mit wenig Butter ausstreichen. Eine dünne Teigschicht hineingeben. • Die Crêpe 1 Minute bei 490 (500) Watt garen. Dann auf eine Alufolie stürzen und darin warm halten. • Auf diese Weise 3 weitere Crêpes backen und ebenfalls warm halten. • Das Erdbeerpüree in eine kleine Schüssel geben. 3 Minuten bei 490 (500) Watt erhitzen. • Die steif geschlagene Sahne unter die Erdbeerfüllung heben. Die Crêpes damit füllen und aufrollen. Auf vorgewärmte Teller legen und mit der warmen Sauce begießen.

# Schaumomelette mit Rosinen

Schmeckt auch gefüllt gut

## Zutaten für 2 Personen:

| | |
|---|---|
| 2 Eßl. Rosinen · 2 Eßl. Rum | |
| 2 Eigelbe · 1 Teel. Vanillezucker | |
| 3 Eiweiße · 1 Prise Salz | |
| 1 Eßl. Zucker · 1 Eßl. steif geschlagene Sahne | |
| 1 Teel. Butter | |
| Puderzucker zum Bestäuben | |

### Preiswert

Pro Person 1200 kJ/290 kcal
Vorbereitungszeit: 20 Minuten
Garzeit:

| | |
|---|---|
| 600 (500) Watt | 1 (1¼) Minute |
| 360 (330) Watt | 3 (3¼) Minuten |
| 360 (330) Watt | 2 (2¼) Minuten |
| Gesamtgarzeit: | 6 (6¾) Minuten |

**D**ie Rosinen waschen, abtropfen lassen und in einer Schale mit dem Rum mischen. So lange stehenlassen, bis sie die ganze Flüssigkeit aufgesogen haben. • Die Eigelbe mit dem Vanillezucker schaumig schlagen. Die Eiweiße mit dem Salz und dem Zucker steif schlagen. Die Rosinen unter die Eigelbcreme ziehen. Den Eischnee und die steif geschlagene Sahne darunterziehen. • Eine große Schale mit der Butter ausstreichen und 1 (1¼) Minute bei 600 (500) Watt erhitzen. • Die Eimasse hineingeben und 3 (3¼) Minuten bei 360 (330) Watt garen. Das Gefäß aus dem Gerät nehmen und die Omelette mit einem Spatel vom Rand der Schale lösen. 2 (2¼) Minuten bei 360 (330) Watt fertigbacken, zusammenklappen und mit Puderzucker bestäubt sofort servieren.

Mein Tip: Diese Schaumomelette kann man auch füllen. In diesem Fall die Rosinen weglassen. Die Füllung nach dem ersten Garprozeß auf der Omelette verteilen und diese wie beschrieben fertigbacken, zusammenklappen und servieren.

# Mandelkuchen mit Schokolade

Für Besuch schnell gemacht

Zutaten für eine Glaskuchen-
form von etwa 1,2 l Inhalt:

| | |
|---|---|
| 5 Eigelbe · 100 g Zucker | |
| 1 Prise Salz · 5 Eiweiße | |
| 200 g gemahlene Mandeln | |
| 100 g Zartbitter-Schokolade | |
| 10 geschälte Mandeln | |

**Anspruchsvoll**

Insgesamt 11000 kJ/2600 kcal
Vorbereitungszeit: 20 Minuten
Garzeit:

| | | |
|---|---|---|
| 360 (330) Watt | 5 | (5¼) Minuten |
| 600 (500) Watt | 5 | (5½) Minuten |
| 600 (500) Watt | 1 | (1¼) Minute |
| Gesamtgarzeit: | 11 (12) | Minuten |

**D**ie Eigelbe mit der Hälfte des Zuckers und dem Salz zu einer weißschaumigen Creme schlagen. Die Eiweiße mit dem restlichen Zucker zu steifem Schnee schlagen. Die Mandeln unter die Eigelbmasse mengen und den Eischnee vorsichtig unterheben. Die Kuchenform mit Backpapier auskleiden und die Masse einfül-

len. • Den Kuchen 5 (5¼) Minuten bei 360 (330) Watt bakken, dann in 5 (5½) Minuten bei 600 (500) Watt fertigbakken. • Den Kuchen aus dem Gerät nehmen, 5–10 Minuten abkühlen lassen, dann auf ein Kuchengitter stürzen und vollkommen erkalten lassen. Das Gitter auf ein Stück Folie stellen. • Die Schokolade in Stücke brechen, in eine kleine Schale geben und 1 (1¼) Minute bei 600 (500) Watt schmelzen lassen. Die Schokolade gleichmäßig auf dem Kuchen verstreichen und diesen mit den Mandeln garnieren.

Mein Tip: Man kann den Kuchen auch mit kandierten Früchten garnieren. Den Teig kann man zusätzlich mit 1 großen, feingeraffelten Karotte und ½ Teelöffel abgeriebener Zitronenschale anreichern.

# Arme Ritter

Ein »süßes« Abendessen

Zutaten für 2 Personen:

| | |
|---|---|
| 2 Eier · 2 Eßl. Milch | |
| 1 Eßl. Sahne · 1 Prise Salz | |
| 1 Teel. abgeriebene Zitronen- schale · 4 dünne Weißbrot- scheiben ohne Rinde | |
| 1 Eßl. dickes Pflaumenmus | |
| 2 Eßl. Butterschmalz | |
| ½ Teel. Zimtpulver | |
| 2 Eßl. Zucker | |

**Gelingt leicht • Preiswert**

Pro Person 2200 kJ/520 kcal
Vorbereitungszeit: 15 Minuten
Garzeit:

| | | |
|---|---|---|
| 600 (500) Watt | 4 (4½) | Minuten |
| 490 (500) Watt | 20 | Sekunden |
| 490 (500) Watt | 20 | Sekunden |
| 490 (500) Watt | ½ | Minute |
| Gesamtgarzeit: | | |
| | 5 Minuten, 10 Sekunden | |
| | (5 Minuten, 40 Sekunden) | |

**D**ie Eier mit der Milch und der Sahne gut verrühren, dann das Salz und die Zitronenschale hinzufügen. • Die Brotscheiben auf einer Seite mit

dem Pflaumenmus bestreichen und jeweils zwei Scheiben mit der bestrichenen Seite gegeneinanderlegen. • Eine Bräunungsplatte 4 (4½) Minuten bei 600 (500) Watt erhitzen. • Die Brotscheiben durch die Eimischung ziehen. Das Butterschmalz auf die Platte geben und die Brotscheiben daraufdrücken. 20 Sekunden bei 490 (500) Watt anbraten. Dann wenden und auf der anderen Seite ebenfalls 20 Sekunden braten. • Die restliche Eiermilch über die Brotscheiben gießen und diese nochmals ½ Minute bei 490 (500) Watt garen. • Den Zimt mit dem Zucker mischen. Die Armen Ritter warm servieren und mit dem Zimtzucker bestreuen.

Mein Tip: Man kann die Brotscheiben auch mit Aprikosen- oder bitterer Orangenkonfitüre bestreichen.

# Köstliche Cremedesserts

Geeignet als Abschluß für jedes Menü

## Feine Mokkacreme

im Bild hinten

Zutaten für 4 Personen:

2 Eßl. Instant-Kaffeepulver

3 Eßl. Zucker · 4 Eigelbe

¼ l Sahne · 1 Eiweiß

**Gelingt leicht**

Pro Person 1300 kJ/310 kcal
Vorbereitungszeit: 15 Minuten
Garzeit:
360 (330) Watt          3 (3¼) Minuten
Fertigstellung:          15 Minuten

**D**as Kaffeepulver, 2 Eßlöffel
Zucker, die Eigelbe und
2 Eßlöffel Sahne schaumig
schlagen. • Die Masse in eine
Form geben und 3 (3¼) Minuten bei 360 (330) Watt garen.
Dabei alle 30 Sekunden umrühren. • Die Creme kalt rühren.
Die restliche Sahne steif schlagen und drei Viertel davon unter die Creme ziehen. Das Eiweiß mit dem restlichen Zucker
zu steifem Schnee schlagen und
ebenfalls unter die Creme he-

ben. • Die Creme in schöne Gläser füllen und mit der restlichen
Sahne garnieren.

Mein Tip: Das Kaffeepulver
kann durch Schokoladenpulver
ersetzt werden. Falls es gesüßt
ist, etwas weniger Zucker verwenden.

## Orangencreme mit Krokant und Schokoladensauce

im Bild vorne

Zutaten für 4 Personen:

130 g Zucker · 2 Eßl. Wasser

50 g geschälte Mandeln,
gestiftelt · 1 Teel. Butter

1 Orange · 3 Eigelbe

¼ l Milch · 4 Blatt weiße
Gelatine · 1 Eßl. Orangenlikör

¼ l Sahne

Für die Sauce:

40 g Zartbitter-Schokolade

1½ Eßl. Sahne

**Anspruchsvoll**

Pro Person 2400 kJ/570 kcal
Vorbereitungszeit: 30 Minuten
Garzeit:
600 (500) Watt     2¾ (3¼) Minuten
600 (500) Watt     2   (2½) Minuten
490 (500) Watt     2       Minuten
600 (500) Watt     ¼   (½) Minute
Gesamtgarzeit:      7   (8¼) Minuten

**E**twa 80 g Zucker und das
Wasser in eine Form geben
und bei 600 (500) Watt
2¾ (3¼) Minuten karamelisieren. • Die Mandeln dazufügen
und gut untermischen. Ein gro-
ßes Stück Alufolie mit der Butter bestreichen und die Masse
darauf verteilen. • Nach dem
Erkalten mit dem Nudelholz
oder in einem Mörser zu Krü-
meln zerstoßen. • Die Orange
heiß waschen, die Schale abreiben und die Orange auspressen. Die Eigelbe mit dem restlichen Zucker, der Orangenschale und dem Saft schaumig
schlagen. • Die Milch bei 600
(500) Watt 2 (2½) Minuten er-

hitzen. Unter Rühren zum Eier-
schaum geben. Diese Masse bei
490 (500) Watt 2 Minuten zu
einer Creme kochen. • Die Gelatine in kaltes Wasser legen
und etwas quellen lassen. Gut
ausdrücken und mit dem Orangenlikör in der noch warmen
Creme unter Rühren auflösen.
• Das fein zerstoßene Krokant
unter die erkaltete Creme mischen. Die Sahne steif schlagen
und darunterziehen. Die Creme
in Gläser füllen und im Kühlschrank fest werden lassen.
• Für die Sauce die Schokolade
in Stücke brechen und mit der
Sahne in eine Form geben.
¼ (½) Minute bei 600 (500)
Watt schmelzen lassen. • Zum
Servieren die Gläser kurz in heißes Wasser tauchen, die Creme
auf Teller stürzen und mit der
Sauce umgießen.

# Flammeri und Pudding auf altbekannte Art

Versuchungen für alle, die Süßes lieben

## Grießflammeri mit Himbeersauce

im Bild hinten

Zutaten für 4 Personen:

½ l Milch · 40 g Zucker

1 Prise Salz · 30 g Butter

1 Vanilleschote · 60 g Grieß

2 Eigelbe · ⅛ l Sahne

100 g Himbeeren

Für die Sauce:

200 g Himbeeren · 50 g Zucker

6 Eßl. Wasser

Saft von 1 Zitrone

### Anspruchsvoll

Pro Person 1900 kJ/450 kcal
Vorbereitungszeit: 20 Minuten
Garzeit:

| | | |
|---|---|---|
| 600 (500) Watt | 6 (6½) | Minuten |
| 360 (330) Watt | 11 (11½) | Minuten |
| Gesamtgarzeit: | 17 (18) | Minuten |

**D**ie Milch, den Zucker, das Salz und die Butter in eine Form geben und mischen. Die Vanilleschote längs aufschlitzen, das Mark herauskratzen und dazufügen. • Die Masse 6 (6½) Minuten bei 600 (500) Watt erhitzen. • Den Grieß unterrühren. 11 (11½) Minuten bei 360 (330) Watt kochen. Dabei ab und zu umrühren.
• Kurz abkühlen lassen, dann die Eigelbe unter den Brei mischen. Die Sahne steif schlagen und unter die erkaltete Masse ziehen. Eine Puddingform mit kaltem Wasser ausspülen und die Masse hineingießen. So lange kalt stellen, bis der Flammeri fest geworden ist. • Für die Sauce die gewaschenen Himbeeren mit dem Zucker, dem Wasser und dem Zitronensaft im Mixer pürieren. Durch ein feines Sieb streichen, um die Kerne zu entfernen. • Den Pudding stürzen, mit der Sauce umgießen und mit den ganzen gewaschenen Himbeeren garnieren.

## Karamelpudding

im Bild vorne

Zutaten für 4 Personen:

4 Eßl. Zucker · 4 Teel. Wasser

2 Eigelbe · 1 Ei · 1 Prise Salz

4 Eßl. Zucker · 1 Vanilleschote

⅜ l Sahne · 1 Eßl. Rum

1 Teel. Zucker

### Gelingt leicht

Pro Person 2000 kJ/480 kcal
Vorbereitungszeit: 20 Minuten
Garzeit:

| | | |
|---|---|---|
| 600 (500) Watt | 3½ (4) | Minuten |
| 180 (150) Watt | 7 (7½) | Minuten |
| Gesamtgarzeit: | 10½ (11½) | Minuten |

**J**e 1 Eßlöffel Zucker und 1 Teelöffel Wasser in 4 Auflaufförmchen geben (7 cm ∅). Bei 600 (500) Watt 3½ (4) Minuten karamelisieren lassen. Sollte der Zucker dabei ungleichmäßig braun werden, den Garprozeß unterbrechen und die Förmchen etwas drehen.
• Die Eigelbe und das Ei mit dem Salz und dem Zucker schaumig rühren. Die Vanilleschote längs aufschlitzen und das Mark herauskratzen. Mit ¼ l Sahne und dem Rum unter die Eiermasse rühren. Die Mischung in die Förmchen mit dem Karamel verteilen. Diese mit Klarsichtfolie abdecken.
• Die Puddings bei 180 (150) Watt 7 (7½) Minuten stocken lassen, dann einige Stunden kühl stellen. • Die restliche Sahne steif schlagen. Die Puddings am oberen Rand mit einem Messer von der Form lösen, auf Teller stürzen und mit der Sahne garnieren.

Mein Tip: Man kann zusätzlich eine Karamelsauce zubereiten, die getrennt zu den Puddings serviert wird: 80 g Zucker mit 2 Eßlöffeln Wasser in eine Form geben und 4 (4½) Minuten bei 600 (500) Watt karamelisieren. 4 Eßlöffel Wasser und 20 g Butter hinzufügen und 2 Minuten bei 490 (500) Watt kochen, damit sich der Karamel auflöst.

# Mohr im Hemd

Die schwarzweiße Versuchung

# Zitronenquarkschnitten

Dazu paßt eine Fruchtsauce gut

Zutaten für 4 Personen:
3 Eigelbe · 3 Eßl. Zucker
40 g Zartbitter-Schokolade
5 Eßl. gesüßtes Schokoladenpulver · 2 Eßl. Haselnüsse,
feingemahlen · 1 Eßl. Rum
3 Eiweiße · 1 Prise Salz
20 g Butter · ⅛ l Crème fraîche

**Anspruchsvoll**

Pro Person 1600 kJ/380 kcal
Vorbereitungszeit: 20 Minuten
Garzeit:
600 (500) Watt     2 (2½) Minuten

**D**ie Eigelbe mit dem Zucker zu einer sämigen, weiß-schaumigen Creme schlagen. • Die Schokolade raffeln oder feinschneiden. Mit dem Schokoladenpulver, den Haselnüssen und dem Rum unter die Eiercreme mischen. Die Eiweiße mit dem Salz steif schlagen. Den Eischnee unter die Masse ziehen. • 4 kleine Auflaufförmchen mit der Butter ausstreichen. Zu drei Vierteln mit der

Masse füllen. 2 (2½) Minuten bei 600 (500) Watt backen. • Die Puddings etwas abkühlen lassen, stürzen, wieder wenden und auf Teller verteilen. Noch lauwarm mit der Crème fraîche umgießen und sofort servieren.

Mein Tip: Die Schokoladenpuddings lassen sich zusätzlich mit geschmolzener Schokolade überziehen und mit steif geschlagener Sahne garnieren. Für die Glasur 50 g Zartbitter-Schokolade in Stücke brechen und 20 Sekunden bei 600 (500) Watt schmelzen lassen. Um die Weihnachtszeit kann man dem Teig 1 Teelöffel Lebkuchengewürz zufügen. In diesem Fall die Crème fraîche weglassen und stattdessen eine leichte Vanillesauce oder eine lauwarme Weinschaumcreme (Rezept Seite 114) dazu reichen.

Zutaten für 4 Personen:
2 Eigelbe von großen Eiern
1 Eßl. Zucker
1 kleine unbehandelte Orange
1½ Eßl. Mehl · 3 Eiweiße
1 Prise Salz · 1 Teel. Butter
Für die Füllung:
2 Eigelbe von großen Eiern
Saft von 1 Zitrone · 2½ Eßl.
Zucker · 2 Blatt weiße Gelatine
250 g Sahnequark · 1 Eßl. Weißwein · 50 g Himbeeren oder
Johannisbeeren

**Gelingt leicht**

Pro Person 1100 kJ/260 kcal
Vorbereitungszeit: 15 Minuten
Garzeit:

| | | |
|---|---|---|
| 490 (500) Watt | 4 | Minuten |
| 360 (330) Watt | 2½ (2¾) | Minuten |
| 600 (500) Watt | 1 (1¼) | Minute |
| Gesamtgarzeit: | 7½ (8) | Minuten |

**D**ie Eigelbe mit dem Zucker zu einer dickflüssigen Masse schlagen. Die Orange heiß abwaschen und die Schale abreiben. Die Orange auspressen,

dann den Saft mit der Schale unter die Creme mischen. Das Mehl unterrühren. Die Eiweiße mit dem Salz steif schlagen und unterziehen. • Eine flache Form mit der Butter ausstreichen. Den Teig einfüllen und 4 Minuten bei 490 (500) Watt backen. • Den Biskuit herausstürzen. • Für die Füllung die Eigelbe mit dem Zitronensaft und 1 Eßlöffel Zucker 2½ (2¾) Minuten bei 360 (330) Watt kochen. Dabei alle 30 Sekunden umrühren. • Die Gelatine in kaltem Wasser einweichen. Den Quark und den restlichen Zucker mit der Creme verrühren. • Den Wein bei 600 (500) Watt 1 (1¼) Minute erwärmen. Die Gelatine ausdrücken und darin auflösen. • Die Beeren waschen und mit dem Wein unter die Creme mischen. • Die Hälfte des Biskuits in eine Form legen. Mit der Creme füllen und mit dem restlichen Biskuit abdecken. • Das Dessert 2 Stunden kalt stellen.

# Biskuitroulade mit Brombeerfüllung

Für eine gemütliche Teestunde

| Zutaten für 4 Personen: |
| --- |
| 10 g flüssige Butter |
| 90 g Zucker · 3 Eier |
| 1 Teel. abgeriebene |
| Zitronenschale |
| 60 g Mehl |
| 40 g Sahnequark |
| 4 Eßl. Brombeerkonfitüre |
| 2 Eßl. Zucker zum Bestreuen |
| 2 Eßl. Puderzucker |

**Gelingt leicht • Preiswert**

Pro Person 1400 kJ/330 kcal
Vorbereitungszeit: 20 Minuten
Garzeit:
600 (500) Watt        6 (6½) Minuten

**E**ine größere Bräunungsschale mit der Butter bestreichen
und mit 2 Eßlöffeln Zucker bestreuen. • Die Eier mit dem restlichen Zucker und der Zitronenschale mit dem Schneebesen
schaumig schlagen. Das Mehl
unter die Masse heben. • Die
Masse in die Bräunungsschale
geben und glattstreichen. • Den
Teig 6 (6½) Minuten bei 600
(500) Watt backen. • Den Sahnequark mit der Brombeerkon-
fitüre verrühren. • Ein Tuch mit
dem Zucker bestreuen. Den Biskuit daraufstürzen und wenden, so daß die helle Seite oben
liegt. Den Teig etwas flachdrük-
ken und mit dem Brombeer-
quark bestreichen. Den Teig
noch warm aufrollen. • Die Biskuitroulade vor dem Servieren
mit dem Puderzucker bestäuben und in Scheiben schneiden.

Mein Tip: Der Biskuit läßt sich
auch mit anderer Konfitüre
oder mit dicker Schokoladen-
oder Karamelcreme füllen. Der
Biskuit wird in einer Bräunungsschale gebacken, damit er
etwas Farbe bekommt.

# Heiße Getränke zum Aufwärmen

Nur hitzebeständige Gläser verwenden

## Heiße Schokolade

im Bild links

Zutaten für 4 Personen:
100 g Zartbitter-Schokolade
6 Eßl. Sahne · gut ½ l Milch
1 Eßl. Zucker

**Gelingt leicht**

Pro Person 1300 kJ/310 kcal
Vorbereitungszeit: 5 Minuten
Garzeit:

| | |
|---|---|
| 600 (500) Watt | 2 (2½) Minuten |
| 490 (500) Watt | 5 Minuten |
| Gesamtgarzeit: | 7 (7½) Minuten |

Die Schokolade in Stücke brechen und mit der Sahne und etwa 6 Eßlöffeln Milch in eine Schale geben. 2 (2½) Minuten bei 600 (500) Watt zugedeckt erwärmen, bis die Schokolade schmilzt. • Alles gut durchrühren, dann die restliche Milch und den Zucker dazugeben. 5 Minuten bei 490 (500) Watt zugedeckt erhitzen.

## Honigmilch

im Bild 2. von links

Zutaten für 4 Personen:
600 ccm Milch · 4 Eßl. Honig
1 Eßl. Sahnequark · 1 Teel.
Pfefferminze, frisch gehackt

**Gegen Erkältung**

Pro Person 700 kJ/170 kcal
Garzeit:

| | |
|---|---|
| 600 (500) Watt | 2 (2½) Minuten |
| 360 (330) Watt | 5 (5¼) Minuten |
| Gesamtgarzeit: | 7 (7¾) Minuten |

Die Milch mit dem Honig und dem Quark in einer Schüssel mischen. 2 (2½) Minuten bei 600 (500) Watt zugedeckt erhitzen. • Gut durchrühren, dann die Pfefferminze dazufügen und alles 5 (5¼) Minuten bei 360 (330) Watt zugedeckt ziehen lassen. In vorgewärmte Gläser füllen.

## Irish coffee

im Bild 2. von rechts

Zutaten für 2 Personen:
2 Eßl. Sahne · ¼ l Kaffee
3 Teel. Rohrzucker
4 cl Irish Whiskey · eventuell
etwas Schokoladenpulver

**Anspruchsvoll**

Pro Person 360 kJ/85 kcal
Vorbereitungszeit: 10 Minuten
Garzeit:

| | |
|---|---|
| 490 (500) Watt | 2 Minuten |

Die Sahne ganz leicht schlagen; sie soll noch fließen. • Den Kaffee mit dem Zucker 2 Minuten bei 490 (500) Watt zugedeckt erwärmen. • Den Whiskey in hohe Gläser oder große Kaffeetassen geben und zu drei Viertel mit dem Kaffee auffüllen. Die Sahne über einen Löffelrücken in den Kaffee fließen lassen. Eventuell mit Schokoladenpulver bestreuen.

## Schlummertee

im Bild rechts

Zutaten für 4 Personen:
1 l Wasser · 1 Beutel Schwarztee
4 Eßl. gemischte Kräuter
(Kerbel, Thymian, Zitronenmelisse, Pfefferminze, Salbei),
frisch gehackt · 80 g Zucker
4 Orangenscheiben · 2 Gewürznelken · 2 Wacholderbeeren

**Gelingt leicht**

Pro Person 740 kJ/180 kcal
Garzeit:

| | |
|---|---|
| 600 (500) Watt | 5 (5½) Minuten |
| 490 (500) Watt | 4 Minuten |
| Gesamtgarzeit: | 9 (9½) Minuten |

Das Wasser zugedeckt 5 (5½) Minuten bei 600 (500) Watt aufkochen. Den Schwarztee, die Kräuter, den Zucker, die Orangenscheiben und die Gewürze hinzufügen. • Alles 4 Minuten bei 490 (500) Watt zugedeckt erhitzen. In Gläser oder Tassen absieben.

# Punsch und Glühwein

Gehören unbedingt zur Adventszeit

## Gewürzpunsch

im Bild rechts

Zutaten für 2 Personen:

200 ccm Rotwein · 50 g Zucker
½ Teel. abgeriebene Orangenschale · Saft von 1 Orange
1 Gewürznelke · 2 cl Rum

### Gelingt leicht

Pro Person 780 kJ/190 kcal
Garzeit:
600 (500) Watt          2 (2½) Minuten
360 (330) Watt          5 (5¼) Minuten
Gesamtgarzeit:          7 (7¾) Minuten

**D**en Rotwein mit dem Zuk-
ker, der Orangenschale,
dem Orangensaft und der Nelke in eine Glasschale oder einen
Krug geben. • 2 (2½) Minuten
bei 600 (500) Watt zugedeckt
erhitzen. Dann 5 (5¼) Minuten
bei 360 (330) Watt ziehen lassen. Den Rum untermischen.

Mein Tip: Damit die Gläser
nicht springen, gibt man beim
Servieren einen versilberten

Löffel in das Glas und gießt den
Punsch langsam hinein.

## Autofahrerpunsch

im Bild 2. von rechts

Zutaten für 2 Personen:

½ l Wasser
100 ccm Traubensaft
Saft von ½ Orange · 1 Prise
Zimtpulver · 3 Eßl. Zucker
3 Eßl. Zitronensaft · eventuell
etwas Rumaroma · 2 Zitronen-
oder Orangenscheiben

### Besonders schnell

Pro Person 700 kJ/170 kcal
Garzeit:
600 (500) Watt          2 (2½) Minuten

**A**lle Zutaten bis auf die Zitro-
nen- oder Orangenschei-
ben in einer Schale mischen und
zugedeckt 2 (2½) Minuten bei
600 (500) Watt erhitzen. Dann
in hohe Gläser füllen. Die Zitro-
nen- oder Orangenscheiben bis

zur Hälfte einschneiden und an
die Ränder der Gläser stecken.

## Apfelpunsch

im Bild links

Zutaten für 2 Personen:

⅛ l Weißwein · 2 Eßl. Zucker
½ Teel. abgeriebene Zitronenschale · ⅛ l Apfelsaft
2 Gewürznelken · eventuell
1 Eßl. Calvados

### Gelingt leicht

Pro Person 730 kJ/170 kcal
Garzeit:
600 (500) Watt          2 (2½) Minuten
360 (330) Watt          5 (5¼) Minuten
Gesamtgarzeit:          7 (7¾) Minuten

**D**en Weißwein mit dem Zuk-
ker, der Zitronenschale,
dem Apfelsaft und den Nelken
in einer Schale mischen und zugedeckt 2 (2½) Minuten bei
600 (500) Watt erhitzen. Dann
gut durchrühren und 5 (5¼)
Minuten bei 360 (330) Watt

zugedeckt ziehen lassen. Nach
Belieben den Calvados hinzufügen und den Punsch in Gläser
absieben.

## Glühwein

im Bild 2. von links

Zutaten für 4 Personen:

½ l Rotwein · 4 Gewürznelken
1 Lorbeerblatt · 2 Zimtstangen
100 g Zucker
4 Orangenschnitze
1 Zitrone, in Scheiben

### Etwas teurer

Pro Person 810 kJ/190 kcal
Garzeit:
600 (500) Watt          3 (3½) Minuten
360 (330) Watt          5 (5¼) Minuten
Gesamtgarzeit:          8 (8¾) Minuten

**A**lle Zutaten in einer Schale
mischen und bei 600 (500)
Watt zugedeckt 3 (3½) Minuten erhitzen. Dann 5 (5¼) Minuten bei 360 (330) Watt ziehen lassen. In Gläser absieben.

125

# Richtig erwärmen in der Mikrowelle

## Vitaminschonend und gesund

Die meisten Lebensmittel lassen sich im Mikrowellengerät hervorragend erwärmen oder erhitzen. Die Gerichte schmecken wie frisch gekocht und nicht wie aufgewärmt. Das ist besonders ideal, wenn die Familie zu verschiedenen Zeiten zum Essen kommt. Nicht nur für den Geschmack ist es besser, wenn die Speisen abgekühlt und erst bei Bedarf kurz erhitzt werden. Auch die Vitamine bleiben dadurch besser erhalten.

Für das Erwärmen oder Erhitzen werden alle Gerichte zugedeckt. So erwärmen sie sich gleichmäßig und besonders schnell, ohne auszutrocknen. Zum Abdecken eignen sich umgedrehte Teller, hitzebeständige Kunststofffolien, Pergamentpapier oder spezielle Abdeckhauben für das Mikrowellengeschirr.

## Fleisch

Fleischgerichte lassen sich im Mikrowellengerät schonend und schnell erwärmen. Je kleiner dabei die Portionen oder je dünner die Scheiben sind, um so schneller geht es. Große Bratenstücke kann man deshalb vor dem Erwärmen gleich in portionsgerechte Scheiben schneiden. Grundsätzlich wird Fleisch abgedeckt erwärmt. Unbedeckt bleiben panierte Fleischgerichte, die ihre Kruste behalten sollen.

Damit Bratenstücke beim Erwärmen saftig bleiben, werden die Fleischscheiben mit Sauce begossen und das Gefäß zugedeckt.

## Erwärmen auf dem Eßteller

Es ist kein Problem, Fleisch, Gemüse und Beilagen wie Reis, Kartoffeln oder Nudeln gleichzeitig im Mikrowellengerät zu erwärmen. Sehr praktisch ist es, wenn man alles bereits auf einem Eßteller anrichtet. Im Fachhandel gibt es speziell für diesen Zweck hergestellte Eßteller mit Abdeckhaube.

Grundsätzlich eignet sich zum Erwärmen das herkömmliche Serviergeschirr. Eine Ausnahme sind jedoch Geschirre mit Metalldekor, zum Beispiel Silber- oder Goldrand. Sie werden beim Gebrauch im Mikrowellengerät beschädigt.

## Gemüse und Beilagen

Lange Warmhaltezeiten oder längeres Aufwärmen bekommt Gemüse meist gar nicht. Es verliert an Geschmack, Vitamine, Konsistenz und Farbe. In der Mikrowelle dagegen läßt sich Gemüse ohne Verluste besonders gut erwärmen. Es behält seinen Biß und schmeckt so aromatisch wie frisch gekocht.

Gemüse wie Erbsen oder Karotten vor dem Erwärmen nur mit etwas Wasser befeuchten und zugedeckt in einem Gefäß erhitzen. Dabei einmal umrühren. Dasselbe gilt für Reis und Nudeln. Ein Stück Butter verfeinert das Ganze.

Während des Erwärmens die Speisen ein- bis zweimal umrühren. Das ist wichtig, damit sich die Hitze gleichmäßig verteilt. Gerichte, die sich nicht umrühren lassen, während des Erhitzens einmal mit dem Gefäß drehen.

Beim Herausnehmen der erhitzten Speisen immer Topflappen verwenden. Auch wenn die Mikrowellen nicht das Geschirr selbst erwärmen, die Lebensmittel geben häufig so viel Hitze an die Gefäße ab, daß man sich leicht die Finger verbrennen kann.

Panierte Fleischstücke wie Schnitzel mit Öl bestreichen, in ein Gefäß oder auf einen Teller geben und unbedeckt erhitzen. Nach der Hälfte der Zeit einmal umwenden.

Bereits gegrillte Hähnchen, die erwärmt werden sollen, mit flüssiger Butter bestreichen, in ein Gefäß legen und unbedeckt erhitzen. Während der Erwärmungszeit das Gefäß einmal drehen.

Beim Erwärmen werden dicke Teile, wie zum Beispiel von Hähnchenkeulen, nach außen gelegt. Dasselbe gilt auch für Lebensmittel mit größerer Dichte wie zum Beispiel Kartoffelbrei. Empfindliche Lebensmittel wie feines Gemüse werden in der Mitte des Eßtellers angerichtet.

Auch Gerichte, die auf dem Eßteller erwärmt werden, sollten grundsätzlich abgedeckt werden. Wenn keine geeignete Abdeckhaube vorhanden ist, genügt auch hitzebeständige Kunststoffolie oder wachsbeschichtetes Pergamentpapier.

Gemüse und Beilagen in Sauce, wie etwa Béchamelkartoffeln, lassen sich besonders gut erwärmen. Sie werden ebenfalls zugedeckt erhitzt und, wenn möglich, umgerührt, oder das Gefäß wird gedreht.

Sehr wasserhaltiges oder stärkehaltiges Gemüse, wie zum Beispiel Pellkartoffeln, schmecken wie frisch gekocht, wenn man sie vor dem Erwärmen in Kunststoffolie einwickelt.

# Tiefgefrorenes in der Mikrowelle

## Geeignetes Geschirr

Alle Geräte besitzen eine Auftaustufe, die die Lebensmittel ideal auftaut. Durch das rasche Auftauen werden die Zellstrukturen kaum verletzt, und der Saftverlust ist gering. Wichtig ist die Wahl des geeigneten Geschirrs beziehungsweise kälte- und hitzebeständiger Kunststoffmaterialien. Beim Einfrieren sollte man bereits an das spätere Auftauen in der Mikrowelle denken. Um die Qualität der gefrorenen Produkte zu erhalten, sind gute Verpackung und einwandfreies Verpackungsmaterial unbedingt erforderlich. Vorteilhaft sind dabei Gefäße, die viereckig und gut stapelbar sind.

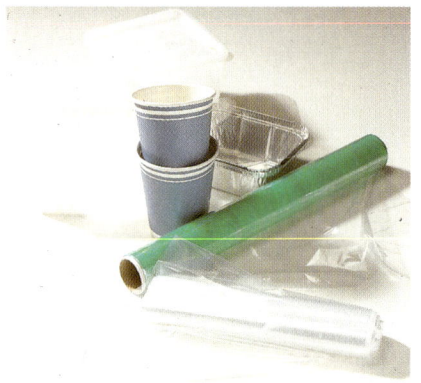

Sollen tiefgefrorene Lebensmittel in der Verpackung nur aufgetaut werden, eignen sich dafür am besten offene, flache Aluschalen, Polyäthylenfolien und -beutel, hitzebeständige Kunststoffbehälter, beschichteter Karton oder Pergabecher.

## Gemüse und Obst

Tiefkühlen ist für Gemüse eine der schonendsten Konservierungsmöglichkeiten. Eingefrorenes Gemüse und Obst schmecken fast genauso gut wie frisches. Durch das schnelle Auftauen in der Mikrowelle bleiben Aromastoffe, Farbe und Vitamine besonders gut erhalten. Wichtig ist, daß zum Einfrieren immer nur einwandfreie, unbeschädigte Qualität verwendet wird.

Das Blanchieren vor dem Einfrieren verhindert den Farbabbau. Die Tätigkeit der Enzyme, die Vitamine abbauen, wird außerdem gestoppt. Das zerkleinerte Gemüse portionsweise (250 g) mit etwa ½ l Wasser in einer Glasschüssel bei voller Leistung 3—4 Minuten zugedeckt blanchieren. Dann abgießen und das Gemüse in Eiswasser tauchen.

## Fleisch und Fisch

Tiefgefrorenes Fleisch und Fisch lassen sich in der Mikrowelle in kürzester Zeit auftauen und anschließend nach Rezept garen. Beim Selbsteinfrieren möglichst flache Pakete machen oder in kleineren Portionen einfrieren. Diese sind schneller aufgetaut als große Mengen.

Hackfleisch oder bereits fertig gewürzte Hackfleischmischung wird in flachgedrückten Beuteln eingefroren. Man kann auch bereits vorgeformte Frikadellen einfrieren. Zum Auftauen werden diese kreisförmig auf dem Geschirr angeordnet.

## Andere Lebensmittel

Alle Lebensmittel lassen sich im Mikrowellengerät hervorragend auftauen. Brot und Brötchen sollten allerdings erst kurz vor der Verwendung aufgetaut werden, sonst werden sie weich und nicht knusprig. Kleingeschnittene oder flüssige Lebensmittel zwischendurch ein- bis zweimal umrühren. Dadurch verringert sich die Auftauzeit.

Empfindliche Lebensmittel, wie zum Beispiel auch eine Sahnetorte, aus dem Mikrowellengerät nehmen, bevor sie ganz aufgetaut sind. Einige Zeit bei Raumtemperatur stehenlassen, bis auch der innere Kern aufgetaut ist.

Tiefgefrorene Lebensmittel, die aufgetaut, erwärmt oder gegart werden sollen, füllt man beim Einfrieren bereits in Gefäße, die sowohl hitzefest als auch kältebeständig sind. Gut geeignet sind Gefäße aus hochwertigem Spezialkunststoff. Sie sind bis −40° kältefest und bis 140° oder 180° hitzebeständig.

Zum Auftauen und Garen sind neben geeigneten Kunststoffmaterialien auch feuerfeste Glaskeramik, Bratfolien und Bratbeutel geeignet. Formen ohne Deckel verschließt man mit Bratfolie, die man mit einem Gummiring luftdicht festhält.

Für das Einfrieren von Gemüse, Obst und Beeren immer flache Beutel machen, weil sie schneller auftauen. Die Beutel kurz in Wasser tauchen, um sie voneinander zu trennen. Kreuzweise einschneiden, mit der aufgeschnittenen Seite nach unten in ein Gefäß legen, damit der beim Auftauen entstehende Saft austreten kann.

Gefrorenes Gemüse aus Gefrierdosen, das erwärmt werden soll, gleich in das Serviergeschirr füllen. 2 Eßlöffel Wasser hinzufügen, zudecken und im Mikrowellengerät auftauen und erwärmen. Zum Schluß mit Butter und frischen Kräutern verfeinern.

Empfindliche Teile wie Schwanzflossen von Fischen, Keulen von Hähnchen oder Flügelteile zum Auftauen mit kleinen Stücken Alufolie abdecken. Diese nach der Hälfte der Auftauzeit entfernen. Damit wird verhindert, daß diese Teile bereits anfangen zu garen, während der Rest noch nicht ganz aufgetaut ist.

Große Fleischstücke zum Auftauen auf eine umgedrehte Untertasse in ein Gefäß legen. Der Fleischsaft kann dadurch abtropfen. Damit der äußere Teil noch nicht anfängt zu garen, während der innere Kern noch gefroren ist, große Stücke nach teilweisem Auftauen mindestens 30 Minuten bei Raumtemperatur stehenlassen.

Suppe friert man am besten portionsweise ein. Gefrierbeutel in die Suppentasse geben, die abgekühlte Suppe einfüllen und die Beutel verschließen. Dabei 1 cm Luft lassen, weil sich die Suppe beim Gefrieren ausdehnt. Zum Auftauen die gefrorene Suppe in die Tasse geben, auftauen und heiß werden lassen.

Tiefgefrorener Orangensaft läßt sich in der Packung auftauen. Dazu den Deckel abnehmen und die Packung aufrecht in das Mikrowellengerät stellen. Bei voller Leistung in ½ bis 1½ Minuten auftauen.

# Besondere »Mikro-Tips«

### Schokolade und Glasuren schmelzen

100 g Schokolade in Stücke brechen und 2 Minuten bei voller Leistung erwärmen. Glasur in eine Tasse umfüllen. 100 g benötigen eine ¾ Minute bei voller Leistung.

### Honig verflüssigen

Kristallisierter Honig läßt sich ohne Wertstoffverlust leicht verflüssigen. Erwärmen Sie den Honig im offenen Glas bei Stellung »Auftauen«. 500 g Honig sind in 4 Minuten verflüssigt. Nach 3 Minuten umrühren.

### Butter streichfähig machen

Kühlschrankkalte Butter ist in Sekundenschnelle streichfähig, wenn sie im Mikrowellengerät bei der Stufe »Auftauen« kurz erwärmt wird. 125 g benötigen ¼ Minute, 250 g ½ Minute.

### Speiseeis cremig machen

Speiseeis schmeckt cremig sehr viel besser. Aus dem Tiefkühlgerät genommen, ist es oft viel zu hart. Es läßt sich auch besser aus der Packung nehmen, wenn Sie eine Menge von ½ l für 1 Minute auf der Stufe »Auftauen« erwärmen.

### Käseplatte vorbereiten

Richtig temperiert entwickelt Käse erst den typischen Geschmack. Es genügt, ihn im Mikrowellengerät in kurzer Zeit auf die richtige Temperatur zu bringen. Für 100 g benötigen Sie ¼ Minute bei der Stufe »Auftauen«.

### Kohlblätter lösen

Von festen Kohlköpfen lassen sich die Blätter im Mikrowellengerät gut lösen. Schlechte Blätter abtrennen, dann den Kopf im Ganzen 2 bis 4 Minuten bei voller Leistung erhitzen. Die äußeren Blätter lassen sich dann leicht abtrennen.

### Kräuter und Pilze trocknen

Die Kräuter waschen, zerkleinern und zwischen zwei Lagen Küchenpapier auf der höchsten Stufe zwischen 1 und 3 Minuten trocknen. Kontrollieren Sie den Trocknungsvorgang öfters. Blättrig geschnittene Pilze auf einem Teller ausbreiten.

### Trockenfrüchte einweichen

Geben Sie 250 g Früchte in ein geeignetes Gefäß, beträufeln Sie die Trockenfrüchte mit einigen Eßlöffeln Wasser, decken Sie das Gefäß zu und erhitzen Sie 2 bis 3 Minuten bei voller Leistung.

### Gelatine auflösen

Gelatinepulver (für ½ l Flüssigkeit) mit 5 Eßlöffeln Wasser in einer Tasse anrühren. 10 Minuten stehenlassen. Bei voller Leistung des Geräts ist die Gelatine in ½ Minute flüssig. Umrühren ist dabei nicht erforderlich.

### Zucker karamelisieren

50 g Zucker mit 1 Eßlöffel Wasser verrühren und bei voller Leistung 3 Minuten erhitzen, bis er braun wird. Nach Belieben 1 Teelöffel Butter hinzufügen. ½ Teelöffel Zitronensaft verhindert, daß der Zucker nach dem Erkalten hart wird.

### Teller vorwärmen

Teller lassen sich im Mikrowellengerät besonders schnell vorwärmen. Jeden Teller mit etwas Wasser anfeuchten und bei voller Leistung erhitzen. Für 4 Teller brauchen Sie etwa 2 Minuten.

### Zitrusfrüchte ergiebig auspressen

Orangen und Zitronen ergeben beim Auspressen mehr Saft, wen sie vorher für etwa 20 Sekunden im Mikrowellengerät bei voller Leistung erwärmt werden.

### Milch erhitzen

Für den kleinen Imbiß zwischendurch ist Milch in der Mikrowelle schnell erwärmt. In einem feuerfesten Glas (0,2 l) braucht sie bei voller Leistung 2 Minuten, bis sie heiß ist.

### Salatsaucen aromatisieren

Salatsaucen, die man mit getrockneten oder tiefgefrorenen frischen Kräutern verfeinert, schmecken aromatischer, wenn man sie für 10 bis 20 Sekunden bei voller Leistung erhitzt. Das Öl darf nicht zu heiß werden.

### Lebensmittel rösten

Das ist in der Mikrowelle kein Problem. Für 100 g Brotwürfel (Croûtons) benötigen Sie auf der höchsten Stufe 3 bis 4 Minuten. Zwischendurch einmal wenden. Genauso lassen sich Nüsse oder Kokosraspel rösten.

### Mandeln enthäuten

Eine Tasse Wasser zum Kochen bringen, die Mandeln hinzufügen und ½ Minute bei voller Leistung erhitzen. Dann die Mandeln auf ein Sieb schütten und häuten.

# Tabellen für alle Geräte

D er Unterschied in den Auftau-, Erwärm- und Garzeiten zu Geräten mit 650 und 720 Watt ist so gering, daß er nicht berücksichtigt werden muß. Im Zweifelsfall gilt: stets eine etwas kürzere Zeit als angegeben wählen und die Speisen eventuell nachgaren.

## Umrechnungstabelle für die verschiedenen Geräte

| 500 Watt | 600 Watt | 700 Watt |
|---|---|---|
| ¾ Minute | ½ Minute | ½ Minute |
| 1¼ Minuten | 1 Minute | 1 Minute |
| 1¾ Minuten | 1½ Minuten | 1¼ Minuten |
| 2½ Minuten | 2 Minuten | 1¾ Minuten |
| 2¾ Minuten | 2¼ Minuten | 2 Minuten |
| 3 Minuten | 2½ Minuten | 2 Minuten |
| 3½ Minuten | 3 Minuten | 2½ Minuten |
| 4½ Minuten | 4 Minuten | 3½ Minuten |
| 5½ Minuten | 5 Minuten | 4¼ Minuten |
| 6½ Minuten | 6 Minuten | 5 Minuten |
| 8 Minuten | 7 Minuten | 6 Minuten |
| 9 Minuten | 8 Minuten | 7 Minuten |
| 10½ Minuten | 9 Minuten | 7½ Minuten |
| 11½ Minuten | 10 Minuten | 8½ Minuten |
| 12½ Minuten | 11 Minuten | 9½ Minuten |
| 13½ Minuten | 12 Minuten | 10 Minuten |
| 15 Minuten | 13 Minuten | 11 Minuten |
| 16 Minuten | 14 Minuten | 12 Minuten |
| 17 Minuten | 15 Minuten | 13 Minuten |
| 23 Minuten | 20 Minuten | 17 Minuten |
| 28 Minuten | 25 Minuten | 21 Minuten |
| 34 Minuten | 30 Minuten | 26 Minuten |
| 39 Minuten | 35 Minuten | 30 Minuten |
| 45 Minuten | 40 Minuten | 34 Minuten |
| 56 Minuten | 50 Minuten | 43 Minuten |

## Erwärmen mit Mikrowellen

Das Erwärmen von bereits gegarten Speisen erfolgt immer bei voller Leistung (500, 600 oder 700 Watt). Es gilt die Regel (auch bei zwei Tellern): Doppelte Menge = fast doppelte Zeit.

| Lebensmittel | Gewicht | Zeit | Anmerkungen |
|---|---|---|---|
| **Beilagen** (Kartoffeln, Reis, Nudeln) | 300 g | 2 −3 Minuten | mit wenig Wasser befeuchten, zudecken |
| **Fischfilet** | 400 g | 2½ −3½ Minuten | mit wenig Wasser befeuchten, zudecken Fisch jedoch nur kurz aufbewahren, da er schnell verdirbt |
| **Fleisch** | | | |
| Schnitzel, paniert | 200 g | 1½ −2½ Minuten | mit etwas Öl bestreichen, offen erhitzen |
| Braten mit Sauce | 500 g | 4 −6 Minuten | zudecken, einmal wenden |
| **Geflügel** | ½ Hähnchen | 4 −5 Minuten | mit wenig Wasser befeuchten, offen erhitzen |
| **Getränke** | | | |
| Kaffee, Tee | 150 ccm | 1 −1¾ Minute | |
| Wasser, Glühwein | 150 ccm | 1 −2 Minuten | einmal durchrühren |
| Milch, Kakao | 150 ccm | ½ −1 Minute | einmal durchrühren |
| **Suppen** | | | |
| Klare Brühe | ¼ l | 2 −2½ Minuten | zudecken, einmal umrühren |
| Gebundene Suppe | ¼ l | 2 −3 Minuten | zudecken, einmal umrühren |
| **Tellergerichte** | 1 Portion (400 g) | 2 −3 Minuten | zudecken, trockene Zutaten mit etwas Wasser anfeuchten |

# Auftauen mit Mikrowellen

Die Zeiten gelten für Lebensmittel, die aufgetaut, aber nicht erwärmt werden sollen. Dies geschieht schonend bei der Auftaustufe (150-180 Watt). Auch hier gilt die Regel: doppelte Menge = fast doppelte Zeit, halbe Menge = halbe Zeit.

| Lebensmittel | Gewicht | Zeit | | Ausgleichszeit | Anmerkungen |
|---|---|---|---|---|---|
| **Fisch** | | | | | |
| Im Ganzen | 500 g | 9−12 | Minuten | 10 Minuten | einmal wenden, dabei Schwanz und Flossen mit Alufolie zudecken |
| Fischfilet | 250 g | 5− 7 | Minuten | 10 Minuten | zudecken, einmal wenden |
| Scampi | 200 g | 7− 8 | Minuten | 10 Minuten | zudecken, einmal wenden |
| Muscheln | 250 g | 6− 8 | Minuten | 5 Minuten | einmal wenden |
| **Fleisch und Wurstwaren** | | | | | |
| Fleisch am Stück | 500 g | 12−15 | Minuten | 15 Minuten | einmal wenden |
| Schnitzel, Kotelett | 200 g | 4− 5 | Minuten | 5 Minuten | zudecken, einmal wenden |
| Innereien | 200 g | 4− 6 | Minuten | 10 Minuten | einmal wenden |
| Hackfleisch | 250 g | 5− 7 | Minuten | 10 Minuten | zudecken, aufgetautes Fleisch nach der Hälfte der Zeit abnehmen |
| Wurst, Speck und Schinken | 200 g | 4− 6 | Minuten | 5 Minuten | zudecken |
| **Gebäck** | | | | | |
| Blätterteig, ungebacken | 300 g | 2− 3 | Minuten | 5 Minuten | Scheiben nebeneinander legen, einmal wenden |
| trockener Kuchen | 1 Stück | ½− 1½ | Minuten | 5 Minuten | auf Küchenpapier legen, zudecken |
| Obstkuchen | 1 Stück | 2− 4 | Minuten | 5 Minuten | auf Küchenpapier legen, offen |
| Torte | 1 Stück | ½− 1½ | Minuten | 10 Minuten | offen, nur antauen |
| Brot | 1 Scheibe | ½− 1 | Minute | 4 Minuten | auf Küchenpapier legen, wird schnell hart |
| Brötchen | 1 Stück | ½− 1½ | Minuten | 5 Minuten | auf Küchenpapier legen, wird schnell hart |
| **Geflügel und Wild** | | | | | |
| Hähnchen | 1 kg | 20−30 | Minuten | 10−15 Minuten | einmal wenden, dabei Flügel und Keulen mit Alufolie zudecken |
| Hühnerbrust | 220 g | 8−10 | Minuten | 5 Minuten | einmal wenden |
| Hühnerkeule | 200 g | 8−10 | Minuten | 5 Minuten | zudecken |
| Ente | 2 kg | 35−50 | Minuten | 20−30 Minuten | zweimal wenden, beim zweiten Mal Keulen und Flügel mit Alufolie zudecken |
| Gans, Pute | 3 kg | 50−65 | Minuten | 40−45 Minuten | dreimal wenden, beim zweiten Mal Keulen und Flügel mit Alufolie zudecken |
| Wild | 1 kg | 20−35 | Minuten | 20−30 Minuten | einmal wenden |
| **Gemüse, ungegart** | | | | | |
| Broccoli | 300 g | 5− 7 | Minuten | 5 Minuten | einmal wenden, dabei etwas lockern |
| Spinat | 300 g | 3− 5 | Minuten | 5 Minuten | einmal wenden, dabei etwas lockern |
| Erbsen | 300 g | 4− 5 | Minuten | 5 Minuten | einmal durchrühren |
| **Milchprodukte** | | | | | |
| Sahne | 250 g | 3− 5 | Minuten | 5 Minuten | Aludeckel entfernen, nur antauen |
| Butter | 250 g | 4− 6 | Minuten | 10−20 Minuten | Alufolie entfernen |
| Quark | 250 g | 5− 7 | Minuten | 10 Minuten | Aludeckel entfernen |
| Käse | 125 g | 1− 2 | Minuten | 10 Minuten | nur antauen, da manche Sorten schnell schmelzen |
| **Obst** | | | | | |
| Beerenobst | 250 g | 4− 6 | Minuten | 5 Minuten | möglichst flach ausbreiten, einmal vorsichtig wenden |
| Steinobst | 250 g | 5− 7 | Minuten | 5 Minuten | zudecken, möglichst flach ausbreiten |
| **Sonstiges** | | | | | |
| Fleisch-, Geflügel- oder Gemüsebrühe | ¼ l | 9−11 | Minuten | − | zudecken |

# Der Inhalt des Buches von A bis Z

# Der Inhalt des Buches von A bis Z

# Was koche ich, wenn ...

## ... die Zeit knapp ist

Apfelkompott nach
   Großmutterart 111
Aprikosen in Gelee 110
Aprikosenkompott 112
Arme Ritter 119
Aromatische Teepflaumen 111
Auberginen mit Tomaten 101
Austern mit Sauce
   hollandaise 60
Barschfilets mit Kapern und
   Nüssen 48
Birnen in Rotwein 110
Birnen mit Ingwer 112
Birnen mit Karamel 113
Birnen mit Schokoladen-
   schaum 117
Biskuitroulade mit Brombeer-
   füllung 123
Blattspinat mit Tomaten 91
Blumenkohl mit Schinken und
   Petersilie 97
Broccoli mit Ingwersauce 97
Broccoli mit Pinienkernen 97
Burgunderäpfel mit Füllung 116
Champignontoast 19
Chicoree im eigenen Saft 96
Drei-Früchte-Kompott 113
Ei im Töpfchen 29
Feigen in Weißweinsauce 112
Feldsalat mit Speck 24
Fenchel mit
   Pfefferminze 96
Fenchelsuppe mit
   Zitronenmelisse 33
Frikassee von
   Meeresfrüchten 63
Gedünsteter Rosenkohl 95
Gefüllte Avocados 22
Gefüllte Champignons 90
Gefüllte Tomaten mit Spinat
   und Quark 100
Gefüllter Lauch 93
Gekochter Spargel 89
Geschnetzeltes Kalbfleisch 70
Grießpudding mit
   Himbeeren 114
Grießsuppe mit Lauch 33
Grüne Erbsen in Butter 91
Gurken in Mangosauce 88
Heringsröllchen mit Äpfeln 57
Hühnerspießchen 84
Karotten à la Vichy 94
Karotten mit Orangen 90
Kartoffeln in der Schale 45
Käseomelette 22
Käsepudding 21
Käseschnitten mit grünem
   Pfeffer 23
Kirschauflauf französische
   Art 111

Lammkoteletts
   provenzalisch 77
Lattich im eigenen Saft 93
Maiskolben in Butter 94
Mohr im Hemd 122
Neue Bratkartoffeln 44
Nudeln mit Lachssauce 67
Paniertes Estragonsteak 77
Paprikaschoten mit Mais 101
Pizzatoast 25
Polenta mit Salbei 43
Ratatouille 102
Rhabarberkompott 113
Riesengarnelen mit Whisky-
   sauce 61
Rotbarbenfilets mit
   Kressesauce 51
Rühreier 29
Sahnekartoffeln 44
Saure Leber 78
Scampi mit Melonensauce 66
Scampi mit Zitronensauce 61
Schaumige Weincreme 114
Schaumomelette 27
Schaumomelette mit
   Rosinen 118
Scholle mit grünem Pfeffer 56
Seehecht in Apfelwein 52
Seeteufel mit Spinat 50
Seeteufel mit Tomatensauce 64
Sellerie mit Apfelweinsauce 99
Sellerie mit Safransauce 90
Sesamstangen 18
Spaghetti mit Muscheln 67
Speckstangen 18
Spiegelei 28
Steinbutt mit Rotweinsauce 51
Toast mit Avocado 22
Toast mit Geflügel 19
Toast mit Schinken und Käse 19
Verlorene Eier 28
Zanderfilets mit Mandeln 48
Zitronenquarkschnitten 122
Zucchini mit Sesam 103
Zucchiniflan 103
Zucchinisuppe mit
   Knoblauch 35

## ... es preiswert sein soll

Apfelkompott nach
   Großmutterart 111
Apfelsauerkraut 99
Aprikosenkompott 112
Arme Ritter 119
Birnen mit Karamel 113
Biskuitroulade mit Brombeer-
   füllung 123
Blumenkohl mit Schinken und
   Petersilie 97
Broccoli mit Ingwersauce 97
Bündner Gerstensuppe 36
Dreifarbige Linsen 106
Ei im Töpfchen 29
Feldsalat mit Speck 24
Gedünsteter Rosenkohl 95
Gefüllte Äpfel mit
   Vanillesauce 116
Gefüllte Champignons 90
Gefüllte Kartoffeln 105
Gefüllte Zwiebeln mit
   Hackfleisch 100
Gemüsecurry 92
Gemüsesuppe mit Käse 35
Grießsuppe mit Lauch 33
Hähnchen mit Kapernsauce 84
Heringsröllchen mit Äpfeln 57
Hühnerlebern mit Äpfeln 19
Hühnerspießchen 84
Kabeljau mit Kartoffel-
   gemüse 57
Karotten à la Vichy 94
Karotten mit Orangen 90
Karottensuppe mit Kräutern 32
Kartoffeln mit Apfel-
   scheiben 105
Käsekartoffeln 104
Käseomelette 22
Käsepudding 21
Käseschnitten mit grünem
   Pfeffer 23
Käseschnitten mit Schinken 23
Käsetarteletts 21
Kohlrabi mit Käse 88
Kutteln mit Kräutern 79
Kutteln mit Senfsauce 79
Lattich im eigenen Saft 93
Lauch-Kartoffel-Gemüse 104
Leberknödelsuppe 37
Maiskolben in Butter 94
Makrele mit Tomaten 56
Paprikaschoten mit Mais 101
Pizzatoast 25
Polenta mit Salbei 43
Risotto mit Weißwein 42
Rühreier 29
Sahnewirsing mit Estragon 98
Saure Leber 78
Schaumomelette 27

Schaumomelette mit
   Rosinen 118
Schnelles Linsengericht 106
Schwarze Bohnen mit
   Sprossen 107
Schweineragout mit
   Zwetschgen 76
Sesamstangen 18
Speckstangen 18
Spiegelei 28
Tellerfleisch mit Gemüse 75
Toast mit Avocado 22
Toast mit Schinken und Käse 19
Unterwaldner Eintopf 85
Verlorene Eier 28
Würzige Selleriecremesuppe 36
Zucchini mit Sesam 103
Zucchiniflan 103
Zucchinisuppe mit
   Knoblauch 35

# Was koche ich, wenn ...

# Kochen – köstlich wie noch nie

Die großen GU Bildkochbücher – jedes Rezept in Farbe

Gemüse ist eines der reizvollsten Kapitel der Kochkunst und besonders für kreative Köche ein unerschöpfliches Thema. Hier ist das prächtig gestaltete, durchgehend farbige GU Bildkochbuch zum Thema – zur Freude aller Gemüse-Fans. Mit einer Fülle reizvoller Rezeptideen von leicht und schnell bis raffiniert und festlich.

Fisch – das kulinarische Thema in Variationen. Hier finden Sie Suppen, Vorspeisen, kleine Gerichte, Fisch als Mahlzeit von leicht bis deftig, festliche Fischgerichte warm und kalt, gesellige Fischessen mit Fondues, Fisch und Fischsalate für für viele. Dazu nützliche Informationen über die bekannten und seltener angebotenen Fischarten mit ihren fremdsprachigen Namen. Wichtiges über den optimalen Einkauf, den gesundheitlichen Wert und vieles mehr . . .

Das Ideen-Kochbuch für Freunde der Bistro-Küche: Raffinierte Kleinigkeiten mit ungewöhnlichen Toasts, beliebten Ei-Gerichten und Soufflés. Warme Zwischengerichte mit vielen feinen Extras aus Fleisch, Fisch und Geflügel. Was gut vorbereitet werden kann: Partysalate, Quiches, Tartes und Pasteten. Schritt für Schritt in Text und Bild: Hübsch anrichten und garnieren.

Raffiniertes aus aller Welt: Von italienischen Spaghetti und chinesischen Glasnudeln bis zu österreichischen Fleckerln und sibirischen Teigtaschen . . . Schritt für Schritt in Text und Bild: Nudeln selbst herstellen, Nudeln färben, Nudeln richtig kochen. Dazu viele Informationen über Nudeln, feine Käsesorten, beliebte Nudelbegleiter und vieles mehr . . . Das Nudelbuch in GU Spitzenqualität.

Ein wahres Ideen-Kochbuch für Haus- und Wildgeflügel. Mit einer Fülle von verlockenden Gerichten: Coq au vin, gefüllte Wachteln, Canard à l'orange, Fasan elsässische Art, Wildente mit Sauerkirschen und, und . . . Schritt für Schritt in Text und Bild: Geflügel richtig vorbereiten, empfehlenswerte Garmethoden, Geflügel tranchieren, feine Füllungen. Die Fundgrube für alle Geflügel-Fans.

**GU** Gräfe
und
Unzer

# Die Autoren

## Marianne Kaltenbach

ist Schweizerin und kennt die Küche ihrer Heimat so gut wie die aller europäischen Länder. Seit über fünfzehn Jahren schreibt sie Kochbücher und behandelt als gastronomische Journalistin am liebsten Themen der praxisnahen, aber unbedingt gehobenen Küche. Als Mitglied exklusiver Verbände wie »Fédération Internationale de la Presse Gastronomique«, dem »Food Editors Club«, der »Académie Suisse des Gastronomes« und Officier des »Club Prosper Montagné« sowie als Conseiller Culinaire der Bailliage Suisse der Chaîne des Rôtisseurs ist sie stets aktuell informiert und gibt ihr Wissen leicht verständlich und umsetzbar dem großen Kreis ihrer Leser weiter. Bekannte Schweizer Zeitschriften wie »Annabelle«, »Schweizer Illustrierte« und andere veröffentlichen regelmäßig ihre Beiträge. Für ihre Kochbücher erhielt Marianne Kaltenbach von der Gastronomischen Akademie Deutschlands mehrere Silbermedaillen und 1986 die Goldene Feder, eine Auszeichnung, die in den vorangegangen 6 Jahren nicht mehr verliehen worden war. Sie ist Mitbesitzerin einer Privatkochschule und führt seit 7 Jahren mit Erfolg das renommierte Restaurant »Zum Raben« in Luzern.

## Doris Birk

studierte Haushaltswissenschaften an der Universität Stuttgart-Hohenheim. Nach ihrer Ausbildung arbeitete sie an der Verbraucherzentrale München. Seit 1982 ist sie als freie Journalistin für Zeitschriften und den Bayerischen Rundfunk tätig. In ihren Beiträgen und Sendungen beschäftigt sie sich vor allem mit Fragen gesunder Ernährung, Verbraucherthemen und Haushalttechnik. Ihre Erfahrungen und ihr Wissen gibt sie in Kursen an Volkshochschulen des Bayerischen Volkshochschulverbandes weiter.

## Odette Teubner

Ihr beruflicher Werdegang war von klein an vorprogrammiert, da sie zwischen Kameras, Scheinwerfern, Versuchsküche und Dunkelkammer aufwuchs. Nach der Schulzeit begann sie sofort eine Lehre bei ihrem Vater, dem international bekannten Foodfotografen Christian Teubner. Obgleich Odette ihrem Vater schon bald eine fast unersetzliche Hilfe war, folgte sie seinem Rat, sich einige Monate in München der Modefotografie zu widmen, um eine einseitige Entwicklung zu verhindern. Außerdem ging sie für einige Wochen nach Alaska, um dort Land und Tiere zu fotografieren. Heute arbeitet sie ausschließlich im Studio für Lebensmittelfotografie Teubner. In ihrer Freizeit ist sie begeisterte Kinderportraitistin — mit dem eigenen Sohn als Modell.

## Kerstin Mosny

wuchs in einer kreativen Umgebung auf. Nach dem Abitur besuchte sie eine Fachhochschule für Fotografie in der französischen Schweiz. Danach arbeitete sie als Assistentin bei verschiedenen Fotografen, unter anderem bei dem Food-Fotografen Jürgen Tapprich in Zürich. Durch einen Kochkurs bei der bekannten Kochbuch-Autorin Agnes Amberg wurde ihre Neigung zur Food-Fotografie verstärkt. Um ihre Englischkenntnisse zu vertiefen, arbeitete sie ein halbes Jahr in verschiedenen Fotostudios in London. Seit März 1985 arbeitet sie im Fotostudio-Teubner. Ganz besonders gut gelingt es ihr, küchentechnische Arbeitsschritte ins Bild umzusetzen, wie die Beispiele in diesem Buch zeigen.

# Impressum

Das Farbfoto auf der Einband-Vorderseite zeigt ein Fischgericht aus dem gleichnamigen Kapitel und zwar Kabeljau mit Kartoffelgemüse (Rezept Seite 57).
Die 5 Bilder auf der Einband-Rückseite entnahmen wir dem theoretischen Teil.

CIP-Kurztitelaufnahme der Deutschen Bibliothek

Kaltenbach, Marianne:

Mikrowellen: d. große GU-Bildkochbuch für alle Solo-Mikrowellengeräte / Marianne Kaltenbach. Die Farbfotos gestaltete d. Fotostudio Teubner. – 3. Aufl. – München: Gräfe und Unzer, 1988.
ISBN 3-7742-3307-1

3. Auflage 1988
© Gräfe und Unzer GmbH, München
Alle Rechte vorbehalten.
Nachdruck, auch auszugsweise, sowie Verbreitung durch Film, Funk und Fernsehen, durch fotomechanische Wiedergabe, Tonträger und Datenverarbeitungssysteme jeder Art nur mit schriftlicher Genehmigung des Verlages.

Redaktion: Cornelia Schinharl
Versuchsküche:
Marianne Obermayr
Herstellung: Robert Gigler
Farbfotos: Fotostudio Teubner
Foodstylistinnen im Fotostudio Teubner: Christine Reuland, Walburga Streif
Umschlaggestaltung:
Heinz Kraxenberger
Reproduktionen:
SKU Reproduktionen GmbH
Satz: Fertigsatz GmbH
Druck und Bindung:
Mairs Graphische Betriebe
ISBN 3-7742-3307-1